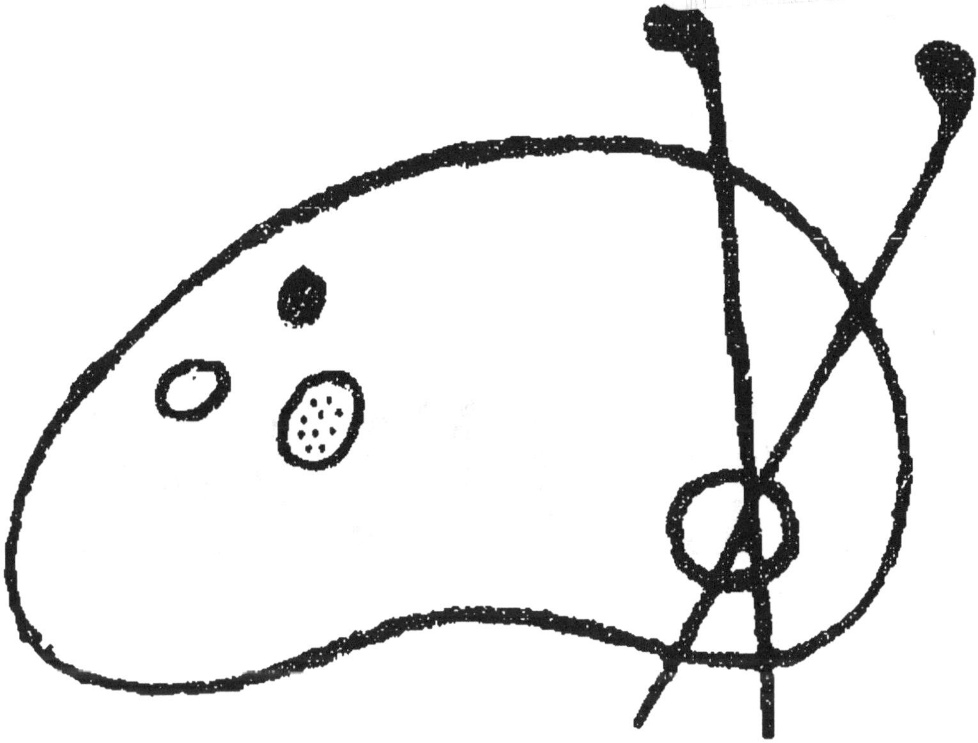

Début d'une série de documents en couleur

FERDINAND FABRE

TAILLEVENT

DEUXIÈME MILLE

PARIS
BIBLIOTHÈQUE-CHARPENTIER
EUGÈNE FASQUELLE, ÉDITEUR
11, RUE DE GRENELLE, 11

1897

Extrait du Catalogue de la BIBLIOTHÈQUE-CHARPENTIER
à 3 fr. 50 le volume
EUGÈNE FASQUELLE, ÉDITEUR, 11, RUE DE GRENELLE

ŒUVRES DE FERDINAND FABRE

Le Roman d'un peintre............................	1 vol.
Julien Savignac.....................................	1 vol.
Les Courbezon......................................	1 vol.
Mademoiselle de Malavieille.....................	1 vol.
Le Chevrier...	1 vol.
L'Hospitalière......................................	1 vol.
Mon Oncle Célestin................................	1 vol.
Le Roi Ramire.....................................	1 vol.
Lucifer...	1 vol.
Barnabé...	1 vol.
Monsieur Jean......................................	1 vol.
Madame Fuster....................................	1 vol.
L'Abbé Tigrane....................................	1 vol.
Toussaint Galabru.................................	1 vol.
Norine...	1 vol.
Un Illuminé..	1 vol.
Xavière..	1 vol.
Taillevent..	1 vol.

PETITE BIBLIOTHÈQUE-CHARPENTIER
Format petit in-32 de poche à 4 fr. le volume

L'Abbé Tigrane, avec 2 dessins de J.-P. Laurens, gravés par Courtry............................	1 vol.
Julien Savignac, avec 2 dessins de J.-P. Laurens, gravés par Courtry............................	1 vol.
Le Chevrier, avec 2 dessins de J.-P. Laurens, gravés par Champollion.........................	1 vol.

5279. — L.-Imprimeries réunies, rue Mignon, 2, Paris.

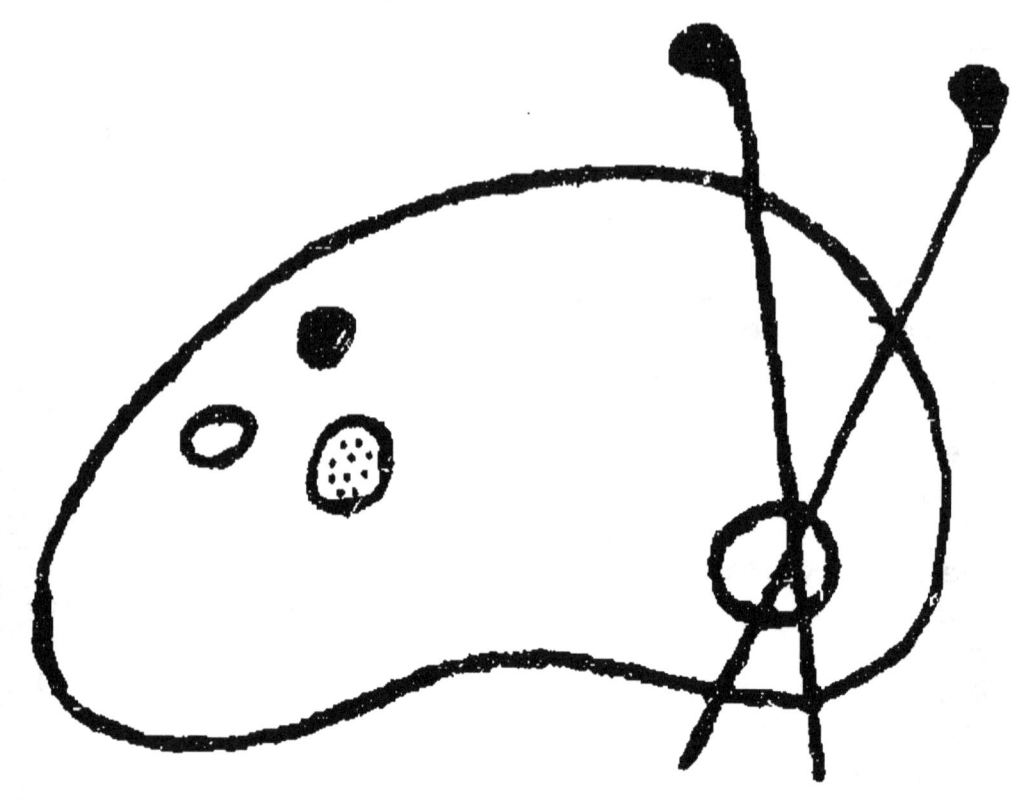

Fin d'une série de documents en couleur

TAILLEVENT

8° Y² 18305

EUGÈNE FASQUELLE, ÉDITEUR, 11, RUE DE GRENELLE

ŒUVRES DE FERDINAND FABRE
PUBLIÉES DANS LA **BIBLIOTHÈQUE-CHARPENTIER**
à 3 fr. 50 le volume.

L'ABBÉ TIGRANE (9ᵉ mille)	1 vol.
JULIEN SAVIGNAC (3ᵉ mille)	1 vol.
LE CHEVRIER	1 vol.
LE ROMAN D'UN PEINTRE (2ᵉ mille)	1 vol.
LES COURBEZON (7ᵉ mille)	1 vol.
Mˡˡᵉ DE MALAVIEILLE	1 vol.
L'HOSPITALIÈRE, drame rustique en cinq parties	1 vol.
MON ONCLE CÉLESTIN (3ᵉ mille)	1 vol.
LE ROI RAMIRE (2ᵉ mille)	1 vol.
LUCIFER (5ᵉ mille)	1 vol.
BARNABÉ (nouvelle édition)	1 vol.
MONSIEUR JEAN (4ᵉ mille)	1 vol.
MADAME FUSTER	1 vol.
TOUSSAINT GALABRU	1 vol.
NORINE	1 vol.
UN ILLUMINÉ	1 vol.
XAVIÈRE (4ᵉ mille)	1 vol.

PETITE BIBLIOTHEQUE-CHARPENTIER
Format petit in-32 de poche à **4 fr.** le volume

L'ABBÉ TIGRANE, avec 2 dessins de J.-P. LAURENS, gravés par COURTRY. . . . . 1 vol.
JULIEN SAVIGNAC, avec 2 dessins de J.-P. LAURENS, gravés par COURTRY. . . . . 1 vol.
LE CHEVRIER, avec 2 dessins de J.-P. LAURENS, gravés par CHAMPOLLION . . . . 1 vol.

Paris. — L. MARETHEUX, imprimeur, 1, rue Cassette. — 9665.

FERDINAND FABRE

TAILLEVENT

DEUXIÈME MILLE

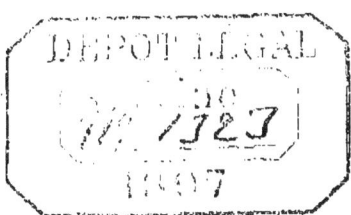

PARIS

BIBLIOTHÈQUE-CHARPENTIER

EUGÈNE FASQUELLE, ÉDITEUR

11, RUE DE GRENELLE, 11

1897

Tous droits réservés

TAILLEVENT

PREMIÈRE PARTIE

I

LE PAYS DE L'ESPINOUZE

L'Espinouze, cette *épine* de la chaîne cévenole, malgré les résistances du sol et du climat qu'elle oppose à l'homme, a vu l'homme s'établir dans ses parages les plus dévastés, les plus redoutables. La conquête de cette rocaille énorme commença par les bas-fonds, où les eaux vives entretenaient des pâturages propices à l'élève des bestiaux; puis, de proche en proche, elle gagna les pentes, parmi les chênes verts ou les ajoncs ébouriffés; enfin, elle asservit les sommets et s'y installa contre les vents déchaînés.

Vers 1835, l'Espinouze, du Caroux au Marcou, n'avait pas une vallée, une combe, une fissure de roc, un plateau qui ne fussent habités. Ici, le gros bourg de Saint-Gervais-sur-Mare; plus loin, le village de Castanet-le-Haut; puis les hameaux de Rosis et de Douch;

puis, à gauche et à droite, derrière et devant, cent métairies, cent bordes éparpillées.

Roquefixade, un endroit de quarante feux, blotti à la base du Roudil, bloc granitique qui, de l'Hérault, profile sa croupe sombre vers le Tarn, Roquefixade est certainement le coin de l'Espinouze qu'on a dû envahir le dernier. C'est que là tout était obstacle à la vie : pas un pouce de terre végétale; des pierres roulées, encore des pierres roulées se déployant à perte de vue comme une lèpre hideuse, des hauteurs du Roudil, toujours disposé à de nouveaux éboulements, au fond du val d'Aiguetorte, sans un arbre, sans une touffe de gazon. Mais il y avait de l'eau dans le quartier de Roquefixade, et cette eau, abondante, savoureuse, jaillissant de la roche déchiquetée, arracha ce pays perdu à sa désolation.

Des actes notariés rapportent qu'en juin 1792, Jacques Servières, « tisseur de toile et de serge, natif de Castanet-le-Haut, ayant acquis huit cents *journaux* de terrain au tènement de Roquefixade, avait bâti une métairie appelée *Figuerolles*, sur le ruisseau d'Aiguetorte, et il y avait pris demeurance avec sa femme et ses enfants ».

Ce hardi pionnier, dont quelques vieillards là-bas se souvenaient en 1835, aidé de ses fils, Jérôme, Antoine, Pierre, Guillaume, quatre gaillards robustes et déterminés, fit reculer les pierrailles du Roudil, découvrit des lambeaux de bonne terre, les fertilisa moyennant une irrigation habile, obtint de l'herbe, trouva des bêtes à engraisser, put fumer son domaine, finalement combla son boursicaut à souhait.

Cependant, bien que les herbages procurassent de belles pièces sonnantes et trébuchantes, ni Jacques Servières ni ses fils ne négligeaient le fil et la laine, ces premiers artisans de leur fortune. Dès octobre, les moutons, les brebis livrés à des marchands de Brusque ou de Lacaune, soit pour la boucherie, soit pour la mise-bas en des contrées moins inhospitalières, les métiers de Castanet étaient dressés dans les étables vides de la métairie, et, les pieds des travailleurs se posant sur les *marches* de peuplier, les boiseries grinçaient joyeusement.

Quelles journées farcies de gain, quand, la neige couvrant monts, combes et vallées, on ne pouvait hasarder les sabots dehors ! Le silence s'étendait au loin sur le Roudil et sur le Louvart, son frère jumeau, ce silence de la neige, si particulier, si accablant, qui ferait croire à la mort de tout et de tous. Mais, à Figuerolles, on ne se préoccupait aucunement des jeux terribles de l'atmosphère : on trimait jusqu'à la fin du jour, et souvent la navette prolongeait son bruit strident entre les fils tendus de la chaîne, tandis que deux chandelles, vives comme des prunelles de loup, regardaient obstinément dans la nuit.

En 1823, les toiles et les serges de Roquefixade avaient acquis une telle réputation dans le pays que, pour répondre à d'incessantes commandes, on dut songer à augmenter la fabrication. Jacques Servières était mort, et l'aîné de ses fils, Jérôme, lui avait succédé dans la famille avec l'autorité d'un roi absolu. Jérôme parlait, et on se rendait à ses avis ; il commandait et on obéissait. Lui seul avait obtenu de son père, véritable personnage féodal, la permission de se marier, et cette faveur, que ses frères n'auraient pas osé solliciter, le montait haut dans leur estime. Malheureusement, l'union de Jérôme Servières avec Célestine Lavit, de Rosis, n'avait pas été féconde : un enfant unique était né, Frédéric, un garçonnet chétif, âgé de douze ans en 1823.

Durant les glaciales soirées d'hiver, quand la neige s'accumulait sur le Roudil et sur le Louvart, roulait ses avalanches vers les ruisseaux de l'Aiguetorte et du Bidourlat, il arrivait souvent aux quatre frères, groupés devant le feu, d'assister au premier sommeil du petit Frédéric, endormi sur une escabelle de frêne, en une encoignure de la cheminée. Était-ce les yeux de Jérôme, ceux d'Antoine, ceux de Pierre, ceux de Guillaume, ceux de Célestine qui regardaient l'enfant avec le plus d'émotion, le plus de tendresse ? Impossible de le dire. L'attitude de chacun, un mot échappé d'une bouche dénonçaient, chez les propriétaires de Figuerolles, la même affection passionnée pour l'héritier de la maison.

— Ah ! s'il pouvait se fortifier ! disait le père.
— Il se fortifiera ! s'écriaient les trois oncles.
— Prions Dieu ! intervenait la mère, palpitante.

Tous tiraient leur barrette, et, courbés sur le petiot, récitaient à son intention : « Notre Père qui êtes aux Cieux... »

Roquefixade prend son nom d'une roche haute de vingt-cinq mètres environ, *fixe*, debout, à cinquante pas du ruisseau d'Aiguetorte, dans les profondeurs du sol. Aux révolutions du globe, quand la croûte de l'Espinouze commençait à durcir, le Roudil, qu'un craquement venait de débarrasser du Louvart, le Roudil, trop chargé encore, lança au loin ce quartier de granit pour alléger sa tête, et celui-ci, après avoir roulé au hasard parmi les décombres, trouva son assiette, creusa son trou.

Un géologue de Saint-Gervais, fort renseigné sur la formation de cette partie des Cévennes, veut que le bloc de Roquefixade n'ait pas été précipité du haut du Roudil, mais qu'il se soit détaché du flanc méridional de cette masse par l'effort des eaux souterraines travaillant à se frayer une issue.

Ce qui semblerait donner quelque vraisemblance à cette opinion, soutenue d'ailleurs par M. Combal, *membre de la Société archéologique de Béziers*, sinon avec l'éclat d'un grand talent, du moins avec l'énergie d'une conviction inébranlable, c'est le jaillissement du ruisseau d'*Aiguetorte*, du ruisseau de l'*eau tordue*, pour traduire le patois du pays, qui, par trois jets, s'échappe des excavations du Roudil. M. Combal, acharné à fortifier sa thèse d'arguments décisifs, a eu la patience de dresser des échelles le long du bloc de Roquefixade, le long de la cassure présumée du Roudil, et d'obtenir des moulages de certains points caractéristiques. Ces points divers — saillies et profondeurs — « se correspondent *admirablement* », nous dit en son langage d'archéologue le très honorable M. Combal.

Nous n'y regarderons pas de si près.

Pour nous, il nous importe moins de connaître ce qui se passa en ce coin de terre aux âges primitifs, que de savoir ce que les hommes en firent depuis, surtout ce qu'il devint sous la pioche des Servières, implantés à Roquefixade dès 1792.

Vers le printemps de l'année 1835, le pays de Roquefixade avait perdu l'aspect de rudesse, de dévastation que nous lui avons vu. Non seulement un gazon vert et dru reluisait le long de l'Aiguetorte, accompagnant cette eau libre, tapageuse jusqu'au fond du val; mais les arbres plantés en 1792, découvrant une veine de terre, avaient poussé, et c'étaient d'épaisses taches d'ombre de toutes parts. Aux alentours de *la roche fixe*, vingt maisons avaient surgi, tout un village était né. Musique bien douce aux oreilles des gens de Figuerolles! par les fenêtres ouvertes, on entendait le battant des métiers faire des siennes, la navette siffler sa chanson. Le fils « chétif » de Jérôme Servières et de Célestine Lavit, Frédéric, s'était fortifié, avait poussé, lui aussi, avec les rouvres, les frênes, les châtaigniers, et, guidé par son père, soutenu par ses oncles, excité par son génie, l'âpre génie de son grand-père, il accomplissait des merveilles aux pentes du Roudil et du Louvart.

Tandis que Jérôme, Antoine, Pierre, Guillaume, solides à leur poste de combat, appelaient, de Saint-Gervais, de La Salvetat, une colonie de tisserands, les installaient en des maisonnettes appropriées pour recevoir un ou plusieurs métiers, allouaient à chaque nouveau venu deux *journaux* de terre à dépierrer en vue d'obtenir un jardin que l'Aiguetorte arroserait, lui, Frédéric, plein de force et déjà très positif, très madré, se perdait en des projets dont la pensée seule le soulevait de terre, le grisait à le faire trébucher comme ivre sur les chemins.

Sa première grande entreprise fut l'érection de Roquefixade en paroisse. Malgré l'âge qui les inclinait déjà et menaçait de les plier en deux prochainement, son père et ses oncles, appuyés sur de longs bâtons dépassant leur tête, descendaient encore le dimanche à Castanet-le-Haut pour entendre la messe; mais il y avait beau temps que Célestine Lavit, de Rosis, déjetée par le travail, tordue par une sciatique tenace, ne pouvait plus se hasarder dans les sentiers de la montagne. Il n'était pas rare qu'au retour des offices, suivis ponctuellement, Frédéric trouvât sa mère en pleurs.

— Je ne reverrai plus le bon Dieu dans son église, sanglotait la pauvre femme, je ne reverrai plus le bon Dieu...

— Vous le reverrez dans son église, le bon Dieu, je vous le jure! lui affirmait-il.

On ne saurait croire la souplesse, l'intelligence, la résolution, l'intrigue, la diplomatie que déploya notre jeune paysan de l'Espinouze pour obtenir un curé. Quand le préfet l'eut écarté, quand l'évêque lui eut fermé au nez la porte de son palais, il introduisit une pétition des deux cents habitants de Roquefixade auprès du Conseil général, et comme il avait pris soin de gagner à sa cause le membre le plus influent de l'assemblée départementale, le conseiller général d'Olargues, M. Raymond Sorbier, un vote favorable à la création d'une nouvelle paroisse dans le canton de Saint-Gervais-sur-Mare fut enlevé de haute lutte. Mais, somme toute, ce vote n'avait que la valeur d'un vœu exprimé, et l'administration préfectorale demeurait maîtresse du terrain.

Que tenter à présent?

Frédéric réfléchit et jugea que le préfet, tout de même, avait reçu un coup. Avec l'entêtement des cerveaux à idée fixe, il revint de plus belle à la charge. Seulement, cette fois, il chercha ses appuis dans le clergé.

A cette époque, Saint-Gervais avait pour curé-doyen l'abbé Justinius Tardieu, dont la réputation de sainteté était universelle en l'étendue des Cévennes méridionales. Un mardi, jour de marché, vers midi, au moment de se mettre à table, le respectable M. Tardieu vit son presbytère envahi par quatre vieillards de haute mine, une vieille femme courbée sur un brin de buis, un homme jeune à la figure bien ouverte, à l'œil vif, très libre, très dégagé dans son maintien. C'était le clan des Servières descendu du Roudil pour solliciter la messe à Roquefixade, le bon Dieu à Roquefixade, en une église dont « on ferait les frais ».

Frédéric développa ses motifs, et le doyen l'écouta

sans l'interrompre. Mais deux choses touchèrent M. Tardieu plus à fond que le discours du plus jeune des Servières : l'attitude de Jérôme, d'Antoine, de Pierre, de Guillaume, chapeaux bas, silencieux, raidis de respect, recueillis comme à l'église ; surtout les larmes que, de temps à autre, tandis que son fils pérorait, repérorait, Célestine essuyait furtivement.

— Mes braves gens, leur dit-il, je ne réponds pas de vous obtenir un curé dans les vingt-quatre heures ; toutefois, j'en prends l'engagement, avant un an, on chantera la messe chez vous... Bâtissez l'église.

En effet, huit ou dix mois après, l'abbé Alype Lautier, vicaire à Olargues, était nommé desservant de Roquefixade-sous-Roudil.

Ce succès avait singulièrement grandi Frédéric Servières.

— A-t-il le bras long ! répétait-on dans les trois cents métairies du Caroux, de l'Espinouze, du Marcou.

Pour lui, il ne songeait guère à triompher. Il n'en avait pas le temps. Emporté déjà par la passion de l'argent, qui devait dévorer sa vie, une double préoccupation le dominait : d'abord, donner plus d'étendue à ses pâturages pour être à même, à la belle saison, de nourrir un plus grand nombre de bêtes ; puis ouvrir de nouveaux débouchés à l'écoulement des toiles et des serges, car, par la production incessante, le magasin se trouverait bientôt encombré.

Comme la vente des bestiaux rapportait des sacs d'écus francs et ronds, dont nul crédit ne retardait le versement en ses mains, Frédéric, après avoir entraîné son père, ses oncles, sa mère dans son mouvement vertigineux d'ambition, planta la pioche en pleins bâtiments de Figuerolles. Il ne s'agissait pas, certes, de mettre à bas l'antique maison familiale, le monument dû à l'industrie de Jacques Servières, l'ancêtre respecté, le premier occupant de Roquefixade ; il importait seulement d'édifier des étables plus vastes et mieux aménagées.

Ces étables spacieuses, bêlantes, dont le jeune paysan, dans ses songes, avait eu la vision très nette, ainsi que Jacob, un autre nourrisseur de bêtes, eut la vision très nette de l'échelle mystérieuse gravie par les anges, ces étables s'étendraient, à droite et à gauche de Figuerolles, entre la montagne abrupte du Roudil et la *roche fixe* qui s'en était détachée.

L'activité fut telle à la métairie, qu'absorbé par cent travaux à la fois, Frédéric n'entendit pas râler et mourir le plus jeune de ses oncles, Guillaume Servières, exténué, vaincu. En dehors de l'équipe des maçons bâtissant les bergeries, une équipe de terrassiers creusait des fossés pour une meilleure distribution des eaux, traçait des chemins parmi les rochers, et il était bien difficile d'entendre passer la Mort dans le remuement des truelles, des pics, des pioches, dans les détonations de la poudre faisant sauter le granit en éclats.

D'ailleurs, Frédéric était si heureux de tant de grandes choses se réalisant par son ordre, au jour la journée ! Il avait usurpé tous les pouvoirs à la métairie, il les tenait tous. D'aventure, il lui arrivait de quitter son lit, où je ne sais quelle fièvre d'orgueil l'empêchait de dormir, et de monter, la nuit, hors d'haleine, jusqu'au plateau du Louvart. Cette cime herbue, séparée du Roudil par une échancrure rocheuse, surplombait, à gauche, Figuerolles et, par-dessus des panaches de figuiers sauvages, lui mettait une belle couronne verte au front. De ce point, notre homme, tout yeux, découvrait les maisonnettes de Roquefixade groupées, sous la lune, contre la *roche fixe;* puis il démêlait les sentiers s'entrecroisant dans vingt directions ; puis il s'enivrait de la vue des eaux s'épanchant en nappes brillantes parmi les gazons épais, presque noirs à force d'être abreuvés ; puis enfin il contemplait, plus près de lui, les bâtiments des étables, qui abriteraient bientôt des milliers et des milliers de moutons. Et tout cela était l'œuvre des Servières ! et tout cela était surtout son œuvre à lui !...

Mais si, ce paysan, âpre à la curée des écus, avait paru peu sensible à la perte de son oncle Guillaume, un matin un coup l'atteignit qui le terrassa.

Le dernier ouvrier avait détalé vers son endroit, et cinq cents bêtes arrivaient de la vallée de l'Agout pour tondre les herbages neufs. La joie était grande à Figuerolles, envahie par les troupeaux les plus populeux qu'elle eût jamais reçus, par des bandes de chiens hurlants, par une armée de pâtres affamés. Frédéric, à la porte charretière de la métairie, se frottait les mains, comptant les moutons au fur et à mesure qu'ils entraient maintenus par les chiens en colonne serrée, conduits par les capitaines-béliers à sonnailles retentissantes. Soudain, un cri éclate. Il reconnaît la voix de *la Cambotte*, la maîtresse servante de la maison qu'il a laissée auprès de sa mère malade depuis la fin des travaux. Blessé à quelque endroit profond de son être, il plante là chiens, moutons, bergers, et s'élance. Célestine Lavit est couchée dans son lit, immobile, rigide, plus blanche que ses draps.

— Ma mère ! ma mère !... hurle-t-il, la soulevant, la serrant contre sa poitrine.

Hélas ! rien n'y fait. La pauvre femme est morte, dévorée à son tour, comme Guillaume, par le travail, mangée par notre terre cévenole si vorace, qui réclame toutes les forces de celui qui la cultive et lui rend à peine un morceau de pain.

II

« MONSIEUR » FRÉDÉRIC

Frédéric demeura assommé du coup. Pour la première fois de sa vie, ce paysan éprouva qu'il y avait autre chose au monde que les bâtisses, les troupeaux, l'argent. — Qu'y avait-il ? — Il ne le savait clairement. Mais la mort de sa mère remuait en lui un homme nouveau, un homme qu'il ne connaissait pas, un homme désespéré, un homme douloureux à qui tout faisait mal, de la pointe des pieds à la cime des cheveux.

Un jour, comme son père le pressait de reprendre force, de se redresser pour le travail, il lui répondit :

— Si ma mère n'avait pas travaillé avec tant de courage, je l'aurais encore, et Figuerolles ne serait pas vide pour moi.

Il est certain qu'il passait le moins de temps possible à la métairie. Il entrait, s'asseyait, mangeait trois cuillerées de soupe, repartait.

— Pourvu qu'il ne devienne pas *innocent !*... marmottait Jérôme, effrayé à la fin.

— Oui, pourvu qu'il ne devienne pas *innocent !*... se lamentait Antoine.

— Quand on pense que cette année, tant par l'affluence des bêtes que par la vente de nos serges et de nos toiles, est notre meilleure année !... pleurnichait Pierre.

— Vous parlez toujours de vos richesses, vous autres, intervint une fois la Cambotte. Ne dirait-on pas que les richesses sont tout, en vérité. Moi, telle que vous me voyez, il y a huit ans que j'ai perdu ici mon petit Luc, un enfantelet, le seul que j'ai eu, et je serais morte si le bon Dieu ne m'avait un brin consolée... Savez-vous ce que je ferais à votre place?...

— Que feriez-vous, Cambotte? demandèrent-ils.

— Je prierais M. le curé Lautier de visiter M. Frédéric et de lui remonter ses sens de raison.

Tandis qu'on se complaignait à Figuerolles, lui, « Monsieur » Frédéric, cause de l'anxiété générale, parcourait le pays à bride abattue. Parfois, aux environs du cimetière de Roquefixade, dans le creux de la vallée, les tisserands des environs l'entendaient gémir, puis ils le voyaient s'emporter en folles courses, s'enfoncer dans les saulaies feuillues de l'Aiguetorte, disparaître sous leur voile épais.

L'endroit que préférait le fils de Célestine Lavit pour y promener son amère mélancolie, son désœuvrement épouvantable, c'était le plateau du Louvart. Sur ce sommet balayé des vents, dans cette nature désolée, aux rives du Bidourlat solitaire, il épanchait sa douleur en longues paroles, il osait pleurer, ce qu'il n'eût pas fait à la métairie où, encore que le cœur lui crevât souvent, il ne laissait jamais tomber une plainte de sa bouche, une larme de ses yeux. Ses entrailles avaient été ouvertes par le plus cruel déchirement; mais une pudeur farouche ne lui permettait pas d'étaler sa torture : il la voulait sienne, toute sienne, jalousement.

Le dos tourné à Roquefixade pour ne plus voir les bergeries debout, les sentiers parmi les décombres, toutes choses qui l'avaient passionné et qui, par le souvenir de sa mère épuisée là jusqu'au dernier souffle, lui étaient devenues odieuses, il laissait errer ses regards au loin. A ces hauteurs, l'Espinouze ne lui paraissait plus une montagne : c'étaient des ondulations de terrains, puis d'autres ondulations après les premières, puis d'autres, puis d'autres se succédant à l'infini et s'abaissant d'une manière imperceptible à mesure qu'elles s'éloignaient du Roudil. Parfois, une rocaille dressait sa pointe, une croupe faisait saillie, une muraille de granit montait comme un rempart; mais, somme toute, la ligne générale suivait une échelle descendante, à certains endroits avait l'air de se précipiter, laissant des vides, des abîmes noirs effrayants. Dans le vague de son esprit ébranlé, qui, pourtant, à certains jours, tentait un effort vers sa renaissance, vers sa reconstitution plénière, Frédéric, pour qui l'Espinouze, du Caroux au Marcou, n'avait pas un coin, un réduit qu'il n'eût foulé, cherchait à mettre chaque village à sa place, chaque métairie à sa place, dans l'inextricable réseau de brèches, de contreforts, d'anfractuosités, d'arêtes se déployant à perte de vue. Le doigt levé, il disait :

« Là-bas est Saint-Gervais; là-bas, Taussac; là-bas, Villemagne, à ma gauche, dans la vallée de la Mare; puis, à ma droite, Salvergues, Cambon, Fraïsse, dans la vallée de l'Agout... »

Octobre était venu, et, de-ci, de-là, des flocons de neige flottaient dans l'atmosphère refroidie, toute blanche. Le ciel prenait je ne sais quel aspect dur, refrogné, avec de petites crevasses grises d'où s'échapperaient bientôt les avalanches qui enterreraient le pays. Le Roudil, dont les premières gelées avaient brûlé les frênes, le Louvart, dont elles avaient roussi les gazons, se dressaient au-dessus de Figuerolles, dépouillés, rigides, dans les attitudes menaçantes de l'hiver.

Un matin, les maîtres des troupeaux qui, dès avril, étaient venus chercher pâture à Roquefixade, arrivèrent à la métairie, réglèrent leur compte avec Jérôme, dénouèrent leurs ceintures rebondies, payèrent rubis sur l'ongle, et, moutons, brebis, agneaux retirés des étables, se disposèrent à les amener vers les bas pays. Frédéric, planté au seuil de Figuerolles, regardait, les lèvres serrées. Ce fut tout au monde s'il répondit un mot aux pâtres des vallées de l'Orb, de la Tongue, de l'Agout lui adressant leurs souhaits au passage.

— Et portez-vous bien, monsieur Frédéric, portez-vous bien, au moins! lui répétaient-ils, la main au chapeau.

— Vous aussi, bergers! articulait-il péniblement.

Son père, ses oncles, la Cambotte, Rascol, mari de la Cambotte, comptaient, recomptaient les pièces blanches, les empilaient en des sachets solides de toile de genêt, les remisaient en des coffres de chêne boulonnés sous le lit de Jérôme, et lui, toujours immobile à l'entrée de la métairie, suivait des yeux les *tarrines*, — c'est le nom qu'on donne chez nous aux grandes agglomérations de bêtes descendant des hautes plaines ou y montant, — suivait des yeux les tarrines qui s'éloignaient. Elles s'étaient déroulées le long de l'Aigue-torte, s'étaient un brin désaltérées, puis avaient tourné sous le commandement des chiens et enfilé le sentier raide du Louvart. Mû par une envie singulière, Frédéric décolle ses pieds du sol, s'élance dans un raccourci. Il touchait à la crête du Louvart avant les troupeaux. Il avait l'air réjoui d'une course si vite, et il articulait des paroles vides de sens. Devenait-il fou?

Bien qu'un peu pâle et brumeux, le jour était magnifique. Le soleil avait encore des douceurs, des sourires, comme des tendresses pour ce Louvart sauvage, où les ajoncs aux rives du Bidourlat n'avaient pas perdu leurs fleurettes d'or, où des paquets de broussailles conservaient des brindilles vertes, des rameaux feuillus. Frédéric se tapit derrière un roc, son réduit habituel, et chercha les tarrines dans l'étendue. Il entendait les lourdes clochettes tintinnabulant au col des capitaines-béliers, il saisissait le bruissement obscur d'un long piétinement ; mais il ne démêlait pas une tête de bétail. Tout à coup, les tarrines, enfouies dans un ravin, émergèrent du côté de La Fresnaye. Un jet de lumière les dora. Que c'était donc beau, les bêtes ! Frédéric admira les troupeaux qu'il avait nourris s'en allant en bon ordre à travers le plateau, et l'orgueil, ce péché mignon auquel il n'avait pas succombé depuis longtemps, lui gonfla la narine, lui souleva les cheveux.

Les tarrines, lancées, faisaient du chemin à travers le Louvart. Déjà elles touchaient au quartier de Tirebosc, un endroit sinistre, coupé de hautes rocailles, de bois épais, au quartier de Tirebosc, refuge ordinaire des loups, dont la région était infestée. Servières se dressa sur la pointe des orteils. Les bergers, superbes tout à l'heure avec leurs guêtres montantes à boutons de métal, leurs *grisaoudos* flottantes, — deux mètres de toile bise avec un trou au milieu pour passer la tête, — leurs chapeaux de feutre noir rejeté sur les épaules, leurs bâtons démesurés, les bergers décroissaient, atténués par la distance, mangés par l'immensité. Tout s'effaça. Il ne restait plus à l'horizon qu'un nuage sombre rasant le sol, se confondant avec le fond graveleux de la lande, avec les masses forestières de Tirebosc.

Frédéric eut une nouvelle bouffée d'orgueil.

« Quand je pense, se dit-il, que mon grand-père, que mon père nourrissaient à peine cent ou deux cents moutons, et que moi, j'en ai nourri cette année près de sept cents. Mon grand-père, mon père vendaient leurs bêtes pour la boucherie ; moi, je n'en vends pas une, car je n'engraisse pas pour l'abattoir. Moi, je suis un *herbager* qui fait manger ses herbages et restitue, à l'automne, les troupeaux reçus au printemps. Déjà, par mes serges, je lutte contre les fabricants de draps de la vallée d'Orb : les Donadille et les Sicard ; par mes prairies, je lutterai contre les herbagers du Caroux et du Marcou : les Albagnac et les Couderc. »

Le relèvement s'annonçait.

Pourtant Frédéric ne bougeait guère, les regards perdus en un lointain vaporeux où ne se dessinait plus aucune forme, où tout était noyé en d'énormes remous de poussière. Ce spectacle, à la fin, parut le lasser. D'un mouvement brusque il se retourna vers Figuerolles, dont les toitures, touchées par les derniers reflets du jour, miroitaient dans un gouffre au-dessous de lui. Son bras se déploya sur l'abîme, et ses doigts se crispèrent. A travers sa pensée trouble, très mêlée, sa main eut l'air de saisir quelque chose dans le vide, et ce quelque chose, il s'efforçait de le retenir âprement. Il grommela :

« Soyez tranquilles, vous autres, je ne suis pas mort encore... Je gouvernerai de nouveau ! »

A qui s'adressait-il ? A son père, à ses oncles, à la Cambotte, à Rascol, investis depuis six mois du pouvoir suprême à la métairie ?... L'effort de ces paroles, jaillies non sans peine, le brisa, car, ayant essayé de se tenir debout pour mieux contempler le royaume de Figuerolles, où il avait régné sans conteste, il flageola sur ses jambes et dut se rasseoir.

« Alors, je n'en finirai jamais avec cette maladie de la cure ? » gémit-il, furibond.

Et ses poings fermés frappèrent un coup sur le rocher.

Frédéric se disait vrai à lui-même. C'était plutôt ce qu'il venait d'appeler « sa maladie de la cure » qui désormais le tenait en servage, lui soutirait goutte à goutte le sang du cœur, que la mort de sa mère, dont le souvenir s'atténuait de jour en jour, serait emporté bientôt par la force intraitable de sa jeunesse, le courant brutal de la vie.

Oui, au milieu de son martyre atroce, cet été, en août, — le 15, jour de Notre-Dame, — tyrannisé par la Cambotte très pieuse, il avait suivi son père et ses oncles à l'église, où il n'était pas rentré depuis les funérailles de sa mère. Il en voulait à Dieu... O surprise, surprise inouïe! le banc des Servières, ce banc en noyer solide, toujours minutieusement essuyé la veille des solennités, ce banc fermé au loquet, où nul de Roquefixade n'aurait osé s'asseoir, était occupé par une personne habillée comme une dame de Saint-Gervais ou de Bédarieux, jeune, l'air recueilli, très doux. Il s'était insinué jusqu'à sa place, y voyant à peine, ébloui par l'apparition de cette radieuse inconnue.

Elle était radieuse, en effet, car lorsque, à l'Évangile, elle se mit debout, pour Frédéric, consterné, claquant des membres et des dents, des gerbes de rayons s'échappèrent du visage tout blanc de la jeune fille, — c'était une jeune fille, — de ses cheveux blonds nuageux, sorte de couronne d'or qu'elle portait pudiquement, royalement.

— Vous *la* connaissez? demanda-t-il à son oncle Antoine, croyant à un ange qui s'était arrêté là une seconde pour reposer ses ailes et allait reprendre son vol.

— C'est mademoiselle Madeleine Lautier, nièce de M. le curé.

Frédéric n'endura pas jusqu'au bout de la messe le cruel et délicieux supplice de la vue de mademoiselle Madeleine Lautier. A l'Élévation, quand les fronts s'inclinèrent, ses yeux agrandis par la terreur, par un soulèvement de son être qui constituait un plaisir énorme, un plaisir qui le débordait, avaient erré le long du cou penché de la jeune fille, où, par des frisons délicats de la nuque, le bavolet d'un léger chapeau de paille épandait une ombre fine, une ombre rosée. Il n'en pouvait supporter davantage, la blessure n'était que trop profonde à son cœur déjà transpercé.

Les fronts se relevèrent dans l'église; mais Frédéric en avait franchi le seuil.

III

L'ABBÉ ALYPE

Le Louvart s'assombrissait, et Frédéric, accroupi en une anfractuosité de la crête, ne voulait pas voir l'obscurité qui nivelait l'échine du plateau. Comme une bête de ses étables remâchant, au gîte, avec lenteur, la pâture engloutie avec trop de hâte aux pentes de la montagne, il remâchait, lui, ses souvenirs, et trouvait à leur amertume une saveur enivrante qui lui dissimulait les heures, lui cachait le temps. Les coudes aux genoux, la tête dans les deux mains, il s'adressait des reproches tout ensemble cruels et doux.

Depuis la fête de l'Assomption, vingt fois il avait rencontré mademoiselle Lautier, soit à travers le village, soit aux marges de l'Aiguetorte, soit même à Figuerolles, où la Cambotte à certains moments réussissait à l'attirer. Pourquoi, en des occasions presque journalières, au lieu d'adresser un mot aimable à la jeune fille, politesse que la présence de M. le curé autorisait, car l'abbé accompagnait toujours sa nièce dans ses promenades, s'était-il contenté de saluer, de fuir?

Oui, pourquoi?...

Une chose certaine et qui mettait le comble à son désespoir, c'était son absolu dénûment de force, d'audace d'âme devant cette jeune fille arrivée, en août, de Villemagne-sur-Mare à Roquefixade-sous-Roudil. Le matin, il avait pris ses résolutions : il aborderait mademoiselle Madeleine aujourd'hui. Il se postait dans le sentier où elle passait avec son oncle ; et, dès qu'il les apercevait, il s'effaçait derrière le tronc d'un châtaignier, se rasait dans les herbages, qui le recouvraient complètement...

Il regardait mademoiselle Madeleine, blanche, déliée, souple comme une branchette de saule, et demeurait là le cœur arrêté, les yeux pleins... Il n'oserait jamais. Il était paysan, et sa condition était sa misère, sa misère affreuse...

Frédéric, dont l'esprit affiné dans une nature de rustre avait acquis, par des contacts avec des bourgeois de Saint-Gervais, de Saint-Pons, un vague sentiment de la distinction des classes, ne pouvait surmonter une peur qui le tenait aux entrailles. Sans la connaître, la hiérarchie sociale lui imposait, et son énergie se brisait à vouloir en franchir un échelon... Il n'essaierait pas de monter. Comment s'y prendrait-il, d'ailleurs, lui qui, hors le nourrissage des bestiaux, la culture des terres, ne savait rien, rien de rien ?... La blessure par où sa vie s'échappait communiquait à cet homme orgueilleux, aussi abrupt que le Roudil, la résignation, la faiblesse d'un enfant.

« Pourtant, se dit-il, non sans colère, dans son trou du Louvart, pourtant si, en nos rencontres, M. le curé m'avait jeté un mot au passage, un seul mot ! Mais M. Lautier s'effarouche plus vite qu'un roitelet de bruyères, et ce n'est pas sur lui que je puis compter pour... »

Son ouïe perçoit le bruit d'un éboulement de cailloux dans le sentier montant à sa cachette. L'abbé Lautier se dégage des buissons d'une genêtière.

— Vous, monsieur le curé?... s'écrie-t-il.

— La Cambotte m'a prévenu que vous étiez de ce côté...

— La Cambotte?...

— Elle mène tout, voit tout, sait tout... C'est elle qui a eu l'idée, à propos du départ des tarrines, de célébrer aujourd'hui une petite fête...

— Une fête?...

— Votre père est descendu au presbytère et nous a pressés tellement, ma nièce et moi, de venir goûter à la *croustade* de la Cambotte, que, ma foi, nous avons accepté de souper, ce soir...

— Vous souperez à la métairie?

Puis, la voix rauque d'émotion :

— Est-ce que mademoiselle Lautier soupera aussi à Figuerolles?

— En ce moment, votre père et vos oncles, qui se sont pris d'une belle passion pour ma nièce, lui font visiter les sources de l'Aiguetorte. J'allais me joindre à eux quand la Cambotte m'a dit : « Je crois, monsieur le curé, que M. Frédéric désire causer avec vous. Il vous attend là-haut dans la première fente du Louvart... »

— Je ne me souviens pas...

— Alors, vous êtes sûr de n'avoir rien à me dire?

— Je voudrais... avec votre permission...

— Vous voyez!...

D'après le doyen Tardieu, de Saint-Gervais, l'abbé Alype Lautier était l'ecclésiastique le plus grand et le plus mince du diocèse. Qu'on se figure un surgeon délié, sans nœud, de châtaignier comme on en pouvait couper à tous les endroits du Roudil. Il plie ses longues jambes, relève sa soutane pour éviter de l'accrocher aux ronces, s'installe sur la roche nue.

Sous les becs très étalés de son tricorne, la figure du jeune desservant, — il pouvait avoir trente-cinq ans, — blonde, sans rides, presque sans barbe, avait un air rieur, malicieux, qui déconcertait complètement notre solitaire du Louvart... Se moquait-on de lui? Comment! M. Lautier, si épeuré, M. Lautier, qui, le dimanche, avait besoin de faire un effort sur lui-même pour questionner les fillettes du catéchisme, était capable de prendre cette mine futée, un peu en-dessous?... Notre paysan, disposé à la méfiance et par la torture de son cœur attaché trop haut, et par la torture de son esprit encombré de ténèbres, ne trouvait pas une parole. De ses deux yeux grands ouverts il se contentait de dévorer le prêtre.

— Eh bien?... demande M. Lautier d'un ton d'aimable enjouement.

Frédéric laissa un gros soupir s'échapper de sa poitrine, mais ne desserra pas les dents. Cette douleur muette toucha l'abbé; il prit les mains du jeune homme dans les siennes et, arrêtant sur lui la lumière pure de ses yeux bleus :

— Monsieur Servières, lui dit-il gravement, j'ai quelque raison de croire que vous aimez ma nièce. Si votre trouble venait de la crainte de voir repousser la demande que les vôtres pourraient me faire de la main de Madeleine, dont je suis toute la famille, soyez rassuré...

— Eh quoi! vous m'accorderiez!... cria-t-il, se plantant debout à son insu, aspirant une large bouffée d'air.

— Votre famille a opéré des prodiges dans ce pays...

Quant à vous, depuis quatre ans, je vous suis, et je vous connais.

— Ah! monsieur le curé...

Il chancelait. Il dut se rasseoir.

— Vous devinez, mon cher paroissien, reprit l'abbé, si je serais heureux, au lieu de marier ma nièce soit dans la vallée de l'Orb, où nous avons des parents, soit dans la vallée de l'Agout, où nous avons aussi des parents, de l'établir ici, à Roquefixade, près de moi! Madeleine touche à ses dix-huit ans. Elle n'a pas connu sa mère, qui mourut en la mettant au monde. Pour son père, mon pauvre frère, Paul Lautier, qu'une maladie de langueur emporta voici une dizaine d'années, elle l'a à peine entrevu. Dès le séminaire, je m'occupais de cette enfant, à qui — pardonnez-moi cette faiblesse — je ne découvre que des vertus. Une fois prêtre, je l'ai laissée achever son éducation chez les Ursulines, à Saint-Pons, me réservant de la reprendre, un jour. Elle est venue enfin, et je l'ai gardée...

Des larmes refoulées avaient obscurci la voix de l'abbé, qui se tut.

— Mais, si vous m'accordiez mademoiselle Madeleine, vous la garderiez, vous la garderiez toujours! dit Frédéric.

— Décidément, vous l'aimez?

— Si je l'aime!... Monsieur le curé, lisez en moi : j'aime à ce point mademoiselle Madeleine, que j'en ai pu oublier ma mère. Chacun, à Roquefixade, en me voyant rôder par la campagne, pleurant, me complaignant à l'envi, pense que mes larmes, mes complaintes viennent de ma mère morte. Tout le monde a eu raison dans les commencements, mais dans la suite tout le monde s'est trompé. A la messe de Notre-Dame d'août, je vis mademoiselle Madeleine, et un chagrin plus lourd que celui que je portais m'écrasa. J'avais une grosse pierre sur l'estomac, j'y eus dorénavant une montagne, l'Espinouze, si vous voulez, avec ses arbres et ses rochers. — Comment respirer à présent? comment vivre? — Les bras privés de force, j'abandonnai le travail, juste à l'heure où, par l'arrivée des troupeaux, la besogne était double chez nous. Je vaguais, je vaguais, et souvent aux environs de la cure...

— Je vous ai vu plus d'une fois...

— Une nuit, une idée qui me brûlait la tête comme un fer rouge, me chassa de Figuerolles : je voulais me détruire, en finir. Il ventait furieusement, et des voix hurlaient dans le ravin entre le Louvart et le Roudil. Moi, je galopais dans la direction de Tirebosc, le pays des loups. Jamais je n'avais marché plus vite. Je volais... Avez-vous, en hiver, aperçu quelqu'un de ces aigles noirs qui, d'aventure, traversent l'air de notre Espinouze? Ils passent au-dessus du Roudil, du côté de La Fresnaye, légers, sans bruit, souples, suivant parmi les nuages un chemin droit, tracé d'avance. Ainsi de moi, allant sans toucher terre, à travers le Louvart... Ma résolution était de laisser notre endroit bien loin derrière mes talons, d'avenir jusqu'aux gorges du ruisseau d'Héric, sous le pic de Caroux, et, une fois là, de me précipiter en cette eau violente, qui me briserait à l'égal d'un fétu aux rocailles de ses bords...

— Mon Dieu!...

— La vue d'un troupeau me sauva. J'aime les bêtes, et elles me rendirent, ce jour-là, mon amitié, je vous le jure... Comme, à l'aube, je venais de dépasser le hameau de Douch, la porte à claire-voie d'un parc s'ouvre à quelque distance, juste à la Bouleaunière, la métairie si riche des Albagnac. J'assiste au plus beau défilé de moutons que j'aie admiré de ma vie. C'était une espèce perchée haut sur pattes, plus volumineuse que nos espèces de la Tongue ou de l'Agout, avec cela aisée dans sa démarche, la tête un peu renflée, mais fine tout de même. Les laines apparaissaient rases; par-ci par-là, ces manières d'escaliers que laissent sur la peau les cisailles du tondeur dénonçaient une dépouille fraîche... Le soleil se levait. Le parc se vidait toujours, ne cessait de se vider... La tarrine se dirigeait vers la contrée d'où je venais. Les rayons de la fin août doraient une forêt de cornes enroulées, un amoncellement de croupes dont la chair rose, mise à nu, avait par intervalles au dos des bêtes comme des éclats, des parfums de bouquet...

— Comment, vous avez vu tout ça, vous?

— Oui, monsieur le curé, j'ai vu tout ça, je l'ai senti, et à telles enseignes que, tournant les talons aux gorges d'Héric sans m'en apercevoir, je m'étais mis à suivre le bétail de Douch. Sa vue me calmait, m'apaisait, me rendait mes esprits. Quand l'ayant vu paître une heure durant, ayant pris des informations auprès des bergers, qui me firent l'honnêteté de m'ouvrir leur bissac, où je trouvai non sans plaisir une gourde pleine et une tranche de pain, je poursuivis ma course, je la poursuivis dans le sens de Roquefixade, par Tirebosc et La Fresnaye. J'avais besoin de revenir faire le guet sous les fenêtres de la cure, et aussi de revoir ma métairie et nos biens des environs. On est paysan ou on ne l'est pas. Je le suis...

— Et vous avez raison, monsieur Frédéric. C'est cette qualité de paysan, cette qualité d'origine qui, avec l'aide de Dieu, vous a remis en bonne route. Mon frère Paul, à cet égard, vous ressemblait, car nous sommes de souche paysanne, les Lautier, de Villemagne, comme les Servières, de Castanet. De même que vous vous êtes enrichi en centralisant en vos mains le commerce des toiles et des serges de Roquefixade, en développant à Figuerolles le nourrissage des bestiaux, lui *était en train d'édifier sa fortune par la* centralisation dans les siennes du commerce de la vannerie à travers les vallées de la Mare et de l'Orb. Les oseraies où sont noyés les villages des Aires, de Villemagne, de Colombières, n'avaient pas un arbuste qui ne travaillât pour lui... Hélas! il est mort, ne laissant à sa fille qu'une soixantaine de mille francs...

— Ah çà! vous attendez donc que le loup vous mange! piaula quelqu'un dans la nuit tombante.

— Nous descendons, Cambotte, répondit Frédéric.

Et, redevenu vaillant, il passa un bras solide au bras de l'abbé, qu'il entraîna.

— Ma croustade brûle! criait la Cambotte, enjambant les pierrailles bien en avant d'eux, ma croustade brûle!

IV

MADELEINE LAUTIER

Annette Rascol, surnommée la Cambotte, *petite jambe*, à cause de la boiterie qui, depuis l'enfance, la rejetait sur sa hanche droite à chaque pas, était une femme haute, cartilagineuse, ergotée, perpétuellement les bras et la langue en train. Un matin qu'il était venu au hameau de Tirebosc pour y traiter une affaire de bétail, le vieux Jacques Servières — Servières l'ancien — avait avisé Annette Rascol dans une métairie de La Fresnaye, où son mari, Claude Rascol, était porcher, et, devinant le parti à tirer d'un couple jeune, robuste, entendu aux travaux des bêtes et des champs, lui avait fait ses offres, l'avait enlevé. Depuis, Annette et Claude trimaient à Roquefixade, et pas un jour ils n'avaient cessé de répondre à la bonne opinion qu'on s'était formée d'eux dès le commencement.

Les Rascol étaient de ces serviteurs comme on n'en rencontre plus guère dans la montagne cévenole, puisant je ne sais quelle consolation tout ensemble douce et fortifiante dans un attachement profond à leur maître. La Cambotte besognait à travers la métairie, à travers le potager, le balai ou la pioche en main; Rascol défonçait un carré le long de l'Aiguetorte, soignait les chiens des tarrines ainsi que jadis les pourceaux, tissait une pièce de serge, car on avait monté un métier à son intention, et l'un et l'autre étaient heureux. L'amour dont ils enveloppaient la terre, la terre au service de laquelle ont les avait pliés dès l'âge le plus tendre, les empêchait d'éprouver l'humilité de leur condition. Ils travaillaient, et travailler leur était joie Les Servières retiraient de gros profits des herbages de Figuerolles, des toiles de Roquefixade, et leur profit à eux était mince : cent écus l'an. Ils n'y pensaient pas. Ils suaient aux garrigues du Roudil, ils se dépensaient aux épaulements du Louvart, et lorsque, au printemps, ces pentes rebelles, débarrassées des couches de neige qui leur avaient valu une fumure, réapparaissaient verdoyantes, veloutées d'une herbe vive et claire comme l'eau de l'Aiguetorte ou du Bidourlat, ils sentaient leur cœur se gonfler et ils faisaient le signe de la croix. Braves gens! qui sans avoir lu ce texte de l'*Ecclésiaste* : « le Roi lui-même est asservi aux champs », tiraient leur courage de chaque jour, leur probité, leur religion, leur gloire de chaque jour, d'un noble asservissement à la terre, la rude nourrice du genre humain.

A la longue, Annette et Claude firent partie de la

famille Servières, et à ce point qu'après la mort du vieux Jacques, nul, à Figuerolles, n'osa les commander. C'étaient eux qui, le plus souvent, commandaient aux ouvriers, aux journaliers accourus à la métairie pour les défoncements du terrain, l'ensemencement des orges, des seigles, des faverolles, les plantations d'arbres. Il fallait voir Rascol, vers avril, à l'arrivée des tarrines! Enveloppé, du menton aux chevilles, de son tablier de porcher, — un lourd tablier de cuir qui, après l'avoir préservé jadis du groin des porcs, le préservait aujourd'hui de la gueule des chiens, — un chapeau de feutre noir à larges bords rabattus sur les yeux, un fouet très court de manche, à la longe chargée de nœuds, passé au col, il se tenait planté au milieu de la meute hurlante, distribuant son écuellée à chaque individu. Un chien-loup, dont la tripe vide bramait famine, sa part engloutie, guignait-il la part d'un autre, Rascol, attentif, cinglait l'insatiable d'un coup sec sur le museau, et, s'il regimbait, montrait les crocs, de ses deux mains rigides comme des crochets de fer, il le harponnait aux poils, le rejetait à quatre pas. Il était rare que l'animal ne souffrît pas de la bousculade, n'eût pas un membre endommagé. Personne, parmi les pâtres, ne se préoccupait de ces débats qui n'allaient pas sans danger. Il fallait une discipline au milieu d'une engeance endiablée, prête à toutes les déprédations, à toutes les rapines, à toutes les voracités, et on s'en remettait d'une manière absolue à l'ancien porcher de Tirebosc, morne, taciturne, frappant et caressant avec la même impassibilité.

La Cambotte alerte, babillarde, enjouée, spirituelle à sa façon, avait pris une autre branche que la branche si redoutable des bêtes, dans le gouvernement compliqué de la métairie. A Rascol, tenu de montrer le fouet aux chiens et, dans l'occasion, le poing aux pâtres mécontents, le département de la Guerre; à Annette, de contexture morale très déliée, sûre de son coup d'œil, les départements réunis du Commerce et de l'Industrie. Durant quinze ans cette boiteuse, entreprenante, hardie, d'une vaillance qui ne comptait pas avec les obstacles de la neige, de la glace, de la pluie, du soleil, avait été comme un trait d'union entre les sauvages de Roquefixade et les civilisés de Saint-Gervais, d'Olargues, de Saint-Pons, de Bédarieux.

Toutes les semaines, le lundi généralement, la Cambotte sautait d'un bond de carpe sur la barde de *Pascalou*, un petit ânon très soigné, très dorloté, très aimé de sa maîtresse, et escaladait, tantôt au dos de sa bête, le plus souvent à pied pour la soulager, les rudes sentiers de l'Espinouze ou des monts d'Orb, tirant aujourd'hui vers Taussac, Douch, Le Verdier, demain vers Saint-Xist, Le Bousquet, Sanégra. Tandis que les Servières, ingambes, n'ayant d'autre monture que leur bâton, ouvraient à la toile et à la serge des débouchés dans les villes, elle, au petit, au très petit train de Pascalou, parcourait les moindres hameaux, les moindres bordes, et allégeait pas à pas les paniers collés aux flancs du bourriquet. Avec quelle conviction elle avait vanté sa toile tirée du lin, des genêts de Roquefixade, sa serge tirée du fil, de la laine de Roquefixade! avec quelle autorité elle avait imposé l'une et l'autre aux timides, aux indécis!

— Prenez toujours, concluait-elle : vous me payerez après la vente des châtaignes ou du grain.

Et Pascalou, plus alerte, regagnait le Roudil au bruit joyeux des écus que, tout en cheminant, sa maîtresse comptait et recomptait dans son tablier.

Quand nous rencontrons la Cambotte, après cette

campagne de quinze ans à travers un pays exposé à toutes les bourrasques, à toutes les violences du ciel, elle est toujours aussi active, aussi remuante qu'aux premiers jours de son arrivée de Tirebosc. Elle frise la cinquantaine, et on ne s'en douterait guère, tant ses mouvements sont prestes, dégagés. Sa boiterie elle-même garde un élan de jeunesse. Elle ne boite pas, elle sautille, — ce qui, avec sa robe de deuil, la fait ressembler à quelqu'une de ces merlesses familières, voletant dans les néfliers du Roudil. Par exemple, le visage, d'un rouge de brique, a reçu dans la bagarre d'un travail acharné plus d'une balafre. Elle allait courageusement, héroïquement sous la neige et sous le vent, mais le Temps impitoyable la guettait au détour d'un sentier perdu, et là, seul avec elle, lui marquait le front et les joues d'effroyables coups de serpe, lâchement. Le Temps — le Temps odieux, le Temps féroce — fait toujours ainsi : il ne compte avec rien, ni personne, sûr d'avoir raison de tout et de tous.

La table avait été mise dans la salle basse, — la *Salle*, — la pièce la plus spacieuse de Figuerolles, et un feu flambant de genêts épineux montait dans la large cheminée. Jérôme, Antoine, Pierre demeuraient debout, entourant une chaise sur laquelle était assise Madeleine Lautier. Il serait difficile de dire ce qu'il y avait de respect dans l'attitude de ces vieillards silencieux, plantés autour de cette jeune fille, silencieuse aussi. La nièce de M. le curé était vêtue d'une robe claire, à laquelle des flammes vives communiquaient un éclat singulier parmi les guêtres noires montantes à boutons de métal, les vestes de couleur sombre des paysans. Elle se leva, se rapprocha du foyer. Elle apparut, sur le fond embrasé de la cheminée, fine, souple, élancée, délicate de tige comme un lys.

3.

— Vous avez froid ? osa lui demander Antoine.

— Il faisait un peu humide aux sources de l'Aiguetorte, dit-elle.

— Nous avons eu tort, en effet, de vous conduire par là, articula Pierre, s'excusant.

— J'entends la Cambotte ! cria Jérôme.

La porte s'étale et l'abbé *Alype* — dans la paroisse on l'appelait de son prénom seulement — entre suivi de Frédéric, à qui Annette, dont les pouvoirs se sont accrus depuis six mois du département de l'Intérieur, donne à voix basse des instructions.

Quand Frédéric parut dans la Salle, éclairée à jour par l'incendie des genêts épineux, — des *argelas*, pour donner à ces genêts le nom du pays, — il avait grandi d'une coudée. Cet homme d'une vigueur exceptionnelle, aplati, diminué, réduit par des chagrins cuisants, venait de retrouver sa force ancienne, sa stature ancienne, toute son allure fière, décidée d'autrefois. Dans cette excavation du Louvart, devenue son refuge, presque sa prison douloureuse, une voix lui était parvenue, et cette voix l'avait redressé sur pieds, comme un coup de vent redresse un chêne qu'un autre coup de vent avait plié. Il se sentait ferme d'esprit, libre de corps, et il marchait émerveillé du miracle qui rallumait le jour dans son cerveau obscurci, rendait le mouvement à ses membres enchaînés.

Frédéric alla droit à Madeleine, qui avait quitté sa chaise et, poussée par on ne sait quel instinct, fait un pas de son côté. Les jeunes gens, entourés des Servières attentifs, de l'abbé souriant, de la Cambotte palpitante, de Rascol étonné, se regardaient, ne cessaient de se regarder. A leur insu ils s'étaient pris la main ; puis une pâleur mortelle avait envahi leur visage. Assurément, il se passait entre eux quelque chose de solennel, d'ineffable et de très haut.

— Eh bien ?... demande Annette.

— Laissez-les, Cambotte : il faut que leurs âmes fassent connaissance, dit l'abbé.

Une flammette rouge allume les joues blondes de Madeleine, et Frédéric trouve ces mots :

— Mademoiselle, voici mon père, voici mes oncles, me voici ; tous les quatre nous vous supplions de venir souvent à Figuerolles, de vous y plaire un peu et, un jour.... oh ! quand vous voudrez... d'y arrêter votre vie, entre M. le curé et nous.

— Oui, soupire-t-elle.

Rascol alluma deux grosses chandelles longues et brunes. Chacun s'avança vers sa chaise, — autour de la table.

— Mademoiselle Madeleine à la droite de monsieur Jérôme ! monsieur Frédéric à la droite de monsieur le curé !... cria la Cambotte, montrant leur place aux convives.

L'abbé Alype récita le *Benedicite*.

— Voici un gigot d'agneau dont vous me donnerez des nouvelles ! continua Annette prenant un plat des mains de Rascol et le déposant sur la nappe.

— C'est une bête d'ici, dit Antoine, non sans orgueil.

Le morceau était rôti à point, crépitant, doré par le flamboir, dont les gouttes de feu liquide avaient, par-ci par-là, creusé des trous appétissants. La salade, — des endives grasses, d'une blancheur de neige, — la salade vint tout de suite, à la coutume de chez nous. Quel appétit, Jérôme, Pierre, Antoine ! et quel appétit, l'abbé ! Dans la bouche des trois vieillards, dans celle moins vorace du prêtre, l'agneau fondait comme beurre.

— Comment le trouvez-vous, monsieur le curé? demanda Pierre.

— Excellent! répondit-il.

— Aussi tendre que l'herbe de nos prés, insista Antoine.

— N'en mangez pas trop, interjeta la Cambotte : où logeriez-vous ma croustade?

Elle prévint son mari d'un coup d'œil. Celui-ci, par le geste brusque dont il retirait les écuelles vides aux chien des tarrines, enleva les assiettes sans désemparer.

La croustade apparut. C'était une croûte colossale, avec des contreforts sur les côtés, une toiture faite de plusieurs tabliers de pâte superposés, du milieu de laquelle se dégageait une tour hexagone figurant un clocher. L'artiste, créateur de cette œuvre singulière, Annette Rascol, par une audace d'invention incroyable, avait tenté de réaliser l'église de Roquefixade, et elle n'y avait pas trop mal réussi, car, en apercevant le mouvement, M. le curé s'écria :

— Mon église ! mon église !

Ni Madeleine ni Frédéric n'avaient fait honneur à l'agneau ; et, malgré l'enthousiasme qu'elle souleva, la croustade les laissa l'un et l'autre indifférents. Ce fut à peine si la jeune fille porta à sa bouche l'extrémité d'une aile de poulet de grain, que son oncle avait choisie pour elle parmi les membres entassés de cinq volatiles gisant sur le pavé de l'église de la Cambotte. Pour le jeune homme, il ne toucha pas même du bout de la fourchette à la portion copieuse que lui avait servie son père. Bien assis, le buste droit, les mains au repos de chaque côté de son assiette, il était tout entier à Madeleine, jouissant à plein cœur ouvert de sa présence, de ses gestes mignons, de son embarras pudique à cette table, où parfois il lui semblait la voir seulement en rêve.

Dans son attitude très simple, très réservée, à laquelle des hardiesses du regard imprimaient vie par intervalles, Frédéric était beau. Vers 1835, nos paysans portaient encore les cheveux à l'ancienne mode. Cette mode consistait à se faire tailler ras le derrière de la tête et à laisser flotter sur les oreilles de longues mèches ébouriffées. Quand on parcourt nos pays, on retrouve cette coupe, d'un caractère primitif, quelque peu barbare, à bon nombre de figurines sculptées sur d'antiques pierres tombales et à plus d'un chapiteau de nos vieux sanctuaires en ruine. Les Servières, Cévenols entêtés, ennemis des nouveautés envahissantes, étaient demeurés, tant pour la façon d'être que pour le costume, fermement attachés à la tradition.

Quel éclat les yeux noirs, les joues brunes, le menton bleuâtre de Frédéric retiraient, ce soir-là, des belles *oreilles de chien*, frisottantes, dont les anneaux de jais lui caressaient le visage au moindre mouvement. Dans ce cadre particulier, original, fait exprès pour adoucir des traits rudes, creusés, le descendant de toute une lignée de montagnards intrépides, encore qu'il eût dépassé la trentaine, ne paraissait pas plus de vingt ans. Une jeunesse triomphante était épanouie sur son front, et, de minute en minute, une courte phrase lui échappait, dérivatif nécessaire aux idées, aux bonheurs intimes qui l'obsédaient, qui l'eussent étouffé s'il n'avait trouvé à leur donner du champ.

— Mais, mademoiselle Madeleine, vous n'avez donc pas faim ?... Mais, mademoiselle Madeleine, vous n'aimez donc pas la croustade ?... Mais, mademoiselle Madeleine, vous vous ennuyez peut-être à Figuerolles ?...

Il était soulagé.

L'abbé répondait pour sa nièce :

— Madeleine mange comme un oiseau; je lui en fais perpétuellement des reproches... Madeleine aime tout, comme une jeune personne bien élevée qu'elle est... Madeleine ne saurait s'ennuyer à Figuerolles, où chacun lui fait fête...

Pour elle, elle l'eût voulu, qu'elle aurait été incapable d'articuler un mot. Engoncée dans sa carapace de dévotion, de timidité, de honte, où l'avaient étroitement emprisonnée les Ursulines de Saint-Pons, la pauvre enfant ne savait que se taire. Pourtant, elle se sentait très touchée, et, quand son regard rencontrait celui de Frédéric, elle éprouvait de ce choc une secousse qui lui était d'une douceur infinie. Elle revenait à la charge de temps à autre : avide de sensations délicieuses, elle relevait la tête au fruit défendu.

Encore une fois, le jeune Servières admirait ses grands yeux bleus d'eau de source, le nuage d'or de ses cheveux, son nez fin et long, sa bouche mignonne...

— Allons, il est tard, dit l'abbé, se levant.
— Rascol, ta lanterne ! cria la Cambotte.

Et, se penchant de nouveau vers Frédéric :

— Il faudra donc que je vous apprenne votre métier d'amoureux ? Offrez votre bras à mademoiselle Madeleine, qui pourrait broncher dans nos pierrailles, et accompagnez-la jusqu'à la cure, s'il vous plaît...

V

« LA CAMBOTTE »

Frédéric s'était retrouvé tout lui-même. Le lendemain de ce souper mémorable, dès l'aube, dans la cour de la métairie, il appelait chacun au travail.

— Vous autres, enlevez des étables le fumier des tarrines et allez le répandre dans les labours du Louvart... Vous autres, criblez les orges et tâchez que le grain soit net pour les semailles... Vous autres...

Notre homme, rendu à ses ardeurs anciennes de terrien jaloux de commander, courait à Roquefixade et excitait les tisserands dont les pièces *paressaient* trop sur le métier.

— Songez, leur disait-il, qu'avant six mois j'aurai ouvert des dépôts tout au long des vallées de l'Orb et de l'Agout, et qu'il en faudra des rouleaux et des rouleaux de marchandises pour contenter la clientèle ! A l'avenir, la Cambotte ne voyagera plus à dos d'âne. Je vais, à ma première descente de la montagne, commander une carriole pour elle au charron Réfrégé, de Bédarieux ; puis j'achèterai un mulet de bon sang andorran, à la foire de Quarante...

Il se précipitait vers le fond du val, et, avisant dix, quinze femmes occupées à retirer de l'eau, où ils rouissaient sous de lourdes pierres, des paquets de lin et de genêts, il les interpellait vivement :

— Voyons, Mariette, voyons, Justine, un peu plus de courage au bout des ongles !... Maintenant, une recommandation : si le soleil ne sèche pas assez vite, portez les filasses dans la gloriette de la métairie et allumez le four...

Quand le hasard de ses courses vagabondes portait ses pas du côté du village, il n'arrivait jamais à Frédéric de remonter à Figuerolles sans passer par le presbytère. C'était Madeleine qui venait lui ouvrir la porte, et il s'étonnait que ce ne fût pas Naniche, la gouvernante de M. le curé. Alors *Mademoiselle*, — il avait fini par appeler Madeleine de ce simple mot où son amour-propre de paysan trouvait son compte, — alors Mademoiselle l'attendait ?

Oui, elle l'attendait, et cela à son insu. Elle était assise dans la chambre bleue, près de son oncle récitant son bréviaire; on frappait en bas; elle s'enlevait d'un mouvement d'ailes, touchait le loquet avant Naniche, et se trouvait face à face avec Frédéric.

— Ce n'est pas possible, lui dit-il un jour : vous saviez que c'était moi...

— Venez vite!

— Vous reconnaissez donc mon coup de marteau?

— Certainement, je le reconnais.

— Comment faites-vous?

— Je ne sais...

— Peut-être aussi reconnaissez-vous mon pas, quand je longe le mur de la cure?

— Certainement, je le reconnais.

— Comment faites-vous?

— Je ne sais...

— Bien que vous ne suiviez nullement ma piste, bientôt vous entendrez mon souffle...

— Je l'entends.

— Comment faites-vous? comment faites-vous?

— Je ne sais trop, moi, monsieur Frédéric; mais, quand vous êtes parti de chez nous, il me semble que vous ne m'avez pas quittée, et je vous vois, et je vous écoute... Est-ce que ces choses ne vous arrivent pas à Figuerolles, comme elles m'arrivent à Roquefixade!

— Si! si! si!...

Quand le jeune Servières développait, devant son père, devant ses oncles, devant la Cambotte, devant Rascol, les plans élaborés dans son cerveau pour l'embellissement, la transformation de la métairie, les vieux, encore qu'un peu troublés, acquiesçaient du bonnet, et Rascol les imitait; mais la Cambotte, plus difficile à persuader, grommelait, et d'aventure, ne gardant nulle retenue, luttait contre son maître avec la dernière énergie.

Un soir, l'orage entre Annette et Frédéric éclata furieux.

— Vous aurez beau me secouer aussi rudement qu'un prunier du jardin, je n'en suivrai pas moins mon idée! cria celui-ci.

— Miséricorde du bon Dieu! je le sais bien. Vous avez une tête de fer pour mes avis.

— Je veux que tout ici soit en bon ordre.

— En quoi ça dérange-t-il votre bon ordre que je garde Pascalou pour mes voyages?

— Pascalou est vieux; avec lui, vous restez une semaine en route, quand deux jours vous suffiraient avec une monture plus hardie du jarret.

— Avez-vous réfléchi à la poignée de pistoles qu'il vous faudra bailler aux maquignons de l'Andorre pour l'avoir, cette bête plus hardie du jarret?

— Ne vous mettez pas en peine des pistoles...

D'un geste, il montra, à travers les vitres, un ciel resplendissant.

— J'ai plus d'écus qu'il n'y a d'étoiles là-haut, articula-t-il.

— Ne soyez pas si glorieux, riposta-t-elle, car on en a vu tomber qui avaient des reins mieux noués que les vôtres. Témoin les Heurtevin, de La Fresnaye, lesquels, après avoir donné pâture à plus de mille bêtes, à l'heure d'aujourd'hui, ne nourriraient pas un agneau. Dieu avait comblé cette famille, où nous avons été en loyer, Rascol et moi; puis Dieu lui a suspendu une besace au col et lui a dit: « Trotte pour ton pain! »

— Ah çà! est-ce que vous allez comparer Frédéric Servières, de Roquefixade, à Étienne Heurtevin, de La Fresnaye? s'écria-t-il, faisant explosion. Quand m'a-t-on rencontré dans les auberges, prenant des viandes et du vin jusqu'à la luette ? Quand m'a-t-on vu dans les tripots, les cartes aux doigts du matin au soir et du soir au matin ? Est-ce aux fêtes patronales de l'Espinouze que je vais faire carrousse, moi, avec les dévergondées du pays ?...

— Notre maître !...

— Cambotte, si je ne me souvenais de ma mère, qui vous aimait, nous devrions nous séparer.

Ces mots n'étaient pas tombés de la bouche du maître, que Rascol, planté droit sous le manteau de la cheminée, sort de son immobilité. Il marche vers sa femme pesammment, lui glisse ses deux griffes aux aisselles, l'enlève comme il l'eût fait d'un chien récalcitrant, et il va la jeter hors de la Salle, quand Frédéric la lui arrache des mains.

— Laissez-la ! ordonne-t-il, Je lui ai parlé trop durement...

— Allons, Cambotte... allons, Cambotte, répète Jérôme... Vous qui êtes si brave, restez... Asseyez-vous...

La pauvre femme s'affaisse sur une escabelle et pleure.

La douleur de cette servante dévouée, qui n'avait qu'une pensée en tête : les Servières, une affection au cœur : les Servières, torturait Frédéric. Il n'y tint plus, et, donnant carrière aux regrets, aux remords et aussi à des préoccupations intimes qui le débordaient :

— Le moment est venu de vous dire, à vous, mon père, à vous, mes oncles, ce que, dans ces derniers temps, la Cambotte a été pour moi... Elle a été tout pour moi... Nous ne l'aurions pas eue, que je serais mort. La perte de ma mère m'avait saisi d'une si rude force que je voulais la rejoindre du côté du bon Dieu, où elle est, et je l'y aurais rejointe, sans Annette, enragée à me retenir ici. Elle me prêchait, me chapitrait, me montrait ma famille détruite, Figuerolles ruinée, si je refusais de reprendre racine dans la vie. Rien ne faisait à ma peine, quand elle s'avisa d'un moyen... Oh! d'un moyen !...

— Je vous en supplie... monsieur Frédéric, implora-t-elle.

— Quel moyen ? demandèrent les vieux.

— Je tenais rancune au ciel et je ne boutais plus les pieds à l'église. Pourtant la Cambotte avait son idée, et elle fit si bien, qu'un jour je vous suivis à la messe... Vous vous souvenez de l'événement : je vis mademoiselle Madeleine, que la Cambotte savait à la cure depuis l'avant-veille. A dater de ce moment, ce fut une nouvelle existence... Annette, je ne vous payerai jamais ce que je vous dois.

— Vous comprenez, monsieur Frédéric, balbutiat-elle, si votre père, si vos oncles, déjà sur l'âge, seraient heureux d'entendre galoper des enfants, beaucoup d'enfants, sur les planchers de la métairie !... Moi, je n'ai pas été heureuse dans mon mariage du côté des enfants; mais celui que j'ai perdu ici, il me semble que je l'ai encore suspendu à mes tétins, comme une chèvre son cabri. Au surplus, je sais ce qu'il fut pour moi, ce petiot, que nous appelions Lucien ou *Luc* pour abréger... Il était plus blond qu'un grain de mil... Les enfants, dans ce monde de la terre, c'est la vie, conclut-elle, le visage ruisselant.

— Annette ! lui murmura Jérôme.

Elle se leva, et, les bras en avant :

— Voyons, vous, notre maître, vous qui parlez, répondez-moi : oui ou non, vous plairait-il d'avoir des enfants pour désensorceler cette maison de sa tristesse?

— S'il me plairait d'avoir des enfants !... s'écria le vieillard. Que le bon Dieu nous en envoie autant qu'il voudra, je ne dirai jamais : Assez.

— Nous avons pour les nourrir, ajouta Antoine.

— Et la laine ne manquera pas pour les engarder du froid et les coucher chaudement, déclara Pierre.

Frédéric entendait, secoué jusqu'au fond des entrailles.

Les Servières, la Cambotte, son mari, étaient alignés devant le feu, la pointe des sabots contre le perron du foyer. Rascol, tout noir avec son tablier de cuir, son grand feutre, tranchait singulièrement sur les trois vieillards affublés, par-dessus leurs vestes de serge, de *grisaoudos* neuves ; l'ancien porcher alimentait les flammes de brindilles sèches rongées par les bestiaux.

Tout à coup, cet homme taciturne eut ces paroles de bon sens :

— Mais, avant de s'occuper des enfants, si on s'occupait, en premier, de la femme qui doit les mettre au monde ?... Votre mariage est-il arrêté, monsieur Frédéric ?

— Il est arrêté depuis hier, répondit Jérôme.

— Et à quand la noce ?

— Après le deuil de ma défunte femme, au mois d'avril...

— C'est un bon mois, le mois de l'arrivée des bêtes. Nous aurons les tarrines, les bergers, les chiens...

— Nous aurons Mademoiselle, butor ! lui cria sa femme, indignée, Mademoiselle, blonde, chantante comme une alouette dans les orges du Louvart.

En avril, les bêtes, les chiens, les pâtres remontèrent vers l'Espinouze. Le Roudil et le Louvart foisonnaient d'herbes fraîches. La fête de l'arrivée des tarrines fut magnifique, et le mariage de Frédéric Servières avec Madeleine Lautier la prolongea huit jours, à la satisfaction de tout le pays qui s'y ébattit joyeusement.

VI

LES « TARRINES »

L'été était dans sa force et chacun allait à la terre comme au *triomphe*. Les orges, les seigles du Louvart ondulaient sous les épis qui s'alourdissaient de jour en jour, tandis que les châtaigneraies du Roudil montraient des régimes de pelons grossissant à vue d'œil. Quelle année serait cette année si merveilleuse de promesse ! Il y aurait du pain pour tous, des châtaignes pour tous. L'Espinouze, splendide, s'offrait aux yeux épanouie comme un gigantesque bouquet. Le soleil, dans sa gloire, avait versé ses rayons à ce sol ingrat, et en avait fait un parterre de fleurs. Les arêtes coupantes des rochers s'enveloppaient de plantes, de gramens qui leur mettaient un vêtement magnifique. La vie, la grasse, l'abondante vie des entrailles, en dépit d'une croûte pesante, avait trouvé des fentes, des fissures et s'étalait à la surface, prodigue de ses trésors.

— Quand je vous prévenais que l'arrivée de Mademoiselle nous porterait bonheur ! dit la Cambotte, un matin.

— Nous n'avions pas mille bêtes à nourrir l'an passé, et nous en avons douze cents, cette année, articula Antoine.

— Nous arriverons à deux mille, affirma Pierre.

— Un jour, nous serons les herbagers les plus achalandés de l'Espinouze, déclara Jérôme.

— Il faut penser qu'il y a, du côté de Douch, les Albagnac, et que les Albagnac, bon an mal an, reçoivent jusqu'à trois mille têtes de bétail, dit la Cambotte.

— Nous dépasserons les Albagnac! clamèrent-ils.

Levés de table, ils avaient pris leur bâton et se disposaient à sortir; Annette les arrêta.

— Ah çà! pourrait-on avoir des nouvelles de M. Frédéric et de Madame? demanda-t-elle. J'ai avisé, hier, le piéton de la poste qui entrait à la cure; puis je vous ai rencontrés tous trois en grand *parlage* avec M. le curé... Est-ce que je ne compte plus, moi, qu'on ne me souffle un mot de rien?

— Chut, Cambotte!... murmura Jérôme.

— Chut, tant que vous voudrez; mais j'ai faim de savoir, et je ne puis rester plus longtemps à attendre la becquée. Depuis que nous sommes à Figuerolles, Rascol et moi, nous avons toujours entendu parler haut et ferme; à présent, on chuchote ici... Se méfie-t-on de nous? Sommes-nous des étrangers?...

— Oh! Cambotte!...

— Parlez alors.

— Voici la chose... Ce n'est qu'un espoir...

— Un espoir de quoi?

— Frédéric a écrit à M. le curé que notre Madeleine était lasse, qu'elle ne mangeait quasiment plus...

— Voyons, ne mâchons pas les mots. Oui ou *non*, M. Frédéric croit-il que nous aurons bientôt un petit enfant?

— Il le croit, marmotta Pierre.

Cette nouvelle coupa net la parole à la Cambotte. Elle regardait les vieillards et ne trouvait pas un son pour traduire au dehors le contentement dont elle était inondée. Embarrassée de son silence, elle fit sauter l'espagnolette d'une fenêtre.

— Rascol! cria-t-elle, Rascol!

— Qu'y a-t-il? demanda l'autre, occupé dans la cour à préparer la pâtée aux chiens.

— Viens vite!

Il accourut.

— Rascol... je veux que tu saches... balbutia-t-elle, blanche d'émotion, je veux que tu saches que... cet hiver, nous aurons un enfantelet à Figuerolles.

Et, comme son mari demeurait là, impassible, abasourdi qu'on l'eût dérangé :

— Tu peux retourner à tes animaux, lui dit-elle.

Rascol battit en retraite. Les Servières le suivirent.

La Cambotte demeura à la fenêtre, aspirant de larges bouffées d'air. Elle finit par se laisser aller sur une chaise, accablée et pourtant heureuse, un sourire aux lèvres et pourtant ayant envie de pleurer.

— Bénédiction du bon Dieu! murmurait-elle, c'est si beau un petit enfant dans ses langes!... Si c'est un garçon qui doit naître, je demanderai à M. le curé de lui donner, au baptême, le nom de *Lucien*, le nom si joli de mon petiot... Si c'est une fille... je ne sais pas... Oh! je sais! Pourquoi ne l'appellerait-on pas *Frédérique*, comme son père qui s'appelle Frédéric?...

Par les chaleurs de juillet, les tarrines avaient déserté les étables et campaient en plein Louvart, à la belle étoile. Des palissades, retenues par des piquets solides, formaient un parc où les bêtes ruminaient tranquillement, la nuit, à l'abri de toute alerte. Du reste, les chiens faisaient bonne garde, et les bergers, couchés dans leur limousine le long de l'enceinte, se trouvaient debout au moindre bruit. A vrai dire, Tirebosc n'envoyait guère de loups : le ciel était trop clair, la saison trop douce, l'air trop pur, et par cela même peu propice à la chasse au bercail. Néanmoins, il fallait veiller sans relâche, car, en dépit des précautions prises, il arrivait parfois, le matin, qu'il manquait une ou deux bêtes à l'appel. Un loup avait sauté dans le parc, avait saisi un mouton à la nuque, se l'était campé sur le dos, avait franchi d'un bond la palissade avec sa charge et s'était évanoui à travers la lande sans remuer un caillou.

D'aventure, lorsqu'un hurlement suspect leur était venu des rouvres de Tirebosc, les pâtres, l'oreille tendue, se plantaient droit, s'armaient de leur bâton à pointe de fer et exécutaient des rondes en chantant. Ces chants, sans paroles, d'où se dégagent ces simples mots : « Au loup! au loup! » sont comme un long enchaînement de cris destinés à éloigner la bête féroce qui, dans un coin d'ombre, aiguise ses crocs pour le festin. Les chiens, sur pattes, flairent le vent, se taisent, écoutent les voix de leurs maîtres, vibrantes, aiguës, et attendent en des attitudes héroïques... Ah! si le loup osait paraître!... Les voix montent toujours; eux ne bougent aucunement. Le spectacle, dans un désert, sous la lune qui rend plus blanches les toisons blanches du troupeau, ramassé, tremblant à l'approche de l'ennemi, le spectacle a je ne sais quelle grandeur sauvage dont l'âme et le corps sont ensemble remués. L'homme se prépare à lutter contre la bête ; il y aura bataille, et cela est noble, et cela est beau.

Les relations étaient constantes entre Figuerolles et le Louvart. D'abord les filles de la métairie préposées à la confection du beurre et du fromage —les *beurrières* et les *fromagères* — venaient traire les brebis et remportaient le lait en des seilles de châtaignier soigneusement récurécs, luisantes. Puis Rascol, précédé de Pascalou, arrivait avec des écuelles pleines pour les bergers et d'autres écuelles pleines pour les chiens. Souvent aussi les vieux Servières gravissaient le sentier raide. Ils entraient dans le parc tandis que le troupeau pâturait au loin, tâtaient le sol de la main pour reconnaître jusqu'à quel point la présence du bétail l'avait engraissé, et ordonnaient le déplacement des piquets et des claies, s'ils jugeaient la terre suffisamment saturée. Sauf le voisinage de Tirebosc qu'on évitait, le parc, facile à transporter, faisait le tour du Louvart et du Roudil, dégringolant au fond des combes, aux rives du Bidourlat, remontant aux contreforts en surplomb sur l'Aiguetorte, escaladant les cimes où la neige fondue avaient laissé de maigres bouchées de gazon.

Les tarrines, touchées là-haut par les premières froidures, étaient en train de réintégrer les bergeries; les Servières assistaient à la rentrée du bétail, joyeux sur leur bâton, la face élargie d'aise, quand Alype, frêle et long comme la gaule de son bedeau, entra dans la cour de la métairie.

— Eh bien, êtes-vous prêts? demanda-t-il.

— Au fait, c'est vrai... dit Jérôme.

— Êtes-vous prêts? répéta l'abbé. Il faut nous hâter si nous ne voulons pas manquer la diligence.

En arrivant sur la route de Murat, les Servières et M. le curé furent surpris de discerner, à cinquante pas, une grande femme qui se hâtait en clopinant vers Saint-Gervais.

— Cambotte! héla Jérôme.

Elle se retourna.

— La voiture! cria-t-elle.

Trois minutes après, la diligence — une patache

attelée d'une paire de mules étiques — passa dans un nuage de poussière.

— Madeleine ! Madeleine !... ne put s'empêcher d'appeler de sa voix grêle le desservant de Roquefixade.

La guimbarde était déjà loin. Ils se regardèrent, déçus.

— Ma nièce est une personne sérieuse, dit l'abbé, et je ne comprends pas que, m'ayant annoncé son arrivée...

— Voyez-vous, monsieur le curé, interrompit Jérôme, cette affaire avec Paulin Aubrespy, de Saint-Pons, aura retenu Frédéric un jour de plus...

— Il est certain que l'affaire entamée à Saint-Pons se présente avec des chances diverses et qu'il serait prudent de ne pas la conclure au pied levé, ajouta Pierre. La montagne ne nous a pas mal réussi ; tenons-nous-en à la montagne...

— Pour moi, opina Antoine, je ne signerais nul papier et tournerais le dos à cet Aubrespy...

— Frédéric a du jugement, articula Jérôme d'un ton qui réduisit ses frères au silence.

— Puisque le rendez-vous est manqué, il ne nous reste qu'à regagner la maison, dit Alype.

— Attendez, monsieur le curé, attendez ! intervint la Cambotte, qui les avait rejoints.

Et, montrant à une grande distance un véhicule qui s'avançait au pas :

— J'ai idée que ce sont eux.

— Comment ! s'écria Jérôme, pouffant, vous croyez, vous, que Frédéric irait de ce train endormi !...

— Mais pensez à l'état de Madame, vous autres.

Les Servières sourirent. Pour l'abbé, il baissa les yeux.

— Eh, bon Dieu ! quelle est cette bête qui conduit la

voiture? reprit la Cambotte... Pourvu que M. Frédéric, entêté à aller à la foire de Quarante, n'ait pas fait quelque folie! Ils sont si fins, ces maquignons andorrans, si fins!...

— Le voilà! le voilà! clama Jérôme.

Les paysans sont peu embrasseurs de leur nature, mais ceux-ci furent entraînés et s'en donnèrent à cœur joie. Antoine, le plus rude des Servières, pleurait presque, tenant les mains de son neveu. Alype fut secoué au point, quand sa nièce, les yeux imbibés d'une lumière nouvelle, se jeta à son cou, qu'il en laissa tomber son bréviaire, toujours incrusté à son flanc.

— Seigneur, soyez béni! Seigneur, soyez béni! répétait-il.

Retenant sa Madeleine chérie, il murmura :

« *Benedictus Dominus Deus Israël quia visitavit nos!* »

La Cambotte était bouleversée de fond en comble. Pour ne pas montrer les larmes qui débordaient ses paupières, elle venait de détourner la tête et avait l'air de s'intéresser beaucoup à l'équipage de son maître. Cet équipage se composait d'un superbe cheval noir une étoile blanche au front, la croupe bien prise, ronde, luisante, les paturons dégagés, et d'un tilbury neuf à capote, dont la caisse étincelait.

— Tout cela n'est pas à nous, je suppose? s'informa-t-elle, tirant Frédéric par la manche.

— Pardon, Cambotte, tout cela est à nous, et il y a encore *Laric*, un mulet qu'on doit conduire ici demain et dont je vous fais cadeau pour vos courses.

— Alors, vous pensez, vous, que les pièces blanches ont une queue comme les rats et qu'on peut les rattraper?

Rascol, qu'on n'avait pas vu arriver, surgit devant elle.

— La paix, Annette ! mâchonna-t-il.

On allait au pas.

— Si tu étais lasse, Madeleine ?... demandait Frédéric, montrant à chaque minute la voiture, conduite par Rascol.

— J'aime mieux marcher, répondit-elle languissante.

Bientôt une clameur s'éleva dans les ombres projetées par le Louvart et le Roudil sur la métairie, dont on approchait. Les tarrines, prévenues par les chiens vigilants, saluaient nos voyageurs d'un bêlement énorme.

La Cambotte fut touchée, et, son émotion réveillant son enthousiasme, elle dit aux jeunes gens :

— Les bêtes ont raison de vous saluer : vous êtes beaux comme le jour !

VII

« FRÉDÉRIQUETTE » OU « RIQUETTE »

Dans le ravin entre le Roudil et le Louvart, les genévriers, plus verts en octobre qu'en août, étalaient des rameaux reluisants de fruits. Les baies, ici mordorées, là presque noires, plus loin d'un joli bleu velouté, éclataient, au milieu des lancéoles fines, avec des grappes de trois, de cinq, de dix. Quel festin pour les grives !

Une après-midi, Frédéric et Madeleine sortirent de Figuerolles et s'acheminèrent vers les sources de l'Aiguetorte. Le sentier était encore gazonné par places, et ils remontaient pas à pas le cours du ruisseau, inclinés l'un vers l'autre, devisant. Le soleil, dont la carrière se réduisait chaque jour davantage, qui n'avait plus l'air de partir du fond de l'Espinouze, mais seulement des bois de Tirebosc, le soleil enveloppait le jeune couple de rayons discrets, l'imprégnait, avec toute la nature, lasse, abattue à la fin de l'été, d'une singulière mélancolie.

— Quelquefois j'ai grand'peur, murmura la jeune femme.

— Grand'peur, Madeleine!... Pourquoi?

— Dans ma situation, je me fais des idées!...

— Quelles idées?

— Si le bon Dieu ne nous accordait pas un enfant tel que nous le souhaitons, un enfant beau?...

— Beau!... Ne te mets pas en peine, notre enfant sera beau comme tu es belle...

— Je pense sans cesse à lui, sans cesse je m'occupe de lui, je rêve de lui nuit et jour, et, me souvenant de mon oncle Alype, en prières à son intention, il me semble que le ciel, touché, nous enverra un de ses anges.

— Oui, un ange, oui...

— Puis je me dis que je suis folle de tant espérer, et mes terreurs me reprennent... S'il allait être faible, chétif!...

— Eh bien! nous le fortifierions. Ne sommes-nous pas assez de monde à la métairie pour travailler à fortifier notre enfant? Du reste, demande à mon père en quel état piteux j'étais quand je naquis. J'avais juste le souffle d'un rouge-gorge de nos figuiers; j'étais aussi mince qu'un brin de genêt. Cela m'a-t-il empêché de devenir un homme robuste, capable d'endurer les fatigues des affaires et des champs?

— Oh! écoute!...

— C'est une grive, dans les genévrières du Roudil.

L'Aiguetorte, après avoir jailli par trois crevasses du flanc de la montagne, roule avec fracas parmi les fentes de la rocaille, au milieu de fougères épaisses, de ronces broussailleuses, se dégage de ces obstacles enchevêtrés, apparaît brillante et grondante, fait un saut dans une vasque de quinze à vingt mètres que la force de sa projection, dans le courant des siècles, a creusée à la base du Roudil, et, libre enfin, descend vers Roquefixade avec tranquillité.

Le bassin, très clair, d'une transparence de cristal, où des touffes de châtaigniers sauvages découpent leurs ramilles dentelées, est entouré d'un parapet en maçonnerie, recouvert de pierres plates grossièrement équarries au têtu. Des mousses, des lichens, des pariétaires, quelques violiers ont envahi cette manière de rempart, coupé çà et là par l'échancrure des vannes, et, grâce aux végétations qui l'habillent pittoresquement, il est assez difficile de le démêler de la ramure des châtaigniers, avec laquelle il se confond. Du reste, ici tout est vert, et le roc abrupt d'où l'eau s'élance, et les environs de ce roc jusqu'à la métairie. Le ruisseau ne s'est pas laissé capter tout entier dans les canaux des Servières, il a des routes enfouies, des cheminements secrets qui lui permettent de porter la fraîcheur, la vie, là où il lui plaît.

Frédéric et Madeleine s'étaient assis sur une pierre du parapet, l'oreille tendue vers les genévrières du Roudil. Maintenant, ce n'était pas une grive qui chantait, mais vingt grives, mais cent. Ils paraissaient très émus de ces cris joyeux, perlés, suaves, tendres, qui leur arrivaient à travers les branchages, leur emplissaient l'âme ineffablement. Tandis que sa jeune femme, immobile sur la margelle, qui allumait des fleurettes autour de sa robe jusqu'à ses pieds, écoutait en une sorte d'extase, pensant peut-être à cet ange dont elle s'efforçait de saisir le portrait de toute la force de son esprit et de toute la force de son cœur, lui, troublé pour la première fois par le chant des grives, se demandait ce que signifiaient tant d'impressions inconnues, qui le bouleversaient, lui coupaient le courage, ne lui permettaient pas un mot. Alors, suivant le regard de Madeleine plongé au plus profond de l'eau, il finissait, comme elle, par y découvrir un visage adorable d'enfant, un mignon visage avec deux grands yeux magnifiques, le plus ravissant sourire partout épandu.

— C'est égal, dit-elle, Dieu, qui peut tout ce qu'il veut, devrait bien me laisser regarder en moi-même comme je regarde dans l'Aiguetorte : je verrais plus tôt notre enfant, je le connaîtrais plus tôt, je l'aimerais plus tôt...

Figuerolles disparaissait dans l'ombre du Roudil, qui s'allongeait déjà jusqu'à Roquefixade. Ils rentrèrent, pénétrés d'un espoir qui les obligeait à faire halte à chaque pas pour se contempler, s'aimer.

Quand la neige et les froids arrivèrent, la métairie, où maçons, plâtriers, menuisiers, serruriers avaient travaillé durant plusieurs mois, était devenue une vaste maison très propre, très commode, presque confortable. Au premier étage coupé en deux par un large couloir de couvent, toute la partie exposée au midi avait été dévolue au jeune ménage. Là, sous la direction de l'abbé, qui croyait s'entendre aux bâtisses, on avait élevé des cloisons, disposé un appartement à six fenêtres, deux prenant vue sur le Roudil, quatre sur Roquefixade. Alype ne s'était pas contenté de veiller à ces arrangements intérieurs : les ouvriers partis, il voulut, de ses deniers, meubler l'appartement de sa nièce. Un matin, deux charrettes chargées de meubles montèrent vers Figuerolles.

Le déchargement commença coup sur coup. La

métairie était en l'air. Rascol commandait, et Prosper Batifol, dit *Pipette*, son lieutenant dans la gouverne des chiens en été, des journaliers en hiver, faisait tourner les hommes, les prévenant des obstacles du chemin. Les vieux Servières, les mains libres, suivaient les convois, étonnés. Vingt fois les vieillards montèrent, descendirent l'escalier, attentifs aux déchargeurs, redoutant une maladresse, un faux pas. Eux étant là, il leur semblait que rien de fâcheux n'arriverait.

Mais l'ébahissement des trois paysans fut au comble, quand, après le dernier voyage, Frédéric leur montra chaque pièce du mobilier mise en sa place, que Mariette et Justine, sous les ordres de la Cambotte, venaient de débarrasser des brins de paille de l'emballage, de la poussière de la route. Les braves gens demeuraient saisis. Ils songeaient à leurs lits en bois de châtaignier, charpentés de main d'ouvrier, maintenus à hauteur par des traverses épaisses, noires d'ancienneté, serrées par des boulons à grosse tête luisante, et ils n'avaient pas assez de leurs yeux pour admirer le lit en acajou de Madeleine, brillant à s'y mirer, dont on n'apercevait pas les ferrures, dont les morceaux, assemblés, ajoutés on ne sait comment, leur semblaient tenir par miracle.

— Que c'est beau ! que c'est beau ! répétait Jérôme.

— Pourvu que ce soit solide ! ajoutait Antoine.

— Pour ça, par exemple, c'est plus joli que tout s'écria la Cambotte.

Elle désignait un meuble allongé, très bas, ayant aux quatre angles des montants en saillie ornés de moulures, reposant sur deux croissants de buis, allant à droite, allant à gauche, au plus léger contact de la main.

— En voilà un berceau superbe ! balbutiait Annette.

Elle se tourna vers Madeleine, interdite, les yeux humides, puis murmura :

— O Madame, qu'il vienne notre petit, qu'il vienne ! A présent, il ne manque que lui.

Une nuit, en décembre, le temps était horrible au dehors. La neige, qui n'avait cessé depuis huit jours, redoublait, et, poussée par de violentes rafales, s'abattait en paquets contre les murs et sur les toits. Aux bruits sifflants de la tempête déchaînée, se mêlaient, par intervalles, d'autres bruits. Ceux-là, encore qu'assourdis, avaient quelque chose d'effroyable, de tragique comme le hurlement de bêtes fauves mordues aux entrailles par la faim. Sans doute, Tirebosc, trop pauvre de bergeries pour nourrir ses hôtes ordinaires, en avait dépêché une bande vers le Louvart. Heureusement, on veillait à Figuerolles. En haut, en bas, sur la façade, quand les volutes de neige s'enroulaient moins épaisses autour de la maison, on démêlait par places des pans de murs éclairés. Les voix sinistres de Tirebosc, après un moment d'arrêt, ayant repris leurs appels, leurs plaintes, aux sources de l'Aiguetorte, aux bords plus éloignés du Bidourlat, une fenêtre du rez-de-chaussée s'ouvrit et quelqu'un appela.

— Rascol ! Rascol !

— Qu'y a-t-il, monsieur Antoine ? demanda le mari de la Cambotte, passant la tête à une lucarne de la cour.

— Tu as entendu le loup, je pense ?

— Oui, oui...

— Dis à Pipette de tirer deux ou trois coups de fusil. Il ne faudrait pas que le loup touchât à nos brebis. Nous avons gardé ces bêtes pour donner du lait à notre petit...

— Est-il né, notre petit ?

— Pas encore.

Antoine referma la fenêtre et se rassit. A travers la pièce peu éclairée, trois autres personnes se trouvaient disséminées : Jérôme, Pierre et, ô surprise ! Alype. Que faisaient là ces hommes tous en des postures accablées, pâles, se tenant au bord des sièges, se levant à tour de rôle, entre-bâillant avec précaution la porte sur le corridor, écoutant ?

— Mon Dieu, ayez pitié d'elle et de nous ! suppliait le desservant, habitué à soulager par des oraisons jaculatoires les grands et les petits chagrins de la vie.

Les Servières ne disaient rien.

La vieille pendule sonne minuit dans sa haute gaine de noyer. Antoine n'a pas compté le douzième coup, que des pas précipités retentissent dans l'escalier.

— C'est Frédéric ! dit Jérôme.

Frédéric paraît au même instant.

— Ma fille est née ! s'écrie-t-il, comme fou.

Tout le monde monte au premier étage. La sage-femme tient dans ses bras le petit être, un peu rouge, un peu congestionné par l'effort héroïque de la naissance, les yeux clos, la bouche entr'ouverte, mignonne comme une rosette des haies.

— Et la mère ? demande l'abbé.

— Elle va bien, lui répond la sage-femme.

Tandis que les Servières, auxquels vient se joindre Rascol mandé en toute hâte, demeurent debout autour du nouveau-né, le regardant insatiablement, la Cambotte sort sur la pointe des pieds de la chambre de sa maîtresse et balbutie à voix basse :

— Madame demande que la petite s'appelle *Frédérique* ou *Frédériquette* ou *Riquette*, — comme son père.

L'abbé lève les deux bras d'un geste solennel, bénit *Frédérique*, puis ils tombent tous à genoux et prient.

VIII

PAULIN AUBRESPY

Cependant, Frédéric, en proie depuis plus d'un an à des émotions extrêmes, reprenait son sang-froid, son équilibre. Le dur cerveau de ce paysan, entamé d'abord par une douleur sans nom, brûlé ensuite par une ardeur plus dévorante que la flamme, réparait ses brèches, ses ruines, et se retrouvait entier comme devant. Quand la mort de sa mère avait fait toutes choses misérables autour de lui, quand la rencontre de Madeleine Lautier l'avait monté si haut qu'il ne voyait plus rien ni de Figuerolles, ni de Roquefixade, la naissance de sa fille lui rouvrait les yeux sur les réalités ambiantes, sur la métairie conservée en parfait état, sur le Louvart où les neiges feraient place bientôt à des pâturages de joyeuse venue, sur le Roudil dont les châtaigneraies donnaient de si fructueux rendements. Après les plus nobles élans de la vie, l'avarice, cette passion des hommes voués au remuement de la terre, l'avarice, la maîtresse impitoyable de son grand-père, de son père, de ses oncles, l'avarice l'enlevait d'une brassée, et, ayant manqué le perdre, le refaisait sien avec fureur. Vers la fin de janvier, la première fois que sa femme, encore faible et dolente, descendit dans la Salle, Frédéric se pencha sur son enfant au maillot et articula, les lèvres crispées :

— Va, dors tranquille, fillette : tu seras riche, un jour.

Le génie de la race avait parlé.

Le soir même, les quatre Servières tinrent conseil en l'absence de la Cambotte, occupée de Madame, et le lendemain, à la fine pointe de l'aube, Frédéric, haut perché sur son tilbury, s'éloignait de Figuerolles au galop.

Partout, à droite, l'Espinouze dressait des crêtes blanches qui se confondaient avec les nuages. Par-ci par-là, dans les hautes campagnes du ciel, molles, imbibées d'une lumière presque tendre, d'immenses prairies vertes se déployaient parsemées de points brunâtres vaguant au hasard dans l'espace infini. Emporté au train rapide de son cheval, notre homme, des contreforts de la montagne encore embrumés, laissait d'aventure son regard se hausser jusqu'au firmament de plus en plus clair, de plus en plus gai à mesure qu'il descendait vers la vallée de l'Orb. Alors des troupeaux fantastiques paissant dans l'azur, lui rappelaient les tarrines noyées dans les herbages du Roudil ou du Louvart.

« Je veux avoir un plus grand nombre de bêtes, cette année, » se disait-il.

Servières fit halte à Colombières, à Olargues, à Riols, régla des comptes de serge, de toile avec ses entrepositaires, et arriva à Saint-Pons, chez M. Paulin Aubrespy, le foulonnier le plus achalandé de la rivière du Jaur.

Ce Paulin Aubrespy, fils d'un berger de La Salvetat, âgé aujourd'hui d'une quarantaine d'années, était un petit homme grêle, pâlot, toujours agissant, toujours remuant. On disait de lui à Saint-Pons : « Oh ! ce Paulin, quel paquet de nerfs ! » Le principe de cette activité de sauterelle, qui ne permettait pas au foulonnier de tenir une minute en place, résidait dans son cerveau, en perpétuelle ébullition. Aubrespy était inventeur de son état, et sans cesse une nouvelle idée à réaliser le poursuivait, le traquait, le harcelait. Sa tête, grosse en réalité comme le poing, mais énorme par une chevelure noire crépue, ébouriffée, soufflée, perpétuellement en révolte contre son chapeau qu'elle débordait, sa tête, malgré l'exiguïté de ses proportions, était une manière de champ de bataille offert à tous les rêves, à toutes les imaginations. Ayant poussé assez loin l'étude de la mécanique, il était sans cesse occupé de changements, d'améliorations à introduire dans les machines servant à la fabrication du drap, l'industrie particulière aux vallées de l'Orb, de l'Ergue, de l'Agout, du Jaur. Vingt, cent papillons diaprés voltigeaient devant lui, et il les poursuivait rageusement.

Aubrespy ne s'était pas toujours acharné après des chimères. Quelques dix ans avant d'entrer en relations avec Frédéric Servières, son génie, dans sa fleur, l'avait mis sur la piste d'une découverte importante, et il lui avait été donné — bonne fortune rarement réservée à l'inventeur ! — de voir son invention appréciée, et, par ce fait unique, de prendre rang parmi les personnes considérables de la contrée, parmi les *Messieurs*. Par le succès qui le frappait en pleine poitrine, le fils du pâtre de la Montagne-Noire avait éprouvé un ébranlement qui, au milieu de sa chevelure de Patagon manqua de faire éclater la fragile boîte osseuse d'où le *foulon-Aubrespy* venait de jaillir tout armé.

Dans la fabrication du drap, le foulage est une opération importante. Quand un mauvais foulage rend au fabricant une pièce lourde, grasse, dure au toucher, un bon foulage la lui restitue légère, nette, tout ensemble moelleuse et serrée de tissu. Sans parler des déchirures faites à l'étoffe si le foulon n'est pas habilement dirigé, la machine vorace consomme d'énormes quantités de *terre à foulon*, d'huile, de savon, ce qui rend son fonctionnement coûteux. Pour Aubrespy, ouvrier foulonnier assez irrégulier, assez fantaisiste, le problème à résoudre se réduisait proprement à ceci :

trouver un foulon qui, sans risquer d'endommager les pièces, les débarrasserait à bon marché de toute odeur de suint, les dégraisserait jusqu'au dernier fil, leur communiquerait à la fois souplesse et solidité. Le foulon — nous ne nous arrêterons pas à le décrire — fut trouvé, et, en outre d'une foulerie sur le Jaur, pour l'établissement de laquelle l'inventeur dépensa soixante mille francs, son appareil spécial, mis à l'abri des contrefaçons par un brevet, lui avait rapporté, après dix ans, quand nous le rencontrons, une centaine de mille francs au bas mot.

— Voyons, avez-vous réfléchi, monsieur Servières? dit Aubrespy à Frédéric, en le recevant dans sa foulerie.

— Je viens pour causer de notre affaire...

— Êtes-vous convaincu que vos serges de Roquefixade n'ont pas longtemps à vivre?

— Elles sont pourtant de la même laine et du même fil qu'autrefois.

— Assurément. Mais autrefois, c'était autrefois, et aujourd'hui, c'est aujourd'hui. Si vous croyez que le monde demeure immobile comme le pic de Caroux! Le monde marche, et, si vous ne suivez pas son train, vous êtes perdu à Roquefixade, où personne n'ira chercher vos produits... Tenez! on fabrique à Mazamet, avec des bourres, des détritus, des bouts de laine, des bouts de fil, avec des choses quelconques ramassées sous les machines, on fabrique des draps grossiers, raides comme des planches qui, répandus à bas prix, auront, avant deux ans, porté le coup de la mort à votre industrie retardataire... Il faut tirer votre révérence à la routine, vous lancer ou périr.

L'inventeur, qui avait saisi une chaise, la souleva et eut un geste pour la précipiter dans le Jaur.

— Examinez le pays, reprit-il, et dites-moi s'il est possible d'imaginer un endroit mieux fait pour recevoir les bâtiments d'une fabrique.

Il déposa la chaise ; puis, ayant donné dans le dos à Servières une tape un peu dure, il le poussa vers la fenêtre.

— L'endroit en effet serait très propice, bredouilla le paysan, flatté peut-être de la caresse.

— Vous voyez ces prairies qui descendent jusqu'à la rivière, poursuivit le foulonnier avec un emportement plein d'orgueil : elles m'appartiennent. Elles sont exposées au midi, chose importante en nos contrées où les soleils sont courts. C'est là que sécheront nos draps... Et l'eau du Jaur, quelle eau merveilleuse pour le lavage des laines ! Elle est si onctueuse à la main, cette eau, que je me suis demandé souvent si, en l'intérieur de la Montagne-Noire, elle ne traverse pas quelque banc de savon, comme d'autres eaux traversent des bancs de houille ou de sel. Touchez-moi ça !...

Il atteignit son pot à l'eau sur la commode et, sans souci de l'endimanchement de Frédéric, tiré à quatre épingles pour la ville, lui inonda les mains, le pantalon, les souliers.

— Est-elle souple ! est-elle souple, notre eau du Jaur ! répétait l'inventeur transporté.

— Elle est souple comme...

— Comme un gant.

— Oui, comme un gant, mâchonna le futur associé, s'essuyant les mains, les genoux, les chaussures avec son mouchoir.

— Tout se borne à ceci, reprit le foulonnier en proie au démon de l'industrie.

— Tout se borne à quoi ? interrogea Servières, englué jusqu'au menton.

— Au versement d'une cinquantaine de mille francs.
— Vous m'aviez parlé de quarante mille.
— C'est possible; mais mon entrepreneur a serré son projet de plus près, et c'est cinquante mille francs qu'il réclame. Moyennant cette somme, il nous bâtira une filature modèle, qui mettra la jeune maison Aubrespy, Servières et Cie, de Saint-Pons, à même de lutter, sur les marchés de Beaucaire, de Toulouse, de Pézenas, avec les maisons Patural et Fils, de Mazamet, et Pierre Sicard, de Bédarieux. Réfléchissez d'ailleurs que, si vous apportez un certain capital, — capital disponible chez vous depuis votre mariage, — j'apporte, moi, le double pour le moins dans l'association. Sans parler de l'invention du foulon et d'inventions nouvelles en fermentation dans ma caboche, et que je livre d'avance sans privilège d'aucune sorte, j'abandonne ma foulerie, mes terrains des bords de la rivière, ce bief profond creusé par moi à grands frais pour conduire l'eau sur les palettes de la maîtresse-roue...

— C'est vrai que vous devez avoir dépensé beaucoup.
— Je n'ai pas compté. Est-ce qu'on compte quand on a son invention à mettre au jour? Rien ne me coûte pour voir mes idées marcher vivantes devant moi... Mais, en définitive, assez de salive dépensée.

Il recula de trois pas. Puis, solennellement :
— Monsieur Frédéric Servières, avant que je m'adresse aux Albagnac, de la Bouleaunière, qui grillent de devenir mes associés, faites-moi connaître vos résolutions. Le notaire Simard a rédigé l'acte dont nous avons posé les bases, lors de notre dernière entrevue. Le seul changement introduit dans cet acte, déjà discuté à fond, est relatif à votre apport social, fixé désormais à cinquante mille francs. Expliquez-vous franchement, surtout ne redoutez pas de me désobliger : êtes-vous

disposé à me suivre chez M. Simard et à signer notre contrat?

— Allons chez M. Simard, répondit notre herbager de l'Espinouze, vaincu de la tête aux pieds.

IX

« LARIC », DE QUARANTE

Tandis que Frédéric, dans la Montagne-Noire, concluait de grosses affaires avec Paulin Aubrespy, la Cambotte en concluait de petites avec ses pratiques ordinaires, à travers le massif des monts d'Orb et des monts Garrigues. Elle avait quitté Roquefixade vers la fin de février, et le 25 mars, elle était encore à Avène, sous l'Escandorgue. Ce n'étaient pas ses clients qui l'avaient retenue dans le haut pays, mais les lenteurs, les hésitations de son mulet, obligé de se faire à des sentiers nouveaux pour lui, et la conduite très compliquée, très embarrassante d'une carriole à quatre roues. Elle se complaignait, un soir, en descendant vers le Bousquet-d'Orb.

« Ah! ce M. Frédéric, qui s'entend à une chose tant seulement : donner aise à son boursicaut!... Pourquoi m'acheter ce Laric, qui ne sait ni A ni B de la montagne? et pourquoi aussi m'acheter cette carriole si difficile à plier aux tournants, aux descentes et aux montées? Laric rendrait des services dans la plaine, où l'on file en droiture; pas dans nos pays, où il faut couder à chaque pas... Pascalou, que je te regrette!... — Allons, toi! » cria-t-elle.

Un coup de fouet cingla le dos du mulet andorran.

« C'est égal, reprit-elle, Laric va d'un meilleur train que Pascalou. Puis, il faut être juste, il ne s'arrête pas à toute minute pour flairer les ronces du chemin et les croquer, feuilles et fruits avec. Laric a plus de conscience que Pascalou ; il tire devant, voilà... Quant à la carriole, tout compte délibéré, peut-être M. Frédéric a-t-il eu le sens commun en me l'offrant. Est-ce que Pascalou aurait porté sur son bât les trente rouleaux de toile ou de serge que j'ai chargés à Roquefixade et que j'ai vendus à Vérénous, à Boussagues, à Sanégra, à Joncels? Je suis farcie d'écus... Puis j'ai une capote de cuir au-dessus de moi, et, s'il pleut, s'il givre, s'il vente, je suis à l'abri... Mais il fait noire nuit... »

Elle tira la bride à Laric, qui demeura planté. Elle descendit, décrocha une lanterne suspendue à l'un des brancards, l'alluma. L'étroit chemin, le long de l'Orb, se développait tout blanc. Il neigeait.

« Ah! par exemple! » — Au pas, Laric, et tâchons de ne pas trébucher dans la rivière.

Sauf le rond lumineux qui, en se balançant, éclairait la marche du mulet, la Cambotte ne distinguait rien autour d'elle. Par intervalles, la bourrasque la fouettait au visage et, d'une haleine, remplissait l'intérieur de la capote de flocons drus, aveuglants. Soudain, dans une accalmie, une lumière trembla à quelque distance.

« Le château de Cazilhac! dit-elle. J'ai bien envie d'aller y demander la *retirée*... »

La bête ayant allongé le pas dans le sentier devenu plus clair, elle la laissa poursuivre vers le Bousquet.

La neige avait cessé; mais le vent, rude et froid, poussait à travers le ciel de lourds nuages bondés à crever la peau. Par instants, de grosses lèvres s'entr'ouvraient aux flancs de ces masses flottantes, et, dans l'air plus limpide, presque bleu, touchées par un rayon de lune, voltigeaient des gazes légères avec de grandes éraflures, de grands trous.

— Hardi ! Laric ; voici le hameau de Taillevent.

Elle n'a pas articulé ces mots, que la bête s'arrête net.

— L'avoine n'est pas à Taillevent, *imbecillas ;* elle est au Bousquet.

Au lieu de continuer à descendre la côte, Laric a des mouvements de recul ; Annette lui caresse la croupe de sa main large étalée.

— Bellement ! chantonne-t-elle, bellement !...

Laric, tête redressée, flaire l'air et ne bouge.

« Il y a donc quelque chose par là ? » marmotte-t-elle.

Elle voulut de l'œil sonder le chemin. Malheureusement, à cette minute même, les gazes s'épaissirent, et non seulement elle ne distingua plus les clartés qui lui avaient signalé le hameau de Taillevent, mais elle ne vit rien, ni les hautes toitures de Cazilhac, ni le miroir de la rivière, où l'ombre de l'équipage à tout propos s'allongeait pittoresquement. La neige enveloppait tout, noyait tout, effaçait tout.

— Eh bien, fainéant, allons-nous coucher ici ?

Le mulet ne bougeait toujours pas. Elle sauta de la carriole, décrocha la lanterne obscurcie dans la tourmente, la secoua pour en rendre les vitres plus nettes, regarda Laric, les yeux farouches, la crinière hérissée, reculant de nouveau. Troublée par des résistances inattendues, elle lui prit la bride et essaya de le mener à la main. Il se cabra ; puis il lança une ruade à faire voler en éclats le palonnier où il était attelé.

« Mon Dieu ! mon Dieu !.... » gémit la Cambotte.

Sans plus inquiéter sa bête, ahurie par la tempête de neige et de vent, car le vent dans la combe étroite bramait à pleine gueule, elle se résignait à subir le caprice d'une minute et adressait à Laric des paroles affectueuses, encourageantes, quand, à dix pas, au bord du fossé de la route, une forme vague lui apparut à travers le voile des flocons un peu moins épais.

— Qui va là? demanda-t-elle.
— Peur... peur... répondit une voix faible.
— Qui êtes-vous?
— Peur...
— Comment vous appelez-vous?
— Luc, Luc, moi...
— Luc?...

Elle n'a qu'un bond, et saisit un enfant à moitié enseveli sous la neige.

— O mon petiot! mon petiot!... bredouille-t-elle, pensant à son Luc à elle et à Rascol.

D'un élan maternel, elle porte son fardeau sous la capote et l'enveloppe dans les plis et les replis de sa limousine.

— Froid... froid... répétait Luc.
— Tu as bien froid?
— Froid, bien froid...

Elle lui loge ses menottes dans les siennes ; puis, afin de réchauffer son visage étoilé de gouttes brillantes et glacées, elle le couvre, le recouvre de baisers brûlants.

Le mulet, sans y être invité, détale au galop.

— Pas si vite! lui dit sa maîtresse, le retenant.

L'enfant est installé en une encoignure douillette.

— Vois-tu, mon agneau, sans Laric, qui t'a vu et qui s'est arrêté, tu serais mort...
— Mort, Lucas, mort...
— Qui, Lucas?
— Mort...
— Où est-il mort, Lucas?

— Au Bousquet.

— Tu es du Bousquet, toi?

— Ne sais pas.

— Tes parents, où sont-ils?

— Ne sais pas.

— Et que faisais-tu sur la route, par ce mauvais temps?

— Cherche Lucas, moi, sur la route...

— Tu es seul?

— Seul... Ne pouvais pas m'amuser sur la route... il neigeait...

— Va ton train, dit la Cambotte au mulet.

Laric, un moment épeuré, fonçait droit, et la carriole filait sans secousse sur le chemin rembourré d'une ouate épaisse et blanche. Annette, encore qu'elle le débrouillât à peine, admirait Luc, ne cessait de l'admirer. Que n'eût-elle pas donné pour démêler clairement son visage, la couleur de ses cheveux! Ce Luc, rencontré, sauvé sur le territoire de Taillevent, ressemblait-il à son Luc, de Roquefixade, blond comme un épi, avec des yeux bleus comme le ciel? Elle avait beau replier ses paupières jusqu'aux sourcils, rien de distinct ne la frappait. L'air était encore trop embrumé, trop noir.

Cependant, la route s'offrant désormais plus large, tout à fait plane aux approches du Bousquet, la Cambotte abandonna les rênes du mulet et s'empara de Luc pour l'asseoir sur ses genoux. La tentation était trop forte, à la fin.

— Quel âge as-tu? lui demanda-t-elle.

— Cinq ans, moi.

Elle le comprima d'une telle force contre son sein, qu'il essaya de lui échapper.

— Tu me fais mal, dit-il, pleurant presque.

— Tu me rappelles un enfantelet joli comme toi que j'ai perdu. Il avait cinq ans, lui aussi...

Elle ne sut se tenir de sangloter, et l'enfant sanglota avec elle.

— O mon petiot, ne pleure pas... Va, nous retrouverons Lucas... Puis, je t'aime, moi ! je t'aime !...

Par crainte de lui *faire mal* de nouveau, elle se priva de l'embrasser.

Sur la hauteur, une cloche sonna trois coups. Luc se cacha dans le tablier de la Cambotte.

— C'est l'*Angelus* de Saint-Martin d'Orb, lui dit-elle. Il est huit heures ; nous arrivons au Bousquet.

Une énorme lueur rouge envahit le ciel ; à droite, se dressa la pointe aiguë d'un clocher. Ce clocher et les toitures environnantes, couverts de neige, se détachaient en rose dans l'atmosphère balayée par la bise. De rares flocons passaient, tourbillonnaient.

— Tu vois, Luc, les fours des verreries sont allumés. Tu te sécheras, tu te réchaufferas ; puis je te mènerai chez toi.

L'enfant paraissait effaré.

— Qu'as-tu ?

De sa menotte, il montra une porte taillée dans un grand mur longeant la route.

— Lucas... soupira-t-il.

— Lucas ?

— Il est là... Moi, je le veux, Lucas, pour partir.

— Mais c'est le cimetière de Saint-Martin, ça...

— Lucas ! Lucas ! appela-t-il.

— Sois tranquille, pendant que tu te chaufferas dans la verrerie, j'irai te le chercher, Lucas...

— Il est *brûleur*, Lucas... Moi, quand je suis las de marcher, je me mets sur la chaudière, et Lucas me porte.

— Et tu t'amuses bien sur la chaudière ?

— Des fois, je souffle dans le serpentin. Ça fait une musique !... Lucas chante...

— Que chante-t-il ?

— Il ne chante pas toujours. Des fois, il tient sa pipe à la bouche, et elle fume, elle fume, sa pipe !... Veux-tu que je te dise ce qu'il chante ?

— Si tu me le dis je serai bien contente.

Il se planta droit devant Annette, se secoua avec la grâce d'un oiseau qui va préluder ; puis, d'une voix fraîche, indécise, de jeune rossignol s'asseyant au saut du nid :

> Que Rosalie
> Était jolie !
> Moi, je l'aimais,
> Je l'embrassais...

Il s'interrompit.

— Continue !

Il se refusa à poursuivre.

— Nous voici chez les Lapierre, murmura la Cambotte, arrêtant Laric à la grille d'une verrerie.

X

UN BRULEUR DE VIN

A travers l'inextricable réseau des monts de l'Espinouze et des monts Garrigues, la Cambotte avait établi des manières d'entrepôts. De ces endroits soigneusement choisis, elle rayonnait jusqu'aux métairies les plus reculées dans les anfractuosités rocheuses de l'Escandorgue ou du Caroux, débitant sa toile et sa serge, puis se repliait vers le *magasin*.

Le Bousquet, où l'exploitation de nombreuses mines de houille et de plusieurs verreries réunissait une population ouvrière importante, était devenu, pour les Servières, le centre de leurs plus grosses affaires dans la haute vallée d'Orb. Non seulement Annette, qui, dès longtemps, avait flairé la bonne odeur du lieu au point de vue de son trafic, traversait le Bousquet deux ou trois fois l'an, mais elle avait fini par déposer quelques ballots de marchandise chez la concierge de la verrerie Carrel, Adèle Lapierre, lui promettant un bénéfice honnête si elle parvenait à les débiter. L'opération avait réussi à souhait, et il s'en était suivi, entre les deux femmes, des relations d'amitié.

La Cambotte n'avait pas sonné à la verrerie Carrel, que la grille étalait ses battants sans bruit. Laric, tenu à la bride par sa maîtresse, entra. La carriole, malgré la neige qui matelassait la cour de l'usine, avait de brusques ressauts sur les escarbilles de l'allée, et le mulet, effrayé par de longues flammes incendiant d'immenses fenêtres devant lui, s'ébrouait à chaque pas.

— Je ne vous attendais plus, dit Adèle Lapierre.

— La neige ne m'a prise qu'à Taillevent, répondit Annette, pénétrant avec son équipage en une remise spacieuse, reluisante de bouteilles empilées contre les murs.

Comme les deux femmes, après avoir débouclé la sous-ventrière à Laric, lui avoir détaché les chaînettes, nouaient la longe de son licol à l'anneau d'une mangeoire, Luc, pelotonné sous la capote du véhicule, sauta.

— Toi ! s'écria Adèle, stupide d'étonnement.

— Vous le connaissez ?

— Si je le connais !...

Elle le happe vivement.

— Viens ! lui dit-elle : M. le curé est encore à la verrerie.

Adèle entraîne l'enfant. La Cambotte court sur leur piste.

La verrerie était en plein travail. Quand la matière est en fusion, on ne saurait l'abandonner dans les fours ; il faut l'épuiser jusqu'à la dernière goutte, et la besogne va jour et nuit sans discontinuer. Des silhouettes noires passaient devant des bouches rondes incandescentes, s'arrêtaient, plongeaient dans le brasier tout blanc de longues tiges de fer forées de bout en bout appelées *cannes*, enlevaient une parcelle de verre fondu de la grosseur du poing et revenaient vers leur établi composé d'une plaque de métal large, parfaitement unie, avec un baquet rempli d'eau au-dessous. Des chansons volaient dans l'air.

— Oh ! oh !... cria Luc.

Il remarquait de longues larmes rouges qui, se détachant des cannes, tombaient en grésillant dans les baquets.

— M. le curé ?... s'informa le concierge.

— Il est au Bureau, répondit un ouvrier en train d'arrondir une bouteille dans un pot de grès, à sa portée.

— Bonsoir, Lapierre ! lança la Cambotte au mari d'Adèle.

Lapierre, les deux joues gonflées de tout l'air de ses poumons, ne répondit pas.

La verrerie Carrel était la plus vaste du Bousquet-d'Orb. Il fallut cinq minutes à Adèle, retenant Luc et suivie d'Annette, pour traverser d'immenses hangars obstrués de tas de sable, de brouettes, de chariots. Heureusement les fours, en plein éclat, projetaient jusque dans les profondeurs les plus reculées de l'usine une lumière aussi tranquille, aussi égale que l'égale et tranquille lumière du jour. De temps à autre, un *gamin*, — on appelle de ce nom les enfants employés au transport des pièces chaudes en des cases de refroidissement, — un *gamin* passait avec une bouteille rouge au bout d'une canne, et s'amusait à interpeller Luc.

— Ah ! te voilà, polisson !...

Adèle frappa à la porte du Bureau.

— Entrez !

Les deux femmes et l'enfant pénétrèrent en une pièce étroite, éclairée par une lampe mince de tige, abritée d'un abat-jour vert. Des points brillaient, par-ci par-là, sur une table encombrée de papiers, sur des casiers retenus par des plaquettes de laiton, jusque sur la paille de trois ou quatre chaises disséminées. La poussière de verre, impalpable comme la limaille de fer, s'était abattue partout.

— Que voulez-vous ? demanda quelqu'un rudement.

— Monsieur Carrel, c'est Luc de Lucas, que la Cambotte a rencontré sur le chemin de Taillevent, répondit Adèle.

— Luc ! cria une voix.

Un gros petit homme en soutane, émergeant de l'ombre, étreignit l'enfant.

— Enfin ! balbutia l'abbé Vaillant, curé de Saint-Martin et du Bousquet, enfin !...

— Tu mériterais des gifles, non des embrassades, drôle qui t'es sauvé comme un levraut, dit M. Carrel, la main levée.

Annette s'interposa.

— Je pense que vous n'allez pas battre ce pauvre

mignon, quand il a manqué périr dans la neige, glapit-elle.

— Monsieur le maire, je vous en prie... intervint l'abbé.

Mais la Cambotte s'était emparée de Luc, et, le gardant collé contre sa poitrine :

— Voulez-vous me gifler aussi, moi, monsieur Carrel ! Je vous en préviens, vos gifles ne me feront pas lâcher l'enfant.

— Vous y tenez donc à cet enfant ?

— Essayez de me le prendre !

Et, avec la logique des gens à court d'idées, la logique de l'instinct qui est celle des paysans, elle ajouta d'un ton de bravade superbe :

— Il m'appartient, l'enfant, c'est moi qui l'ai trouvé.

M. Carrel se pencha à l'oreille de l'abbé Vaillant. Celui-ci, ayant écouté le maître verrier lui répondit à voix basse.

Tandis qu'ils parlaient, Annette les dévisageait furieusement. Elle n'entendait pas une syllabe de l'entretien ; mais, à n'en pas douter, il était question de Luc. — Qui sait si on ne complotait pas de le lui arracher ? — Cette femme, d'un caractère primitif, se sentait disposée à la haine et à la révolte. Si l'enfant découvert par elle avait une mère au Bousquet ou à Saint-Martin, que cette mère se montrât, et on lui restituerait son petit à l'instant. Quant à livrer à d'autres ce chérubin, que Dieu, pitoyable à sa maternité trahie, lui avait envoyé dans la nuit, dans la neige, elle n'y consentirait jamais. M. le curé, M. Carrel, la verrerie soulevée la mettraient en pièces avant de lui ravir son bien.

La Cambotte, en dépit d'une vie emportée à une activité sans trêve, n'avait pu guérir de la mort de son unique enfant, de son Lucien, de son *Luc;* le sentiment maternel, depuis des années, avait conservé au fond d'elle-même une irritabilité farouche dont le moindre hasard provoquait l'explosion. La malheureuse femme ne pouvait s'empêcher de croire qu'en la conduisant sur la route où elle devait rencontrer le petit de Lucas, seul, abandonné, le ciel miséricordieux n'eût fait un miracle en sa faveur. Elle l'avait tant prié, supplié, ce ciel de là-haut! elle lui avait tant de fois, à travers les sentiers des Cévennes arrosés de ses larmes, demandé de la prendre en pitié ! A la fin, on l'avait entendue, on l'avait exaucée.

M. Carrel, étiré comme un peuplier de l'Orb, se tenait courbé en causant avec l'abbé Vaillant, de taille exiguë, bas et rond comme un tonnelet de dix setiers.

— Mon cher ami, articula soudain M. le curé à haute voix, dans la situation actuelle il n'y a pas à chercher mieux. Je connais la Cambotte, c'est la plus honnête femme de l'Espinouze. Du reste, si vous me permettez de l'interroger, nous serons bientôt édifiés sur ses intentions.

Au sommet de ses épaules pointues, presque coupantes, M. Carrel balançait une tête menue, chauve, pelée, ratissée, jaune, aussi luisante qu'une vitre. Un citron monstrueux, voilà. Il releva ce chef ridicule, qui eut des reflets d'émail, puis l'inclina en signe d'acquiescement. L'abbé Vaillant s'adressa à Annette, plus hérissée qu'un buisson de houx :

— Cambotte, lui dit-il, au lieu de vous vouloir du mal, nous nous réjouissons de votre découverte... Vous avez certainement connu Lucas, le *brûleur de vin* ?...

— Je ne l'ai point connu.

— Eh quoi! vous n'avez jamais rencontré un homme, grand, sec, criant d'une voix de haute-contre, d'une voix de lutrin : « *Brullaïré! Brullaïré!* Brûleur! Brûleur!... »

— Cent fois, mille fois, j'ai avisé, dans les paroisses du Marcoux ou du Caroux, des brûleurs poussant le cri de leur métier; je sais même le nom de quelques-uns, — de Frimat, de Maillart, de Lunier, — mais je n'ai rencontré Lucas en nul endroit de la montagne.

— Depuis dix ans, il fréquentait Saint-Martin, où il ne faisait pas de trop mauvaises affaires. Le vin ici, dans la plaine de Véreilles, n'est pas bien fort, il tourne aux premières chaleurs, et on se hâte de le convertir en trois-six dès le printemps. Les brûleurs ne manquent pas de besogne chez nous...

— Et Lucas était le roi des brûleurs! interrompit M. Carrel.

— En mars, on était sûr de l'entendre dans nos ruelles...

— Quelle absinthe il tirait de son alambic!... insinua M. Carrel, se pourléchant les lèvres.

— Il y a trois jours, Lucas nous est arrivé méconnaissable. Presque plus de voix, et presque plus de jambes. Il se soutenait avec peine, tandis que sa bouche lançait un petit cri de piot enroué. De plus, il tirait par la main un enfant que personne ne lui connaissait. Le voyant accablé, je lui ai ouvert la porte de la cure pour se reposer, manger un morceau. Il ne s'est pas fait prier... De quelles dents le mioche dépêchait sa portion d'omelette! Quant à Lucas, il regardait son petiot, ne le reprenait pas de sa gourmandise, lui souriait au contraire pour l'encourager; mais lui ne touchait ni à l'omelette ni à un restant de fricot. De temps à autre seulement, il saisissait son verre et avalait une goutte.

« — Alors, vous n'avez pas faim? lui ai-je demandé.

« — Vous savez, monsieur le curé, voici deux mois que j'ai perdu Catherine, et ça m'a coupé l'appétit.

« — C'est de votre femme que vous parlez, sans doute?

« — Oui, de ma femme, de la mère de mon enfant qui est là et qui me suivra dans mes voyages, à présent. Quand il est trop fatigué, je le porte... C'est égal, à la descente de l'Escandorgue, je commençais à geindre...

« — Mangez!

« — Pour la minute, ce n'est pas possible... Plus tard, je ne dis pas. Il y a une heure, en traversant Taillevent, je me sentais un vif appétit; puis il m'a fallu passer devant le cimetière de Saint-Martin, et la vue des tombes m'a si bien fermé l'estomac que je ne pourrais y glisser tant seulement une miette... Luc n'aura plus de mère et moi je n'aurai plus de femme, lorsque nous retournerons au pays...

« — Quel pays?

« — Si vous y tenez, je vous fabriquerai du curaçao aussi bon que celui de l'an passé... »

— Alors? insista la Cambotte.

— Alors, Lucas a pâli, a baissé la tête, est tombé de tout son long sur le plancher. Il était mort.

Annette Rascol, pénétrée d'épouvante, eut une telle crispation des bras, que Luc poussa un cri. Il dormait paisiblement, et, encore une fois, elle l'avait serré trop fort. Il entr'ouvrit ses yeux chargés de sommeil et de larmes, puis les referma.

— Monsieur le curé, intervint la concierge, si on allait coucher le petiot, qui n'en peut plus?

Notre paysanne de Roquefixade demeurait immobile. Attentive au souffle régulier de l'enfant, elle ne semblait pas entendre autre chose, comprendre autre chose.

— Cambotte, lui dit l'abbé Vaillant, je vous savais bonne pour vos pratiques *mal argentées;* mais je ne vous savais pas charitable comme vous l'êtes. Puisqu'il vous convient de garder le petit Luc de Lucas, gardez-le jusqu'à nouvel ordre, je vous le confie...

— O monsieur le curé !...

— Quand vous êtes entrée, M. Carrel, maire de la commune de Saint-Martin, écrivait à M. le préfet pour lui annoncer et la mort de Lucas et la disparition de son enfant. Demain, cette lettre sera modifiée. M. le préfet apprendra à quelle personne, tout à fait digne d'en prendre soin, la Providence a commis l'orphelin...

— O monsieur le curé !... répéta-t-elle.

Bouleversée comme elle l'était, Adèle dut la guider jusqu'à sa chambre, au premier étage du pavillon. Elle tenait ses lèvres collées au front de Luc endormi.

XI

LUC DE LUCAS

La Cambotte ne ferma pas l'œil de la nuit ; mais cette nuit fut délicieuse. Elle avait étendu Luc à côté d'elle, en une couchette fort étroite, et elle était là plus à l'aise que dans son lit de Figuerolles, large comme une aire. Vingt fois, elle alluma la chandelle pour revoir le petiot : il lui semblait à tous moments qu'elle ne l'avait plus, qu'on le lui avait volé. Lui, dormait. Elle l'aurait dévoré de baisers, si la crainte de le réveiller ne l'eût retenue. Elle résistait à la tentation de ses entrailles et se recouchait.

Annette n'attendit pas le jour pour se lever. A la

lueur rouge des fours, elle se guida jusqu'à la remise. Il lui tardait d'arracher Laric aux joies de la crèche, de l'atteler à la carriole, de filer. Que n'eût-elle pas donné pour se trouver déjà à cent lieues du Bousquet ! M. le curé de Saint-Martin lui avait confié Luc certainement; mais M. le curé de Saint-Martin pouvait avoir réfléchi, se défier, revenir sur sa parole. Le plus prudent était de décamper sans tambour ni trompette. Si elle parvenait à conduire l'enfant à Roquefixade, l'enfant y resterait. Qui viendrait le lui arracher là-haut ? Qui surtout viendrait l'arracher à Rascol, aussi rude que le chien le plus rude des tarrines ? Elle savait quelle douleur son mari cachait enveloppée dans un silence farouche, et elle ne doutait pas de l'accueil qu'il ferait au petit Luc qui leur était rendu, que le bon Dieu leur renvoyait après l'avoir gardé trop longtemps.

— Tu verras, Laric, tu verras la réjouissance de la métairie quand nous y arriverons, dit-elle au mulet en le détachant de la mangeoire.

On l'appela :
— Cambotte ! Cambotte !
C'était Adèle Lapierre.
— M. Carrel vous demande.

Annette fut prise d'un tremblement. — Que lui voulait-on ? Sa boiterie, qui l'incommodait si peu, la gêna soudain horriblement, et c'est cahin-caha qu'elle arriva jusqu'à la porte de l'usine, où M. Carrel l'attendait.

— Cambotte, lui dit-il, je ne veux rien changer aux dispositions de M. le curé. Amenez l'enfant à Roquefixade. Je vous préviens toutefois que, si quelque parent de Lucas se présentait pour réclamer le mioche, je l'autoriserais à le prendre chez vous.

Comme Annette ne bougeait ni ne parlait :
— M'entendez-vous ?

— Oui, Monsieur Carrel.

— Voici une pièce de cinq francs découverte dans le gousset du brûleur.

Il disparut.

La Cambotte demeurait plantée. Elle ne savait de quel côté tirer. Son bonheur l'immobilisait sur place.

— Venez ! lui dit Adèle, qui ne l'avait pas quittée. L'enjambée est longue d'ici à Roquefixade : il faut que vous déjeuniez et que Luc déjeune avant d'entreprendre la route. J'ai brûlé des pois chiches qui font un café excellent, puis j'ai du lait de Cazilhac tout beurre...

Le café de pois chiches, très en honneur dans nos montagnes, — il ne coûte presque rien et nos officiers de santé lui prêtent toute espèce de vertus nourricières et rafraîchissantes, — le café de pois chiches chauffait contre des braises amorties de sarments. Les deux femmes, penchées sur le feu, se disposaient à remplir trois tasses, quand la Cambotte se sentit frôlée aux jupes. C'était Luc, sorti du lit tout seul, descendu de la chambre tout seul, et courant comme un rat, vêtu d'une loque en lambeaux qui lui servait de chemise.

— Mais tu auras froid ! gémit Annette, heureuse tout ensemble et épouvantée.

— Attendez ! fit Adèle, je vais quérir ses affaires.

Tandis que la concierge recueillait, là-haut, les pièces du vêtement de Luc, lui, assis sur une escabelle sous le manteau de la cheminée, dans une température tiède, regardait la grande tache blanche du lait fumant en une casserole. Il semblait fasciné, et Annette, silencieuse, jouissait d'un étonnement où se trouvait enveloppée une grosse gourmandise.

— Oh ! ça ! fit-il.

Et sa menotte, aussi vive que la griffette d'un jeune chat, égratigna le rond boursouflé de la casserole. Il se

7.

lécha les cinq doigts, gluants d'une belle crème dorée.

— Bon ! bon ! chantonnait-il sans vergogne, tendant le bras pour recommencer.

Il est peu probable que la Cambotte, réjouie de tant de franchise, enchantée de tant d'audace, l'eût empêché de commettre un nouveau larcin ; mais Adèle, qui venait de rentrer, aperçut le geste et retira le lait du feu.

Habiller l'enfant fut une besogne très compliquée. D'abord, il fuyait à tout propos des mains de la Cambotte et voltigeait à travers la pièce par petits bonds, pareil à un oisillon s'essayant à voler ; puis la Cambotte n'était pas fort habile à ramener ses membres délicats, à les engager ou dans la veste ou dans le pantalon... Ah ! cette veste ! Ah ! ce pantalon !... L'étoffe, élimée, usée, avec des décousus, des déchirures, ne laissait deviner ni sa qualité, ni sa couleur. Etait-ce du drap, de la serge, du droguet ? On ne savait. Dans cette misère, cette quasi-nudité de petit saint Jean, Luc, qui voyait Adèle remplir trois bols sur la table, riait à gorge déployée.

— J'en veux ! dit-il.

Sans donner à Annette le temps de passer les boutons aux lunettes de la ficelle lui servant de bretelles, il s'installa sur une chaise.

— Tu as donc faim ? lui demanda-t-elle.

— Faim ! faim !... répondit-il.

La Cambotte voulut elle-même préparer son déjeuner. Luc suivait l'opération de ses yeux gloutons, impatients. Un cri joyeux de jeune merle lui échappa, quand, dans son lait où venait de tomber un jet clair de café de pois chiches, une cuillerée pleine de cassonade rousse éparpilla ses tâches brunâtres, ses grumeaux fondant à vue d'œil.

— Bonne, la cassonade ! bonne ! siffla-t-il.

Et, comme on lui avait tendu une mouillette de pain, il la trempa jusqu'aux ongles, ouvrit le bec, l'engouffra.

Adèle allait au repas d'aussi bon train que Luc, mais Annette ne pouvait manger. Le petiot la tenait au point, la captivait au point, l'absorbait au point, qu'elle n'était plus susceptible d'éprouver aucun besoin, sinon celui de voir, de revoir, de regarder encore, de regarder toujours l'enfant de Lucas, *leur* enfant désormais, à elle et à Rascol. Plus elle le contemplait, l'adorait, plus elle lui découvrait de traits communs avec son Luc, son Luc inoublié de Figuerolles. Sans parler des cheveux blonds annelés, un peu roux, qui se trouvaient être les mêmes chez l'enfant mort et chez l'enfant ressuscité, l'un et l'autre avaient les mêmes yeux bleus de fleur de lin, le même nez un peu large, les mêmes joues rieuses avec la même fossette très creusée au milieu. A chaque découverte, la Cambotte recevait des coups qui l'ébranlaient.

— Alors, vous ne prendrez rien ? lui dit Adèle.

— Si fait, si fait...

Elle allait tenter un effort, quand l'enfant, son bol dépêché, releva la tête et fouilla de l'œil à la ronde.

— Et Lucas ?... s'informa-t-il.

— Lucas ?... bredouillèrent les deux femmes.

Puis Adèle, qui put desserrer les dents, ce qu'Annette était incapable de faire, lui dit :

— Lucas te rejoindra bientôt à Roquefixade...

— Il est mort, Lucas...

— Je te l'enverrai...

— Il est au cimetière, Lucas... Va le chercher...

— Oui, oui, articula péniblement Annette.

Un quart d'heure après, le beau, le fringant mulet

des Servières filait à travers la plaine de Véreilles.

Le hameau du Mas-Blanc dépassé, la vallée d'Orb, jusque-là resserrée entre les monts pelés de Caunas et les monts boisés de Sanégra, s'élargit. Ici, pas la moindre humidité, pas le moindre brouillard; aussi loin que le regard pouvait porter, jusqu'au Caroux, dont la crête sourcilleuse, touchée d'un premier coup de soleil, montait à l'horizon pareille à quelque gigantesque couronne d'or, pas le plus mince amoncellement de neige. La seule blancheur partout épandue le long des collines de Canals, c'était la blancheur rose des amandiers en pleine floraison, en plein parfum, en plein épanouissement, de la hauteur des nuages aux creux les plus enfouis de la vallée.

Tandis que Laric, dans la belle lumière matinale, détalait hardiment des quatre jambes, la Cambotte s'abandonnait à un flot de pensées heureuses. D'abord, elle ne rencontrerait personne pour lui réclamer Luc; ensuite, Luc, dorloté, choyé, aimé par elle et par Rascol, s'attacherait à eux, les aimerait à son tour...

— Vois-tu, mon petiot chéri, lui dit-elle, rien ne te manquera l'hiver pour t'engarder du froid, et rien ne te manquera l'été pour t'engarder du chaud. Je possède, en ma hutte de La Fresnaye, un placard rempli des effets d'un petit Luc que je n'ai plus, mais auquel tu ressembles comme une goutte d'eau ressemble à une autre goutte d'eau. Ces effets sont pour toi, car je les ai conservés tous, soigneusement enveloppés en des feuilles de noyer pour les préserver de la *mangeance*...

— Comment tu t'appelles, toi? interrompit l'enfant.
— Je m'appelle Cambotte.
— *Botte?*
— Oui, *Botte*, si tu veux.
— Bien faim, moi.

— Tu as faim déjà ?

— Bien faim, moi...

— Ah ! tant mieux que tu aies bon appétit ! Tu seras fort et gaillard. Nous allons arriver. Regarde ce clocher là-bas. C'est Bédarieux. Il y aura de la pitance aux *Trois-Mulets*, chez Mauran, et tu mangeras tant que tu voudras. Puis je te mènerai à la boutique de M. Taïs, le mercier, et t'achèterai des bas de laine, tout ce qui pourra te convenir... Il faut qu'on te trouve beau, ce soir, à Figuerolles...

L'enfant rassasié chez Mauran, puis endimanché chez M. Taïs d'un pantalonet de molleton et d'une mignonne veste en velours vert-bouteille bien brillant et bien raide, on se remit en route. Laric, le ventre trop plein, traversait au pas le pont sur l'Orb, quand onze heures sonnèrent à l'horloge de Saint-Alexandre.

— Ah çà ! dis donc, *nigaudinos*, est-ce que tu dors ? cria la Cambotte, interpellant son mulet. Nous avons du chemin devant nous, et je te conseille d'allonger les guibolles.

La bête avait repris son allure du matin au sortir du Bousquet, et Annette, radieuse, le cœur lui battant toujours plus haut à mesure qu'elle se rapprochait davantage de Figuerolles, jabotait à langue que veux-tu avec Luc, très joli dans ses habits neufs, sa tête blonde reluisant au soleil.

On était arrivé à la descente de Saint-Gervais, et la Cambotte retenait Laric, capable de broncher en une pente très dangereuse. Comme on touchait aux premières maisons du bourg, un cri aigu traversa l'air :

« *Brullaïré ! Brullaïré !* Brûleur ! Brûleur ! »

— C'est Maillard, dit Luc, montrant de son doigt levé un homme qui sortait de l'*Auberge des Trois-Mages*, une chaudière et un serpentin sur le dos.

Et, d'une voix moitié rieuse, moitié attendrie :

— Maillard, il est mort, Lucas, il est mort...

Ce n'est pas avec les rênes flottantes que la Cambotte caressa les côtes à Laric, tombé en arrêt devant l'écurie des *Trois-Mages*, subodorant la bonne odeur des crèches pleines ; elle lui asséna un coup de fouet terrible.

A gauche, l'Espinouze dressait son rempart formidable, marqué çà et là de pitons aigus. Des hauteurs de l'énorme muraille rocheuse, l'ombre s'allongeait de plus en plus noire dans la plaine.

— Voici le Roudil ! dit la Cambotte, l'œil perdu dans l'obscurité.

Une, deux, trois étoiles pointèrent au ciel... Figuerolles se découvrait vaguement dans l'étendue.

XII

CLAUDE RASCOL

L'arrivée du fils du brûleur à Roquefixade ne provoqua, chez les Servières, aucun enthousiasme. En entendant l'histoire de Lucas, mort de misère et de chagrin au presbytère de Saint-Martin-d'Orb, madame Frédéric laissa tomber trois paroles ; quant à son mari, à ses oncles, ils écoutèrent, et ce fut tout.

Une après-midi, tandis que la Cambotte, flanquée de Rascol, fournissait à ses maîtres des explications nécessaires, car elle croyait n'avoir jamais assez expliqué un fait énorme dans sa vie, Luc, à pas glissés de jeune campagnol à travers champs, s'avança jusqu'au berceau où dormait dans ses langes blancs Frédérique, l'héritière de Figuerolles, et regarda de ses yeux ébahis.

— Si tu la réveilles !... lui dit Jérôme, levant la main par un geste significatif.

— Et quand bien même il la réveillerait ! s'écria Annette, offusquée de la menace. C'est donc la fille d'un Roi, la fillette de la métairie ? Bientôt on ne pourra plus ici ni bouger langue, ni bouger pieds... Je conseille à quelqu'un de toucher mon petiot !... Pour moi, je vous le dis en franchise d'honnête femme, je ne suis pas décidée à mener ma vie à Figuerolles autrement que je ne l'y ai menée jusqu'au jour d'aujourd'hui : s'il ne vous convient pas que je bavarde et que je trotte à mon habitude, il s'agit de donner vos raisons...

— Annette !... interrompit Madeleine.

— Vous, notre maîtresse, vous n'êtes pas de notre paysannerie ; je vous mets à part et ne vous reproche rien. Mais, à la fin, croyez-vous que, depuis trois jours que mon Luc est ici, je n'aie pas eu besoin de patience pour supporter la mine qu'on lui fait ? Moi qui pensais que, pour mon enfant retrouvé, on montrerait visage de fête !... Voyons, monsieur Frédéric, il faut parler court, mais parler bon. Vous gouvernez Figuerolles, et c'est à vous que je m'adresse en premier. Vous plaît-il ou vous déplaît-il que Luc demeure à la métairie ?

— Cambotte...

— Il ne faudrait pas me cacher vos intentions. Du côté de Tirebosc, à La Fresnaye, j'ai une hutte capable de nous abriter, l'enfant, mon homme et moi ; un champ est non guère loin de la hutte, où nous pourrions cultiver des pommes de terre pour nous nourrir...

— Oh ! puis, moi, je ne m'entends pas tout uniment aux chiens des tarrines, je suis porcher, et, par là, à la

Bouleaunière ou à la Rouvrerie, je trouverai bien des bêtes pour les conduire à la glandée, ajouta Rascol.

— Vous nous quitteriez ? s'écria Frédéric.

— Vous nous quitteriez ? répéta Jérôme.

— Vous nous quitteriez? mâchonnèrent Antoine et Pierre, dont les longs bâtons d'épine durcie au feu tremblaient comme des roseaux.

— Pardi ! si vous refusiez de *remiser* notre Luc, dit la Cambotte.

— Mais cet enfant n'est pas à vous, et, demain, aujourd'hui peut-être, on viendra le réclamer, fit observer Frédéric.

— Le père et la mère de Luc sont morts, riposta Annette. Vous n'avez donc pas à craindre qu'on recherche notre petiot à Roquefixade, où il est arrivé de nuit...

— Par exemple ! si quelqu'un osait se présenter pour flairer dans les coins, je me chargerais de recevoir le particulier avec ceci, appuya l'ancien porcher.

Il déploya son fouet redoutable, à gros nœuds résistants, dont la longe lui faisait deux fois le tour de la taille.

— Rascol, je vous défends !...

Frédéric, le maître despotique de céans, après avoir lancé ces quatre mots, se tut. La colère le suffoquait. Tout son être se soulevait à la pensée que, pour l'enfant de ce brûleur, les Rascol, qu'il avait toujours connus à la maison ; les Rascol, mêlés aussi intimement que lui-même aux affaires de la métairie; les Rascol, indispensables à sa fillette, à sa femme, à lui, parlassent de nouer leur paquet, de s'en aller. Alors ces gens, qui, dès leur arrivée, avaient joui à Figuerolles d'une demi-maîtrise, n'avaient ni cœur ni entrailles?.

Frédéric planté dans la Salle entre son père et ses

oncles, promenait des yeux vagues dans toutes les directions. Une fois, obéissant à une impulsion irrésistible, il saisit un bras à Rascol et le lui serra fortement.

— Diable ! vous n'y allez pas de main morte, vous ! marmotta le valet de chiens. Vous avez autant de poigne que moi.

— J'en ai plus.

Il retomba dans son silence.

La Cambotte qui, à travers les emportements de son maître, avait démêlé son chagrin, lui prit les mains par un enveloppement de ses dix doigts qui le fit tressaillir.

— Voyons, lui dit-elle, voyons, vous savez bien que, lorsque je parle de quitter la métairie, c'est tant seulement une manière de badiner. Pour sûr, à Figuerolles, vous ne seriez pas grand'chose sans les Rascol ; mais à La Fresnaye, les Rascol ne seraient rien sans vous. Nous avons trop mêlé notre travail et nos ans pour nous passer les uns des autres...

Le visage glacé du jeune paysan se ranima, et une légère flammette en rougit les joues ; il eut un effort pour se dégager. Annette, le retenant :

— Je ne vous lâcherai pas que vous ne m'ayez promis d'oublier nos disputes. Je vous ai offensé, et déjà je m'en veux autant de mes offenses que si je les avais faites au bon Dieu en personne... Mais je n'ai pas tous les torts. Si, au long de mes paroles, ce petit Luc, de Taillevent, qui est l'image de mon Luc, de Figuerolles, a troublé mon jugement, votre tête à vous part plus vite qu'un fusil, et vous ne vous demandez pas si votre gibier demeure abattu sous la décharge... Allons, la paix, monsieur Frédéric, la paix que votre défunte mère aimait tant, qu'elle nous recommandait elle-même,

8

quand, sur son lit de mort, elle nous dit : « Au moins, après moi, vivez en paix. »

A cet instant cruel, car à la métairie le souvenir de Célestine Lavit était entretenu comme un culte, à cet instant cruel, ce cri éclate vers le fond de la Salle :

— Quel bonheur! quel bonheur!...

Chacun se précipite.

— Qu'y-a-il? demande Frédéric.

— Qu'y a-t-il? interrogent les vieux Servières.

— Vous ne voyez donc pas!... s'écrie Madeleine.

Et, se penchant sur le berceau de Frédérique, — de *Frédériquette*, de *Riquette*, pour lui donner tous les abréviatifs affectueux de son nom, — elle couvre de baisers la figurine pâlotte de son poupon. D'un coup de griffe, son mari l'écarte. Il veut voir sa fille... Sa fille sourit... Comme le spectacle est inconnu, l'enfant, depuis sa naissance, n'ayant manifesté sa vie que par son assiduité à prendre le sein de sa mère, le saisissement est au comble.

Les sourires de Riquette, qui se succèdent, sont tout ce qu'on peut rêver de plus charmant. Une fleur ne s'épanouit pas avec plus de grâce au bout de sa tige en dépliant ses folioles une à une, que ne s'épanouissent, sur ce visage de poupée, ces éclats de joie inattendus qui l'allongent, l'élargissent, le rapetissent, lui communiquent une sorte de rayonnement. Puis on croirait le chant matinal d'une fauvette sous la feuillée, en avril.

L'immobilité souffreteuse, la tristesse morne de l'enfant dans ses langes avaient souvent fait craindre aux Servières, à l'abbé Alype, aux Rascol, qu'elle ne vécût pas, et, d'une douleur cachée, était née à la longue une manière de détachement, une manière d'abandon. La résignation, d'où résulte l'indifférence, est le grand refuge des gens de la campagne, particulièrement des gens de la montagne cévenole, que la nature a traités en marâtre, car, lorsqu'elle leur ouvre ses flancs, ce n'est pas pour les nourrir, mais pour les reprendre, les récupérer jalousement, après une vie de fatigues exténuantes, de sueurs meurtrières, d'efforts désespérés.

Mais Riquette riait, mais Riquette folâtrait de ses dix doigts aussi fins que des fils, et l'espérance rentrait dans les cœurs, et un coup de soleil, passant par les fenêtres de la Salle, l'illuminait des dalles au plafond, en décorait les murailles splendidement.

Frédéric n'avait pu s'empêcher d'enlever sa fillette, et il la montrait orgueilleusement à son père, à ses oncles, qui n'avaient pas assez d'yeux pour suivre ses moindres mouvements, ses moindres airs.

— Vous la voyez! vous l'entendez!... disait-il, riant avec elle, ne sachant se tenir de lui faire écho.

— Mon Dieu! mon Dieu! mon Dieu!

Jérôme, Pierre, Antoine avaient lancé ces trois exclamations, — remerciement envoyé au ciel.

— Embrassez-la! leur balbutia Frédéric.

Il pencha l'enfant. Les lèvres des vieillards effleurèrent les joues de Riquette d'un baiser qui eut quelque chose de timide, presque de religieux.

Frédéric venait de remettre Riquette au berceau, quand Madeleine eut un pas vers le perron du foyer. Luc de Lucas était assis là, ses jambes croisées nonchalamment l'une sur l'autre.

— Tenez! dit-elle, vous pouvez embrasser celui-là aussi, car c'est lui qui a tout fait...

— Mon enfant? glapit Annette.

— Lui? cria Frédéric.

— La petite venait de téter, je l'avais recouchée, et je la berçais pour l'endormir, reprit Madeleine... Tout d'un coup, elle ouvre les yeux et les laisse errer partout... Luc est près du berceau, regardant de côté et d'autre, mais surtout du côté de Riquette, qu'il n'a peut-être pas assez examinée depuis son arrivée et qu'il trouve jolie dans sa collerette de batiste si blanche et qui lui va si bien... Moi, je ne quitte pas les enfants du coin de l'œil. Je remarque comme une lumière qui se fait sur le visage de Riquette. Sa bouche va parler certainement. Luc lui envoie des signes, puis il a des sautillements comme s'il voulait danser. Riquette se soulève un peu, — oh! très doucement. On dirait qu'elle veut voir de plus près le petit de la Cambotte, qui semble l'amuser beaucoup, et par ses gestes, et par ses mines... Luc, maintenant, ne se contente pas d'allonger les bras vers Riquette, il fait des grimaces très drôles, puis de temps en temps, pareil à un linot, il lui chante : « Viens! viens! viens!... » Par exemple, Riquette n'y tient plus, et elle rit! et elle rit!... Il m'a semblé que le ciel s'ouvrait au-dessus de ma tête...

— O mon enfant!... interrompit Annette.

Elle roula Luc dans son tablier, proclamant par cette prise de possession violente que l'enfant du brûleur lui appartenait, lui appartenait exclusivement.

— Dis-lui donc quelque chose, toi! articula-t-elle, poussant le petiot vers Rascol.

Le porcher à son tour saisit le mioche; mais, soit qu'avec ses mains rudes, durcies au travail des porcs et des chiens, il eût peur de le blesser, soit qu'une émotion subite lui paralisât les doigts jusqu'au bout des ongles, il ne savait comment le palper. Quant à lui parler, fiché entre les dalles, il demeurait aussi morne qu'un châtaignier sur le Roudil.

— Embrasse-le au moins! insista la Cambotte, fâchée.

Incontinent, le beau visage blond, rieur, la belle

chevelure annelée de Luc, se trouvèrent noyés dans les crins rêches de la barbe de Rascol, où abondaient, blanches ici, rousses là, les mille pointes vives d'un buisson de houx.

— Aïe! aïe!... geignait le marmot.

Frédéric arracha Luc à des caresses capables de lui mettre les joues en sang et le cribla de baisers infiniment plus doux.

— Que tu es gentil d'avoir fait rire ma Riquette! que tu es gentil! lui répétait-il. J'irai bientôt à Saint-Pons et je te rapporterai des jouets.

— Jouets?... demanda l'enfant.

— Oui, des jouets, beaucoup de jouets pour t'amuser avec Riquette... Tu l'aimeras bien, Riquette, n'est-ce pas?

— Jouets?.., redit-il, battant des mains.

— Cambotte, avec ce nouvel enfant que Dieu vous a donné, c'est la bénédiction céleste qui nous arrive. Qu'il soit le bienvenu à Figuerolles!

Il mena Luc à son père et à ses oncles, qui, laissant leurs bâtons glisser sur les dalles, le caressèrent à l'envi. Puis Jérôme eut ces mots :

— Cambotte, nous adoptons, nous aussi, l'enfant de Lucas.

A ce nom, le petiot, effaré, s'échappa vers Annette.

— Tu as donc peur, mon fillot? demanda-t-elle.

— Mort, Lucas, mort... murmura-t-il avec de grosses larmes. Elle l'enleva d'une brassée.

8.

XIII

M. LE DOYEN TANDINEL
ET LE PROTESTANT MAILLART

Cependant, le curé de Roquefixade, le scrupuleux Alype Lautier, avait une inquiétude, et cette inquiétude le torturait cruellement. Certes, il était enchanté, grâce à la présence de Luc, pépiant, jouant autour du berceau de Riquette, de voir sa petite nièce naître réellement à la vie. Mais, au bout du compte, quel était ce mioche rencontré près de Taillevent? et quel était ce brûleur de vin tombé de mort subite dans le presbytère de Saint-Martin-d'Orb? Une joie intime épanouissait le visage en lame de couteau de l'abbé, quand Riquette répondait par quelque gazouillis aux folâtreries du petiot des Rascol; malheureusement, des doutes persistaient, et son humeur se rembrunissait de nouveau.

Il réfléchit...

Puisque l'abbé Vaillant, un excellent prêtre, avait l'habitude de recueillir Lucas, Lucas était catholique. De toute évidence, s'il avait été protestant, — comme tant de pécheurs abandonnés du ciel ne cessaient de l'être encore dans les Cévennes, — ce n'est pas chez un curé qu'il serait allé mourir, mais chez un pasteur, chez un *ministre*, ainsi qu'on appelle les pasteurs du culte réformé... Dernière hypothèse consolante : en narrant l'aventure de sa trouvaille, la Cambotte ne racontait-elle pas que l'enfant avait réclamé son père à la porte du cimetière de Saint-Martin ? Or, le cimetière de Saint-Martin est un cimetière catholique, cette paroisse ne comptant pas un seul huguenot, — un seul *déganaou*, pour employer le mot de là-bas.

Ce fut en descendant de Figuerolles à Roquefixade, par une tiède après-midi de mai, que ces idées heureuses pénétrèrent en foule le cerveau de l'abbé. Il souleva le loquet de la cure d'une telle vigueur, que l'unique battant craqua contre le chambranle à se briser.

— Dieu du ciel! que se passe-t-il? s'écria Naniche.

— Donnez-moi le Registre... Hardi!

— Vous attendrez peut-être que j'aie le temps de mettre un pied devant l'autre...

Alype était entré dans une vaste pièce, au rez-de-chaussée, — le Salon, — et s'était assis. De complexion chétive, il haletait bruyamment; mais, en dépit de sa fatigue, ses yeux, qu'à tout propos il dirigeait vers une statuette de la Vierge en permanence sur la cheminée, demeuraient ravis. Il se rapprocha d'une table, et, d'un geste vif, étala le Registre que sa gouvernante venait de déposer devant lui.

C'était un gros tome à tranche de nuance bleu clair, un peu salie, un peu effacée; aux angles, le papier des pages et le carton de la reliure avaient souffert de contacts, de heurts qui les avaient, à la longue, recroquevillés, tassés, noircis, et par endroits déchirés. Sur les feuillets restés blancs malgré tant d'avaries extérieures, Alype écrivait au jour la journée les moindres incidents de sa vie, tantôt relatifs à sa paroisse, le plus souvent relatifs à lui-même, à ses projets, à ses espérances, à ses pensées. Il tenait cette habitude du grand séminaire. La forte éducation reçue là sous la gouverne de maîtres sévères le dominait toujours, et il aurait cru manquer à son devoir sacerdotal s'il avait négligé d'*examiner sa conscience par écrit.*

Naniche surveillait dans la cuisine une épaule de mouton en train de mijoter au fond d'une casserole, et le bon desservant incliné de toute son échine sur la table du Salon, écrivait, écrivait, écrivait... De temps à autre, il se donnait des tapes au front. Peut-être quelque idée nécessaire lui résistait-elle, refusait-elle de s'épandre à l'aise, et il la sollicitait par ces coups, la pressait. Il arrivait aussi parfois que, suspendant sa rédaction, la plume immobile au bout des doigts, après avoir laissé ses yeux errer aux murailles, au plafond, il les rabattait vers la sainte Vierge de la cheminée et les y arrêtait — oserais-je l'avouer? — amoureusement. L'objet pourtant n'était pas beau. C'était une de ces misérables statuettes en craie, peinturlurées de bleu ou de rouge, comme, vers cette époque, en promenaient parmi nos montagnes de pauvres diables d'Italiens, avec ce cri retentissant : « *Santi Belli! Santi Belli! Belli!...* »

Mais, sans parler de la dévotion particulière que, dès son enfance à Villemagne, Alype Lautier avait vouée à la « Mère de Dieu » et qui aurait suffi à justifier la tendresse de ses regards actuels, l'image pieusement conservée sur la tablette de la cheminée était un présent de sa nièce Madeleine, et il lui était doublement cher, doublement sacré... Un jour qu'il se trouvait à Saint-Pons, un Italien ayant réussi à se faufiler avec sa planchette chargée de saintes et de saints en l'intérieur des Ursulines, Madeleine avait choisi cette Vierge dans le tas et la lui avait offerte. Le cadeau coûtait dix sous, et Madeleine s'était entêtée à prélever cette somme sur sa pension d'écolière, — un franc par mois. Quels souvenirs!...

L'abbé écrivait toujours. Tout à coup, au milieu de la phrase commencée, qui avait coulé claire et lisse de de son front, il dut faire une halte.

« Vierge sainte, dit-il à la statuette de Madeleine, affermissez mon entendement. »

Et, joignant les deux mains, il exhala à la file nombre d'exclamations tirées des Litanies :

« Étoile du matin ! Porte du ciel ! Salut des infirmes !... *Stella matutina ! Janua cœli ! Salus infirmorum !...*

L'inspiration lui revint aussitôt.

— Vous écrirez donc jusqu'à la semaine prochaine ? lui demanda Naniche, rentrant.

Il souleva le registre pour le mettre à portée de ses yeux affectés d'une vague myopie, et non sans emphase :

— Écoutez ceci, vous ! lui dit-il :

« Aujourd'hui, premier jour des Rogations, grâce à une lumière qui m'est venue du ciel par l'intercession de Marie, j'en ai fini avec des perplexités atroces. Je souffrais mort et martyre de voir mon adorable petite-nièce, Frédérique Servières, intéressée, amusée par un enfant on ne sait d'où sorti, le fils d'un rôdeur de grands chemins... »

— Pauvre petiot de la Cambotte !... interrompit Naniche.

« Assurément, la charité me faisait un devoir de ne pas juger avec trop de rigueur l'orphelin recueilli par Annette Rascol. Pourtant, malgré la charité, que je prie Dieu de me conserver, — saint Augustin a écrit : *In visceribus sacerdotum maneat semper charitas !* que la charité demeure toujours aux entrailles du prêtre ! — malgré la charité, j'avais contre cet inconnu de secrets mouvements de colère... Que nous voulait-il ?... Pourquoi ne s'échappait-il pas de la métairie de Figuerolles, comme il s'était échappé du presbytère de Saint-Martin ?... Voilà quelles pensées me traversaient.

« Je me rappelle mon doyen d'Olargues, le respectable abbé Tandinel, chassant de son presbytère un brûleur de vin nommé Maillart pour l'unique raison qu'il était protestant... Je regardais fabriquer de l'anisette. M. Tandinel, qui vient d'apprendre la religion de son brûleur, rentre, et, possédé de l'esprit de Dieu, n'ignorant pas qu'il s'expose à quelque lutte très dangereuse avec un homme vigoureux, poilu comme un loup de Tirebosc, de ses deux bras animés d'une force surnaturelle, il bouscule la chaudière, il bouscule le serpentin, il bouscule Maillart; bref, débarrasse la maison... »

— Eh bien, M. Tandinel n'était pas un doyen commode, et sans doute, il vous a bousculé vous-même plus d'une fois, quand vous étiez vicaire chez lui? lança Naniche.

« Malheureusement, Dieu m'a refusé l'audace : il m'a fait naître réservé, si réservé, hélas! que je me mets à trembler dès que la moindre préoccupation me tient. Je pouvais me tourmenter à ne pas fermer l'œil de la nuit, à éprouver chaque matin des distractions fâcheuses en célébrant la sainte messe; mais j'étais incapable d'interroger la Cambotte, d'interroger Frédéric, d'interroger Madeleine, tous entichés de l'enfant de Lucas. Hier encore je me disais : « Je parlerai, je ne veux pas que ma Frédériquette bien-aimée folâtre avec ce Luc, qui peut-être n'est pas de sa religion... » Arrivé à Figuerolles, je n'ai soufflé mot.

« Cette dernière nuit, ne dormant pas, je me suis levé et j'ai prié. Dieu m'a entendu, car il y a deux heures, à Figuerolles, en repassant dans ma tête le premier récit d'Annette Rascol que j'avais oublié complètement, — ô ma mémoire si faible! — j'ai vu l'abbé Vaillant conduisant le corps de Lucas en terre chrétienne, et la bienheureuse certitude que le petit Luc est catholique m'est descendue au fond du cœur...

Gloire à Dieu au plus haut des cieux ! *Gloria in excelsis !* »

Il referma le Registre.

— Monsieur le curé, cinq heures sonnent.

— C'est le moment des Vêpres. Passez-moi mon bréviaire.

Ayant déposé le livre sur la table, Naniche gagna la cuisine sur la pointe des orteils.

XIV

PROSPER BATIFOL, DIT « PIPETTE »

Frédéric, à qui la paternité avait d'abord été si douce par la ressemblance qu'il s'était complu à découvrir entre son enfant et lui, puis si amère par la chétivité de Riquette, qui pouvait lui être enlevée d'un moment à l'autre, Frédéric, morose, désolé, renaisssait à la joie et aux projets. Paulin Aubrespy lui ayant demandé douze mille francs, *indispensables* au parachèvement de la fabrique sur le Jaur, il mit sans hésiter la main au sac.

— Vous verrez, dit-il à son père et à ses oncles, effrayés des nombreux appels faits à l'épargne de Figuerolles, vous verrez si ma fillette, qui veut vivre, n'épousera pas, viennent ses dix-huit ans, le fils d'un riche industriel de Bédarieux ou de Saint-Pons.

— C'est égal, avec ce foulonnier, je te conseille de veiller au grain, hasarda Pierre.

— Aubrespy a raison : quand on possède de l'intelligence et des capitaux, il faut en tirer parti. Moi, d'ailleurs, je ne me sens à l'aise que dans les entreprises d'importance. La Cambotte nous contait hier que

Laric aime surtout les grandes routes et qu'il rue des quatre fers si on le jette dans les sentiers de la montagne, où Pascalou cheminait docilement. Ne me reprochez pas de me comparer à Laric, une bête de sang qui veut respirer à pleins naseaux. Laissez-moi galoper vers la fortune.

— Tâche de ne pas te rompre le cou, insista Pierre.

— D'autant plus que Laric s'est couronné, la semaine passée, du côté de la Rouvrerie, balbutia Antoine.

— Si cet Aubrespy, que tu es seul à connaître...

Ces mots sortaient de la bouche de Jérôme, qui n'acheva pas sa pensée, Frédéric lui en ayant d'un coup d'œil coupé le fil.

Les observations embarrassées de ses oncles laissaient Frédéric assez froid; mais l'observation de son père, où il flairait un blâme, le jeta hors des gonds, et il n'avait pas été maître de retenir un regard de feu, véritable coup de fusil tiré à bout portant. Ce paysan, impatient de toute contrainte et de toute autorité dans la gouverne des affaires de la métairie qu'avec naïveté il faisait siennes, ce paysan, qui avait adoré sa mère, aimait son père passionnément. Que son père l'approuvât, il ne s'arrêtait pas aux avis de ses oncles, et savourait en l'intimité de son être je ne sais quelles délices obscures, fruit d'une tendresse, d'un dévouement contenus, mais entiers. En dépit de fréquentes révoltes sous le joug, il partageait pour son père le respect superstitieux dont il était l'objet de la part d'Antoine et de Pierre, de la part de la Cambotte et de Rascol, de la part de tous.

Dans ce royaume étroit de Figuerolles, l'âme rude, la rude poigne de l'ancêtre, du grand-père Jacques Servières, avait établi la hiérarchie, et le petit-fils, encore qu'avide de régner, finissait par se soumettre. C'est justement, en raison de sentiments nobles, retenus au fond de ses entrailles, qu'il se montrait si chatouilleux, dès la plus petite opposition de son père à ses desseins. — Alors, son père ne le connaissait pas ? Alors, son père ignorait à quel point il l'aimait ? — Cette méconnaissance le troublait, l'indignait surtout, et il lui arrivait, en des transports furieux, de ne ménager ni paroles, ni gestes, ni menaces. On était injuste envers lui ; il se vengeait.

Après un silence d'une minute, Frédéric, par un revirement de sa nature violente, à laquelle son cœur créait des accalmies subites, se rapprocha de Jérôme, abattu à trois pas sur une escabelle, et lui dit, non sans balbutier un peu :

— Vous avez raison, mon père, vous avez cent fois raison. Avant de traiter avec Aubrespy, j'aurais dû le mander ici pour vous le faire juger, vous faire entendre ses motifs, car il est capable de s'expliquer mieux qu'un livre. Souvent vous m'avez dit que je ressemble à mon grand-père, que j'ai son activité, sa finesse, presque son habileté dans les questions où l'on engage des écus. C'est gonflé par cette croyance que je me suis laissé conduire chez le notaire Simard et que j'ai signé...

— Et tu as bien fait, mon garçon, articula Jérôme, frappé en pleine poitrine par le souvenir de son père et trouvant la force de se replanter debout.

— Oui, tu as bien fait, mâchonnèrent Antoine et Pierre.

— Il ne faut donc pas refuser les douze mille francs ?

— Non ! crièrent les trois vieillards.

— Je les lui porterai moi-même et l'inviterai à venir nous voir... Ces douze mille francs sont destinés à des appropriations intérieures et à la mise en train de machines d'un nouveau modèle...

L'émotion qui l'étranglait le contraignit à s'arrêter.

— N'est-il pas vrai, mon père, reprit-il, domptant une trépidation de ses membres, que, le jour où la fabrique marchera, vous me suivrez à Saint-Pons?

— Nous t'y suivrons! s'exclamèrent simultanément Jérôme, Pierre, Antoine.

— Nous attellerons le tilbury, nous attellerons la carriole, et nous partirons tous, même Riquette...

— Même Riquette, affirmèrent-ils.

— C'est pour elle que travailleront nos tondeuses, nos garnisseuses, nos foulons de là-bas; pour elle qui plus tard quittera le village, vivra dans une ville; pour elle qui sera une dame avec une robe de soie et un chapeau à rubans; pour elle qui ressemblera aux dames de Bédarieux et même de Béziers... Dieu est bon de nous la laisser...

La porte de la Salle s'étale à plein battant, et paraît Pipette, le second valet de chiens, portant Frédérique dans ses bras. Pipette a l'air enchanté de sa charge, et, devançant le cortège qui le serre de près : Madeleine, Annette, Luc, Martine, jeune servante préposée à la garde de la fillette, pareil au mulet de la fable, il va devant lui « d'un pas relevé et faisant sonner sa sonnette ». Il s'en faut, d'ailleurs, que la démarche de Pipette soit absolument dénuée de grâce, même quand il lui arrive de la solenniser comme aujourd'hui; que sa mine manque tout à fait d'agrément, même quand il la gonfle d'importance comme aujourd'hui. Si Pipette a ses défauts, si, par exemple, il ne sait pas s'arracher la pipe des lèvres, — un *brûle-gueule* très court de tuyau, au fourneau calciné, qui lui a mérité son surnom en l'étendue de l'Espinouze, — si Pipette a ses défauts, on ne saurait lui reprocher l'allure massive de son patron Rascol, sa frimousse rébarbative de sanglier, sa taciturnité de loup. Pipette, âgé de vingt-huit ans seulement, tandis que Rascol a dépassé la cinquantaine, Pipette est prompt, dégagé, il a une figure ronde et rieuse, non sans esprit, il babille tout le long de l'aune; enfin, Pipette a conservé de l'armée, qui l'a rendu au pays natal, des habitudes de propreté on ne peut plus étrangères à l'ancien porcher de La Fresnaye.

Prosper Batifol, pour appeler Pipette de son vrai nom, allait à travers la Salle avec des arrêts d'une seconde, soulevant Riquette de temps à autre pour la montrer, et reprenant sa promenade d'un air de triomphe. Les Servières demeuraient ébahis.

— Pipette, dit Madeleine, essayez de nouveau, essayez !...

Prosper demeure fixe ; puis, avec une adresse dont Martine aurait été incapable, il prend Riquette doucement, lui fait toucher le plancher de ses deux petons, et, l'encourageant d'une voix que le tabac n'a pas le moins du monde éraillée :

— Allons, mon ange, lui dit-il, encore un pas, encore un...

— Eh quoi ! elle a marché ? s'écrie Frédéric.

Il se pose à distance, et là, plié en deux, les bras tendus, les traits souriants, il répète :

— Viens ! viens, ma Riquette chérie !

Elle regarde, sourit, sourit encore, mais ne bouge aucunement.

— Paresseuse, va ! gronde le père, dépité après vingt appels infructueux.

Il s'était redressé d'un mouvement brusque, emporté.

— Si elle ne marche pas aujourd'hui, elle marchera un autre jour, intervient Jérôme, désireux de mettre fin à une scène pénible.

Pipette s'obstine et, s'adressant à Luc :

— Appelle notre demoiselle, toi, lui commande-t-il, appelle-la !

Depuis son entrée dans la Salle, le mioche de Lucas était demeuré blotti dans les jupes de la Cambotte, épiant, écoutant, mais n'osant ni hasarder un pas, ni hasarder un mot. Jérôme, Antoine, Pierre ne l'effrayaient guère. En revanche, Frédéric lui faisait une peur bleue. Il ne pouvait oublier qu'un soir, berçant Riquette pour l'endormir après la tétée et l'ayant bercée avec trop d'élan, Riquette avait rendu son lait et que Frédéric lui avait tiré les oreilles à les lui déchirer. Cet enfant, âgé peut-être de sept, peut-être de huit ans, — on n'était pas fixé positivement, — avait la mémoire longue des chiens battus et il se cachait où fuyait, dès la première vue du maître terrible de la métairie.

Mais Luc aimait Pipette, la voix de Pipette lui était familière, et, après une hésitation d'une minute, il se détacha de la robe de la Cambotte par le mouvement glissé d'une alouette se risquant hors des chaumes protecteurs, grisola comme une alouette, sautilla par des sautillements vifs d'alouette, et, tout blond comme une alouette, vint se placer devant l'héritière de Figuerolles en agitant ses deux bras, — ses deux ailes à lui. Riquette le regardait, et lui regardait Riquette. Quelles idées, quelles paroles, toutes choses inouïes de ceux qui les contemplaient, échangèrent ces deux enfants, celui-ci, ses yeux bleus — deux fleurs de lin — plongés dans les yeux de celle-là — deux granules de blé noir? Le spectacle était surnaturel, quasi divin, et chacun restait saisi, intimidé, se trouvant placé face à face avec deux anges, à la porte du Paradis.

Cependant, Riquette, à peine soutenue du bout d'un doigt par Batifol, remuait ses petites jambes, remuait ses petits bras, faisait un effort visible de toute elle-même pour cheminer. Sa mignonne tête brune de mésange-charbonnière se mettait de la partie, car elle la tenait penchée par une inclination du cou habituelle aux oiseaux près de s'envoler.

— Je t'attends!... je t'attends!... lui siffla Luc, qui, pour l'amuser, s'était dissimulé à demi derrière une chaise basse, lui riait, lui faisait de menus gestes à travers les barreaux du dossier.

Ce jeu vint à bout des peurs de Riquette. Succombant à une fascination irrésistible, elle décolla ses petons du sol et s'élança, riant à son tour, essayant de siffler à son tour, comme riait et sifflait son ami.

— Prenez garde, Pipette!... cria Madeleine, effrayée de voir sa fille debout, sans appui, devant l'enfant des Rascol.

— N'ayez crainte, notre maîtresse. Si Mademoiselle faisait mine de tomber, Luc l'en empêcherait bien vite...

— Je préfère que vous la teniez par la ceinture de sa robe.

— Remarquez donc tous comme ils sont gentils! continua Pipette, extasié devant le groupe des enfants, qui se faisaient des mines, babillaient du bec intarissablement. Ne croirait-on pas deux oisillons parmi les genévriers du Roudil?

Le second valet de chiens n'avait pas achevé de donner carrière à son enthousiasme, que Riquette et Luc se turent. Leurs lèvres avaient cessé tout balbutiement, mais elles ne demeuraient pas inactives pour cela, car elles avaient, chez l'un comme chez l'autre, de courts frissons, puis elles s'allongeaient, celles-ci vers celles-là et celles-là vers celles-ci, comme pour l'échange d'un baiser.

— Embrassez-vous, mes petits! cria Prosper Batifol.

Incontinent, à travers la toison dorée du garçonnet, qui inondait de ses anneaux le béguin blanc de la fillette, un léger bruit passa.

— C'est Luc ! mon *Lucou*... s'exclama la Cambotte.

Frédéric, son père, ses oncles enveloppèrent les enfants, qui d'eux-mêmes venaient de se prendre les mains.

— Ne craignez pas pour Mademoiselle, dit Pipette : Luc l'a bien saisie. Nous n'avons pas de chien plus fort et plus membru que cet enfant de la Cambotte. L'autre jour...

— Eh bien ! que fait-on par ici ? à quoi pense-t-on ? cria Rascol, survenant, le visage criblé de gouttes de sueur.

— Que nous voulez-vous ? interrogea Frédéric.

— On oublie donc que nous sommes en mai, qu'il arrive encore des tarrines ? J'étais monté sur le Louvart, j'ai vu venir les pâtres de l'Agout, et j'accours pour vous les annoncer.

Il ouvrit une fenêtre.

— Regardez ! dit-il.

Les pentes du Louvart apparurent blanches de toisons. Sur les flancs des tarrines, éclataient les points noirs des chiens, dont les abois aigus se mêlaient aux bêlements plus sourds des moutons et des brebis.

— A la besogne, Pipette ! commanda Rascol.

— A la besogne, tous ! crièrent Jérôme, Pierre et Antoine, avec un moulinet joyeux de leurs bâtons.

XV

VENANCIO NOGUERRA

Rien n'avait préparé Madeleine Lautier à la vie bruyante, affairée de Frédéric Servières, ni sa nature délicate de sensitive, ni son éducation au couvent des Ursulines. Dans les commencements, par un effort que l'amour, où les plus timides découvrent hardiesse et courage, lui rendait facile, elle n'avait pas trouvé trop lourde la chaîne qui la rivait à Figuerolles pour jamais. Certes, son mari était d'une pétulance extrême, la moindre opposition le poussait à l'emportement; mais quelle douceur dans ses retours, et combien étaient délicieuses alors les moindres paroles, les moindres caresses de Frédéric, pénétré de ses torts, implorant son pardon à genoux ! D'ailleurs, elle avait senti tressaillir ses entrailles, et bientôt naîtrait un enfant un enfant de sa chair à elle et de sa chair à lui, un enfant qui serait l'éternel lien entre eux, son éternelle joie, son éternelle consolation.

A la longue, Madeleine vit plus clair en celui auquel son oncle l'avait donnée, vit plus clair en elle-même par des coups répétés, et désespéra. Frédéric, à la naissance de sa fille, avait manifesté une exaltation de sentiments dont elle ne l'eût pas soupçonné capable ; aujourd'hui encore, dès qu'il était question de Frédérique, il entrait en des transports touchants. Mais, elle, que recueillait-elle dans ces explosions du cœur de son mari? Rien ou à peu près : un mot s'il y pensait, un sourire s'il y pensait. Que de fois, quand il était si heureux, elle avait refoulé ses larmes !

La religion, qui, chez l'oncle, par l'étroitesse de pratiques quotidiennes, avait fini par diminuer, amincir l'entendement réduit à la dernière pauvreté morale, laissait toute sa pénétration à l'intelligence singulièrement aiguë de la nièce. Soit qu'une vertu secrète — peut-être la vertu intime de la femme, promise aux plus terribles souffrances, aux sacrifices les plus hauts — l'eût préservée, le couvent n'avait pas agi de la même façon sur elle que le séminaire sur lui. L'un et l'autre était pieux, très pieux ; seulement, tandis que chez l'abbé, à Montpellier, la dévotion avait fermé toutes les *fenêtres intérieures*, bouché les trous quelconques par lesquels il eût pu voir les hommes, chez la pensionnaire des Ursulines, à Saint-Pons, la dévotion, pitoyable à des fillettes curieuses, dont plusieurs seraient mères un jour, avait négligé de clore de toutes maigres, de toutes petites issues. C'était par ces fentes, restées lumineuses au fond d'elle-même, que Madeleine se rendait compte maintenant et de la vie des autres et de sa propre vie.

Elle était misérable sa vie, souverainement misérable.

Quoi ! elle avait vingt-trois ans à peine, et son mari semblait déjà s'éloigner d'elle ! Elle devait donc traîner son existence, qui pouvait être longue, au milieu des gens et des bêtes de Figuerolles, sans la moindre compensation de sentiment, sans la moindre miette d'amour pour rassasier son cœur affamé ?... Oh ! s'il lui eût été donné de rencontrer un autre homme !... Parfois, obligé de longer la muraille du cimetière en allant chez son oncle, à Roquefixade, elle éprouvait de tels découragements, de telles révoltes, de telles fiertés, que, passant un œil, elle regardait les tombes avec envie.

Dans son isolement en une ferme où tout, des hommes aux choses, lui paraissait médiocre, grossier, Madeleine se sentait soulevée par je ne sais quelles bouffées d'orgueil. Brûlée de dédain, il lui semblait, en dépit des observations de son oncle, trop disposé à abaisser les siens pour s'humilier lui-même au bénéfice de son salut, il lui semblait que les Lautier, de Villemagne-sur-Mare, étaient d'une race supérieure aux Servières, de Castanet-le-Haut, et elle recevait de ces pensées comme des contre-coups fortifiants. Des souvenirs de son enfance heureuse, chez son père ou chez les sœurs, lui revenaient en foule en ces instants de rêve, et elle redressait sa taille fine de roseau pliant, et elle recouvrait son charme, sa grâce, toute l'exquisité de sa personne menue, adorablement jolie... Pourquoi l'avait-on arrachée à la solitude du couvent, pour la précipiter au vacarme de Figuerolles, emplie du fracas des gens, de la clameur des bestiaux ?

A quelque temps de la scène où Riquette avait hasardé son premier pas, Madeleine, assise non loin du berceau de son enfant endormie, reprisait un surplis de l'église de Roquefixade. Dès son arrivée du couvent, son oncle l'avait préposée à l'entretien des grands comme des menus linges de la sacristie, et son mariage n'avait amené nulle trêve dans ce travail délicat. Aujourd'hui, l'aiguille allait avec lenteur, elle s'arrêtait même à certains moments, et les doigts de l'ouvrière demeuraient immobiles sur la mousseline éraflée. Evidemment, l'esprit de la jeune femme avait fui la besogne habituelle, voyageait bien loin, — au lointain pays.

Ce jour-là, Madeleine n'était pas descendue de sa chambre, au premier étage de la métairie. Dans cette pièce, dont la Cambotte, très ordonnée, rangeait les armoires, elle se sentait plus chez elle que dans la Salle, une véritable place publique, sorte de passage commun à tous. Puis, de cet endroit, par de larges fenêtres en plein midi, elle voyait couler l'Aiguetorte, miroiter le bloc pailleté de mica de la *roche fixe*; elle voyait surtout le clocher de l'église et, un peu plus bas, accroupie sous un bouquet de noisetiers, une maisonnette, la cure, où elle avait vécu, d'où elle était sortie pour se laisser conduire à Figuerolles, sans savoir, hélas! où elle allait.

L'aiguille demeurait piquée dans la mousseline, et Madeleine ne semblait penser nullement à la reprendre. Soudain, elle se mit debout. Elle avait entendu marcher dans le corridor accédant à son doux refuge... La porte s'ouvre. L'abbé Alype, pour ne pas heurter sa tête trop haute à l'imposte, courbe les épaules. Il s'insinue léger et fluet comme une ombre.

— Tu es seule? demande-t-il.

— Frédéric est à Saint-Pons.

— Et ton beau-père? et tes oncles?...

— Ils sont sur le Louvart en train d'installer les parcs des tarrines.

— Et la Cambotte?

— La Cambotte est allée recevoir des Espagnols qui veulent lui louer sa hutte de La Fresnaye. Ces Espagnols sont venus ici, ce matin. Quelle misère sur leurs faces et sur leurs habits! Je ne pouvais les vêtir, mais je les ai fait manger. L'un deux, qui s'appelle Venancio Noguerra, conserve, sous ses haillons, une tournure!... Le joli garçon!

— Ce sont des soldats de l'armée carliste. Mon journal, *le Réveil catholique de Lyon*, ouvre une souscription en leur faveur. Nous enverrons notre obole. En attendant, tu as agi selon Dieu, en secourant ces braves gens, parmi lesquels on découvrirait certainement, comme parmi nos émigrés d'autrefois, des hommes de la plus haute naissance. .

— Ce Venancio Noguerra...

— D'ailleurs, n'es-tu pas maîtresse à la métairie...

— Oh! maîtresse! dit-elle avec un sourire triste.

— Je commence à pénétrer la cause principale de ton ennui, ma fille, car tu t'ennuies à Figuerolles.

— Je ne sais pas.

— Cette cause principale est le peu d'autorité qu'on te laisse dans ta maison, ta propre maison. Ici, de Jérôme à Pipette, excepté toi, tout le monde gouverne. Cent fois, mille fois, l'idée m'est venue de hasarder de justes représentations à Frédéric. Puis je me suis abstenu, effrayé des conséquences que pourraient avoir mes paroles, encore que sages et modérées. S'il est imprudent de glisser le doigt entre l'arbre et l'écorce, il peut devenir dangereux de glisser la langue entre une femme et son mari. Je me suis donc promis de réfléchir plus que je n'ai réfléchi et d'observer plus que je n'ai observé.

— Réfléchissez, observez...

— Rien ne presse, n'est-il pas vrai ?

— Rien ne presse, et, Dieu aidant, — ma Frédérique aussi aidant, — j'espère finir par m'habituer à ma situation.

Le ton résigné de sa nièce surprit l'abbé.

— En vérité, dit-il, tu parles de ta situation comme si tu avais de la peine à la supporter. Il ne faut pas nourrir de trop grandes ambitions, ma fille, car les ambitions sont, pour plusieurs, la source de profonds chagrins. Dieu commande que nous nous fassions à notre état.

— Je me ferai au mien.

Alype était resté debout depuis son entrée. Il éprouva

un serrement de cœur subit qui lui coupa les jambes. Il prit une chaise, la rapprocha de celle de Madeleine, s'installa. Pourtant, la tête brouillée, il ne savait que dire, et, en attendant qu'une pensée lui vînt et que lui vînt aussi la force d'énoncer cette pensée, il demeurait immobile. Une fois, comme il continuait à ne pas découvrir le plus mince embryon d'idée, il entr'ouvrit les lèvres et siffla. Il imitait à s'y méprendre les airs d'oiseau de Luc charmant Riquette pour l'endormir.

— Chut! mon oncle, vous réveillerez la petite.

Il s'arrêta net, ahuri de l'observation, car il n'avait pas conscience de son sifflement. Un peu déconfit, ne sachant à quoi s'occuper, du bout des doigts il se mit à tambouriner sur ces genoux. Le drap ne rendait aucun son, naturellement. Mais, si Madeleine n'entendait rien, il entendait quelque chose, lui : par intervalles, il lançait aux murailles de la chambre des regards inspirés, et alors, ses mains précipitant la mesure, la soutane répondait en sourdine, — oui, répondait.

— C'est l'hymne admirable du *Conditor alme siderum*..., dit-il... Au fait, ma fillette bien-aimée, qu'as-tu donc aujourd'hui?

Les yeux bleus de la nièce entrèrent dans les yeux bleus de l'oncle.

— Tu as quelque chose de secret, de très secret à me confier, mon enfant, balbutia-t-il.

Elle continuait à le regarder et n'articulait pas une syllabe. Tout à coup, par quelque mouvement impérieux de l'âme qu'elle ne put réprimer, son clair, son charmant visage se trouva noyé de pleurs.

— Je t'ordonne de parler ! cria-t-il, au désespoir.

Alype avait déserté sa chaise et entraîné sa nièce à l'autre extrémité de la chambre. Là, se trouvait un large canapé. Ils s'assirent l'un contre l'autre, étroitement, comme autrefois quand, en hiver, devant l'âtre flambant de brindilles de châtaignier ou de frêne, pour tromper la longueur des soirées, on lisait ensemble la *Vie des Saints*.

— Voyons, conte-moi... Qu'as-tu?
— Si je le savais!...
— Dans ce cas, ce n'est rien de grave.
— Vous vous trompez, mon oncle... Il est des douleurs cachées, très cachées... On en souffre, mais on se contente d'en souffrir, car il est impossible de les exprimer.
— Fais un effort.
— Vous faut-il le fond de ma pensée? Vous auriez dû me laisser aux Ursulines.
— Tu avais la vocation religieuse?
— Je n'ai jamais songé à entrer en religion. Seulement, je serais moins malheureuse au couvent qu'à la métairie. Ici, je ne compte pas; ici, je ne suis rien; ici, on me place après l'oncle Antoine, qui tombe en enfance de plus en plus. A Saint-Pons, du moins, si les sœurs s'étaient montrées mal disposées pour moi, j'aurais eu la chapelle...
— Quelqu'un t'a donc manqué de respect?
— Personne ne m'a manqué de respect; mais je suis foulée aux pieds. Assurément, les affaires de la maison ne me touchent guère; seule pourtant, éloignée de toute relation dans cette affreuse Espinouze où je ne suis pas née, j'y aurais pris intérêt, si on ne m'en eût écartée avec un soin jaloux. Mon mari, mon beau-père, mes oncles délibèrent. La Cambotte, Rascol, jusqu'à Pipette, sont appelés à donner leur avis. Moi, je n'ai mot à dire... Il y a une quinzaine, on discutait à propos de la fabrique en construction sur le Jaur. C'était en bas, dans la Salle. On ne s'occupait pas de moi et on ne me

consultait en aucune façon. Irritée, je voulus marquer que ce dont il s'agissait me regardait, et je hasardai une observation. Quels haussements d'épaules de la part d'Antoine, de Pierre !...

— Est-ce possible !...

— Édifiée sur ces paysans, je ne m'arrêterai pas à leur désapprobation brutale. Mon mari, par malheur, intervint; et lui, plus fin, plus intelligent, lui à qui vous m'avez confiée, lui que j'ai aimé, me lança des mots dont chacun m'atteignit à l'âme, m'y fit une blessure qui saigne, oh ! mais qui saigne !...

— Et que te dit-il, ton mari ?

— Il me dit : « Nos affaires, à mon père, à mes oncles, à moi, sont hors de votre compétence. Ce que vous avez de mieux à faire chez nous, c'est de nous donner des enfants.

« — Vos affaires sont les miennes, ripostai-je.

« — Frédéric a raison : remplissez Figuerolles d'enfants, de beaucoup d'enfants », intervinrent Antoine et Pierre, car, je dois lui rendre cette justice, mon beau-père eut la délicatesse de garder un silence absolu.

— Jérôme est le meilleur des trois.

— Vous pouvez dire des quatre.

— Ton mari mène grand fracas, mais il n'est pas mauvais.

— Je le crus bon jusqu'à la naissance de Frédérique. Si vous saviez de quels égards il m'entourait! quelles paroles tombaient de sa bouche, tour à tour aimables et caressantes ! Véritablement, la vie pour moi était douce ici, et je vous bénissais, mon oncle, après la retraite délicieuse de Saint-Pons, de m'en avoir découvert une nouvelle pleine de toutes les tendresses, de toutes les joies. Vous l'avourais-je? dans les commencements de mon mariage, mon cœur battait si fort, il avait de tels soubresauts, il faisait tant de bruit, que je n'entendais rien de l'énorme turbulence de la métairie. Dieu, certainement, était caché par là en quelque coin de la maison des Servières, devenue ma maison, et me protégeait...

— Il est écrit aux Livres Saints : « Dieu est caché, *Deus est absconditus.* »

— Les choses prirent une autre tournure après la naissance de notre fille. Frédérique n'avait pas six mois, que mon mari se plaignait en ma présence de la voir si menue, si faible. Vainement son père, pitoyable pour moi, lui rappelait-il son enfance souffreteuse, lui affirmant qu'il en serait de Frédérique comme de lui-même, il refusait de se laisser convaincre, et quelquefois, avec des grognements sourds d'où je ne parvenais à dégager nulle parole, il me lançait des regards furibonds...

— Il aime sa fille pourtant...

— Depuis qu'elle se fortifie, qu'elle se développe à vue d'œil. Les paysans, dont nous ne sommes pas, quoi que vous en disiez, n'ont d'admiration que pour ce qui est robuste...

La porte s'entre-bâille, et Luc, ses sabots aux mains, marchant dans ses chaussons de lisière, se faufile furtivement.

— Nous arrivons de La Fresnaye, souffle-t-il.

Ces mots articulés, il s'échappe vers le berceau. Peut-être Riquette était-elle réveillée ; peut-être, encore que son ami eût parlé très bas, l'avait-elle entendu. Le fait est que Luc la trouva jouant avec les brides dénouées de son bonnet.

Madeleine appela Annette auprès des enfants.

— J'accompagne M. le curé, lui dit-elle... Et vos Espagnols ?...

— Ils sont très contents de ma hutte, et nous nous sommes arrangés. Ils comptent chasser les loups à Tirebosc...

Une minute après, l'oncle et la nièce s'en allaient le long de l'Aiguetorte, fleurie de glaïeuls d'or. Le printemps épandait ses richesses sur la terre et sur l'eau.

DEUXIÈME PARTIE

I

« PRUNELLE! PRUNELLE! »

Luc et Riquette grandissaient, et, chaque jour, à toute heure, on les rencontrait trottinant, galopant aux environs de Figuerolles. Riquette abordait ses douze ans, Luc peut-être ses seize ou dix-sept. Le garçonnet réalisait les promesses de son jeune âge : il était robuste, montait droit comme un surgeon de châtaignier sauvage, souple et fort dans les taillis du Roudil. Pour la fillette, elle demeurait élancée, délicate ; mais ses joues apparaissaient moins pâles, ce qui annonçait une circulation plus abondante, plus libre, plus nourrie. A côté du surgeon de châtaignier sauvage se balançait une jolie ramille d'épine noire en fleur.

Plus que ces dissemblances physiques très accusées, une chose différenciait les deux enfants : la physionomie. Autant Riquette montrait de mobilité dans ses traits sans cesse animés, de vivacité dans ses yeux sans cesse pétillants d'étincelles, autant Luc était calme de visage, pour ainsi dire impassible. Tandis qu'elle, au simple aspect d'une anémone blanche, d'une véronique bleue aux marges de l'Aiguetorte, s'exaltait, poussait des cris, lui ne manifestait ni étonnement, ni joie, ce qui ne l'empêchait pas de cueillir, sans se presser d'ailleurs, les fleurettes en quelque endroit qu'elles fussent écloses et de les porter à son amie.

Cette froideur ne déplaisait pas à Riquette, habituée dès le berceau aux manières d'être de Luc; mais elle avait valu à celui-ci nombre d'inimitiés, tant au village qu'à la métairie. Pour se venger et de sa taciturnité dédaigneuse, et de son refus obstiné de jouer avec eux sur la place de l'Église, les enfants de la paroisse, cruels déjà comme des hommes, lui avaient infligé le surnom de « TAILLEVENT ». Les sobriquets sont fort en usage aux Cévennes, et les jeunes drôles de Roquefixade avaient choisi le mieux fait pour humilier l'enfant trouvé des Rascol.

Luc, encore qu'il n'ignorât par sa propre histoire, ne paraissait aucunement offensé. Peut-être devinait-il la méchanceté des petits paysans acharnés à lui corner aux oreilles : « *Taillevent! Taillevent!* » Pour si peu il ne hâtait ni ne ralentissait son pas, rythmé sur la mesure de son âme, aussi lente à comprendre sans doute qu'à s'émouvoir.

Les gamins, dépités, changèrent leurs batteries, une intuition précoce du mal leur faisant juger qu'ils atteindraient mieux l'ennemi s'ils s'en prenaient à Frédérique Servières. Un dimanche après la grand'messe, comme Riquette et Luc remontaient vers la métairie, Riquette un peu en avant, Luc à dix pas derrière elle, la fillette se trouva soudain enveloppée, assaillie par une bande qui se précipita des crevasses de la *roche fixe*, hurlant à tue-tête : « PRUNELLE! PRUNELLE!... »

Cette fois, *Taillevent*, — le bien nommé, — tailla l'espace devant lui d'une telle vigueur, que la volée d'étourneaux, avant qu'un seul eût pu toucher Riquette soit de l'aile, soit du bec, sauf quatre ou cinq précipités dans l'Aiguetorte, où ils durent se tremper les plumes, cingla dans vingt directions.

— Aussi, pourquoi ne pas t'amuser avec les enfants du village ? dit Pipette à Luc qui lui contait son aventure.

— Et si cela ne me plaît pas, à moi !

— Tu vois ce qui t'arrive : bientôt, dans le pays, on ne t'appellera plus que *Taillevent*.

— Cela m'est bien égal !

— Pourquoi alors, ne t'est-il pas égal qu'on donne le nom de *Prunelle* à notre demoiselle d'ici, qui, pour ne pas mâcher la vérité, est noire comme une prunelle de genévrier ?

— Ce n'est pas la même chose.

— Ta raison ?

— Elle, c'est elle ; moi, c'est moi.

— Ce qui veut dire qu'elle est, elle, la fille de notre maître, et que tu es, toi, le fils...

— D'un brûleur de vin...

— Et cela fait une grande différence ?

Un jeune chien lapait une écuellée de lait aux pieds de Pipette ; Luc, le lui montrant, dit avec une gravité surprenante :

— Voyons, y a-t-il de la différence entre Fitou, qui est une bête, et vous, qui êtes un homme ?

L'abbé Alype suivit la *Retraite ecclésiastique* au chef-lieu du diocèse. Toutefois, ce ne furent ni l'invitation de Monseigneur ni la réputation du prédicateur, le T. R. P. Taillard, de l'ordre des Frères Prêcheurs, qui déterminèrent le curé de Roquefixade à déserter sa paroisse, toute une semaine. Des motifs plus pressants le poussaient à entreprendre le voyage de Montpellier. L'abbé s'était réjoui, nous le savons, de l'influence heureuse que les jeux, les babils du petiot de la Cambotte avaient exercée sur Riquette, devenue gaie, folâtre, parlante, de triste et muette qu'elle était. Le fait, accompli sous ses yeux, lui semblait indéniable : Luc était l'instrument dont Dieu s'était servi pour sauver l'héritière unique des Servières et des Lautier. Mais, puisque le Tout-Puissant avait choisi cet enfant et l'avait, par la main d'une servante, conduit jusqu'au sein de l'Espinouze, où son apparition accomplissait des miracles, pourquoi lui avait-il refusé l'intelligence, pourquoi les choses de la religion avaient-elles tant de peine à pénétrer son cerveau ?

Alype, pour s'inviter à la résignation, ne cessait de se répéter que les desseins de Dieu sont « impénétrables », et il remplissait les pages de son Registre de lamentations.

« Le temps presse, Seigneur ! » écrivait-il, un soir, en achevant son examen de conscience sur le papier.

Le temps pressait, en effet, car, Riquette devant, dans quelques mois, — vers Notre-Dame d'août, — faire sa première communion, l'abbé désirait voir Luc la faire avec elle. Il voulait qu'ils fussent associés dans la grâce, comme ils l'étaient dans leur amusements.

Quelle déception !... L'hiver, malgré la neige et la glace, les enfants descendirent chaque jour à la cure, où le malheureux Alype, suant sang et eau, s'évertuait à leur expliquer les *Mystères* et les *Sacrements*. Riquette répétait vite la leçon, chantonnant, babillant, pareille à une linotte sur un sorbier ; pour Luc, il demeurait embarrassé, troublé, ne comprenant pas. Août venu, l'abbé eut l'occasion de déployer une énergie extraordinaire ; malgré les sollicitations des Rascol, navrés, il autorisa Riquette seule à se prosterner à la Sainte-Table ; Luc, trop ignorant, était écarté.

Le soir de l'Assomption, fête qui ne fut pas gaie à Figuerolles, car Frédérique, attristée de la mésaventure de son ami, demeura pensive, répondant à peine un mot aux félicitations de tous, même des bergers des tarrines endimanchés pour l'occasion, le soir de l'Assomption, Alype, encore anéanti de l'effort qu'il avait dû faire pour aller jusqu'au bout de son devoir, traçait ces longues lignes :

« Une chose m'a émerveillé cette après-midi, et me remplit — pourquoi hésiterais-je à le confesser sur ces pages si instruites de moi ? — de remords.

« J'étais tenu de réciter mon chapelet ; pour trouver un peu de paix, j'avais tiré vers les sources de l'Aiguetorte, lieu solitaire où ne passent ni gens ni bêtes, fréquenté seulement des oiseaux... Oh ! les oiseaux, que saint François et saint Colomban ont tant aimés !... Je commençais le troisième *Ave Maria*... quand, de derrière un bouquet de sureaux et de saules, un bruit vague de paroles m'interrompt. Je crois démêler les voix de Riquette et de Luc. — Que font-ils là ? Que disent-ils ? — J'écoute.

« D'abord, les mots ne me sont pas arrivés distincts. Le ton de mon adorable petite-nièce était plaintif, et celui de Taillevent ferme, résolu, au-dessus de son âge. On eût pensé, parmi le feuillage des arbres, une colombe timide roucoulant avec un loriot plus hardi du bec. Les mots se dégagent soudain et j'attrape ceci à la file :

« — Oui, je suis désolée que tu n'aies pas fait ta première communion avec moi.

« — J'en suis désolé aussi, Mademoiselle, répond-il.

« — Je ne comprends rien à tes façons : si moi je t'interroge, tu sais le catéchisme sur le bout du doigt; si c'est M. le curé, on dirait que la Cambotte t'a cousu la bouche avec du fil.

« — C'est que vous, vous vous entendez à me poser les questions et que M. le curé ne s'y entend point.

« — Moi je te pose mieux les questions que mon oncle ?

« — Quand vous m'envoyez une demande, je vous regarde tout le temps que vous me parlez, et la réponse me vient à la langue sans y penser.

« — Quelle sornette !... Pour savoir il faut étudier.

« — Nous avons étudié ensemble, cet hiver.

« — Si tu m'avais avoué ça, je l'aurais dit à mon oncle, et peut-être t'aurait-il laissé venir à la Sainte-Table.

« — L'occasion est manquée, à présent... Plus tard, je ne me soucierai guère de ma première communion, car elle ne fera pas à la Cambotte la moitié du plaisir qu'elle lui aurait fait aujourd'hui... A-t-elle pleuré, ma mère Cambotte, a-t-elle pleuré !... J'ai rempli mes seize ans, paraît-il, et sans doute il me faudra bientôt quitter Figuerolles...

« — Je ne veux pas que tu quittes Figuerolles, moi.

« — Rascol me voyant en force de travailler, veut me mettre aux chiens, aux troupeaux. Moi, je n'ai nul goût aux bêtes ; j'aimerais mieux aller dans les villes pour y apprendre un métier. Dans le fond, si je me faisais *brûleur* ?...

« — Et je ne te reverrais plus ?

« — Des fois, en voyageant, je visiterais Figuerolles avec ma chaudière et mon serpentin.

« — Mais si, en attendant tes visites, j'avais besoin de toi ?...

« — Vous, Mademoiselle ?

« — N'ai-je pas eu besoin de toi, tout au long de mon enfance ?

« — Oh ! alors !...

« — Ma mère est toujours triste ; mon père, à cause de ses affaires, vit les trois quarts du temps hors de la maison ; mes deux oncles Pierre et Antoine sont morts ; mon grand-père et mon oncle Alype seuls me restent.

« — Écoutez, Mademoiselle, moi je vous reste aussi et je vous resterai pour l'éternité de mes jours. Si l'idée m'est venue de voir du pays, c'est que votre père a l'intention de vous placer dans un couvent.

« — J'ai refusé de me laisser enfermer aux Ursulines. Mon oncle Alype se chargera de son éducation.

« — Eh bien ! Rascol peut m'appliquer à telles besognes qu'il lui plaira. Pourvu qu'on me donne la permission de vous suivre de loin, d'accourir si vous me réclamez, je n'en demande pas davantage. Que me faut-il ? Vivre dans votre air... On répète déjà, par delà le Roudil, que vous êtes la plus jolie fillette de la montagne. Il vous faut croître en taille et en beauté. Aujourd'hui, vous ressemblez, avec votre robe blanche de communiante, à un lys de notre jardin. Le lys montera plus haut, élargira sa fleur, poussera plus loin son parfum, et les jeunes gens riches des villes arriveront en troupe ici pour demander votre main. La joie a été grande pour votre première communion ; la joie de votre première communion sera petite comparée à celle de votre mariage... Pour moi qui vous regarde comme une Reine, qui ne vois rien ni personne au-dessus de vous, je serai si fier quand votre Roi vous emmènera d'ici, que je n'en sentirai pas mon chagrin de vous perdre...

« — O Luc, ô Lucou, comme t'appelle d'amitié la Cambotte, embrasse-moi bien fort, embrasse-moi !...

« — Non ! non ! à cause de l'hostie consacrée. Vous êtes une petite sainte à cette heure !

« — Je veux que tu m'embrasses !

« — Vous me demanderez cette embrassade à la métairie, devant tout le monde, et je vous la donnerai.

« — Tu n'auras pas peur ?

« — Je n'ai jamais peur.

« — Partons !

« Ils passent à trois pas de moi, prompts comme le vent.

« Seigneur, ayez pitié de l'obscurité où je me débats ; Seigneur, faites rayonner sur moi « la lumière de votre front, *lumen vultus tui, Domine...* » L'enfant de ce Lucas me jette de surprise en surprise... Vous, Seigneur, qui tenez sans cesse vos regards arrêtés sur les hommes, particulièrement sur ceux qu'une faveur céleste voua au service de vos autels, vous avez vu mes efforts pour enseigner à cet orphelin à articuler seulement votre nom, et, plus tard, quand il a su murmurer : « Notre Père qui êtes aux Cieux... » toute ma peine pour lui apprendre à lire et à tracer des caractères sur le papier. Ma petite-nièce, comblée de la grâce divine, allait à travers livres et cahiers sans s'arrêter, pareille à une hirondelle regagnant son nid au rebord d'un toit ; Luc demeurait la main et la langue paralysées, empêtré dans la lecture et dans l'écriture, incapable de rien autre chose que de nous dévisager, tantôt moi, tantôt ma petite-nièce, — plus souvent ma petite-nièce que moi.

« Cette dureté d'intelligence me donnait quelquefois des frissons, et tout aussitôt cette idée me traversait : il faut que cet inconnu, ce Taillevent, quitte Figuerolles, émigre vers d'autres contrées. Alors, je pensais aux races maudites dont parlent les *Saintes Écritures*, et je me demandais si, de la souche de Caïn, toujours vivace, quelque rejeton ne venait pas de jaillir chez nous...

« Seigneur, que de jours remplis d'angoisse, que de nuits noyées de pleurs !... Comment décider les Servières et les Rascol, comment décider ma Riquette chérie à se séparer de Luc? Je formais mille projets; mais ces mille projets ne tenaient pas plus chez moi que ne tiennent aux arbres les feuilles en automne, et il me suffisait de voir arriver le matin les deux enfants pour me sentir dépouillé de force et de volonté.

« Ils venaient à moi, la main dans la main, lentement, cueillant des fleurettes au long de l'Aiguetorte, jasant, riant, bondissant... C'était elle qui piaillait le plus fort, cabriolait le plus hardiment parmi les pierrailles du sentier; lui, extraordinaire en tout, parlait doucement, ne hâtait ses pas en nulle façon, marchait dans une sérénité qu'on ne voit, hélas! qu'aux animaux, — aux ânes, par exemple, ou aux moutons...

« Un jour, Riquette ayant tenu ses yeux arrêtés sur son ami, la leçon alla toute seule. Taillevent eut réponse à tout. Oh! pas des réponses développées, mais des réponses suffisantes, marquées par-ci par-là d'un mot, — comment exprimer cela? — d'un mot de lumière. Lorsqu'il parlait, je me sentais l'entendement plus clair, j'y voyais mieux dans mes questions, et, partant, je les lui posais mieux. Saint Jérôme a écrit : « Nous vivons enveloppés de miracles. »

« Qu'on appelle cet enfant trouvé du nom que l'on voudra : *Luc*, *Taillevent*, *Hercule*, car, la semaine passée, mon confrère Turel, de Douch, qui est très ferré sur la Mythologie, l'apercevant au Louvart et admirant sa force, me dit : « *Hercule à travers la Thrace*, » c'est un enfant miraculeux... Aujourd'hui, il s'est ouvert à Frédérique de choses merveilleuses à propos du catéchisme, qu'il sait quand c'est elle qui l'interroge, qu'il ne sait plus quand c'est moi... Et ce baiser que Riquette voulait lui donner derrière les arbres, en secret, et qu'il s'est entêté à ne recevoir qu'à la métairie, en public !...

« Mon Dieu, je m'égare à travers les mystères de la nature humaine. L'homme, du petit enfant au vieillard, est grand comme le ciel dont son âme est un lambeau détaché.

« J'assisterai à la Retraite et je consulterai, sur ces prodiges, Monseigneur d'abord, puis le T. R. P. Taillard, puis encore les Directeurs du grand séminaire, qui n'ont pas oublié peut-être l'humble abbé Alype Lautier, sorti de leurs mains... »

II

LA LEVANTINE DE BEAUCAIRE

Tandis que l'abbé Alype notait sur son Registre de longues observations d'un caractère tout mystique, Frédéric Servières était à des préoccupations autrement positives. Dans les premiers temps, il avait vu avec une satisfaction qui n'allait pas sans d'agréables chatouillements à son amour-propre paternel sa fillette se relever, naître véritablement à la vie. Mais il s'était détourné vite de ces joies pour revenir aux affaires.

Ah ! les affaires !... Ce mot suffisait à le mettre en vibration de la tête aux pieds.

Paulin Aubrespy, l'homme le plus enthousiaste de la Montagne-Noire, comme il en était le plus chevelu, avait fini par enflammer de sa fièvre son associé de l'Espinouze, et l'associé brûlait avec les pétillements d'une bruyère desséchée aux pentes du Roudil. Il faut le reconnaître, les débuts de la maison Aubrespy-Servières et Cie étaient faits pour les ravir d'aise l'un et l'autre. Non seulement, aux foires de Pézenas, de Toulouse, les produits de la nouvelle fabrique du Jaur avaient été enlevés; mais, en juillet dernier, à Beaucaire, sur le grand marché européen, on n'avait pu suffire aux demandes, et on était rentré à Saint-Pons le portefeuille bourré de bonnes traites, les poches combles d'écus.

— Quand je vous le disais!... criait Aubrespy.

Et, sur la grève du Jaur, où il avait attiré son associé pour l'entretenir de la construction d'une annexe à la filature désormais trop étroite, il sautait comme un chat maigre. Le paysan le considérait avec une admiration mêlée d'inquiétude.

— Coûtera-t-elle cher, cette annexe? hasarda-t-il.

— La bagatelle de soixante mille francs environ...

— Eh! eh!...

— Réussissons-nous ou ne réussissons-nous pas?

— Sauf trois échéances en retard, nous réussissons.

— Nous serons, d'ici peu, écrasés de commandes, et, sous peine de voir nos clients nous tourner le dos, nous sommes tenus d'augmenter la fabrication. Ne craignez rien avec moi: je sais sur quel terrain je marche. N'oubliez pas d'ailleurs que nous possédons un magot chez MM. Fermepain Frères, banquiers à Béziers, et que vous n'aurez pas besoin de fouiller les tiroirs de Figuerolles.

— Ils ont été vidés, les tiroirs de Figuerolles... Faut-il vous parler franchement, Aubrespy? Je ne suis pas bien sûr que mes oncles Pierre et Antoine ne soient pas morts de chagrin, en me voyant emporter tant de sacs de mille francs...

— Des bêtises, ces pensées de l'autre monde.

— La mort de mes oncles, qui avaient trimé jusqu'à la dernière goutte de leur sang, ne saurait être une bêtise, articula Frédéric pris d'un attendrissement subit.

— Ne nous conduisons pas comme des enfants. Souvent vous vous êtes plaint à moi de vos oncles, qui ne cessaient de vous gêner dans vos entournures. Dieu les a réclamés? Que Dieu les garde! Dorénavant, vous n'aurez plus personne pour s'opposer à vos volontés.

— J'aurai mon père.

— Il ne vous a jamais empêché d'agir à votre fantaisie, celui-là.

— Il m'aime trop.

— Vous me la baillez belle! Et moi aussi j'ai un père qui m'aime, ce qui n'empêche pas que, si je l'avais écouté, au lieu d'avoir inventé le foulon-Aubrespy, je laverais de la laine avec mes pattes dans l'Agout. L'ambition me gonflait comme un ballon, et je secouai de bonne heure les langes dont je vous vois emmailloté... Croyez-moi, ne songez à Figuerolles que pour étudier le moyen de vous en débarrasser au bénéfice de notre industrie.

— Me débarrasser de Figuerolles?

— Le plus avantageusement possible.

— Jamais mon père ne consentira à une vente de nos biens. Vous faut-il mon sentiment? Cette vente ressemblerait à une injustice, presque à un sacrilège. Du reste, pour que l'envie ne vous reprenne plus de reluquer le domaine des Servières, apprenez que ce domaine appartient à mon grand-père...

— La bonne farce! Votre grand-père est mort depuis vingt-cinq ans.

— Il est mort, en effet, mais il vivra éternellement pour nous, et éternellement nous respecterons l'œuvre qu'il nous a léguée. Jacques Servières, de Castanet-le-Haut, fut un inventeur comme vous, Aubrespy ; seulement, au lieu d'inventer un foulon, il inventa tout un pays...

— Je connais ça : vous m'en avez rebattu les oreilles... Puisqu'elles vous demeurent sacrées, conservez vos jachères broussailleuses et vos étables puantes jusqu'à la consommation des siècles. Je ne vous tenterai plus.

Ils étaient arrivés à l'extrémité d'une haute rangée de peupliers. Le Jaur, maintenant, cheminait sans une tache d'ombre sur ses eaux claires et vives. A vingt mètres, dans la prairie totalement dénudée d'arbres, des draps rouges, accrochés par mille griffettes en fer à de grands cadres de bois, séchaient au soleil. On les aurait crus à l'étuve tant ils fumaient. Aubrespy laissa son associé regarder la rivière et se porta en avant. Il promena, repromena sa main large étalée sur l'étoffe, sonore à force de tension comme la peau d'un tambourin, puis mâchonna trois ou quatre mots entre les dents.

— Que dites-vous ? demanda Frédéric, que l'inventeur fut étonné de voir tout à coup si près de lui.

— Je dis que voilà des pièces fameuses.

— Oui, elles sont fameuses... Et quel rouge magnifique !

— C'est le rouge-Sorbier. Il fut découvert par un ouvrier d'Olargues. Cet ouvrier, qui ne possédait que ses chausses et ses sabots, est millionnaire aujourd'hui.

— Ce rouge-Sorbier a l'éclat des coquelicots du Roudil.

— Le diable emporte votre Roudil ! Vous ne pourrez donc me laisser tranquille avec votre métairie ?

— Je suis paysan avant d'être manufacturier.

11.

— Secouez-vous...

— Je me secoue, car j'aime l'argent; mais j'ai beau faire, la terre me retient aux semelles.

— Vous ne portez ni les braies ballantes, ni le grand feutre de nos montagnards, et, je vous l'assure, dans vos habits de *Monsieur*, vous ne me paraissez pas trop mal dégauchi. Peut-être devriez-vous emprunter quelque chose à mon allure dégagée, élégante; mais chacun a son pas, et le vôtre, pour être lent, ne vous a pas empêché, à Beaucaire, de rejoindre une friponne de Levantine...

— Je vous en prie... supplia-t-il, regardant à la ronde.

— Qui nous entendrait ici? Et lors même qu'on saurait nos fredaines, en quoi cela diminuerait-il notre prestige à Saint-Pons? Le jour, nous remplissions notre sac à gueule ouverte; la nuit, nous batifolions un brin... Que trouvez-vous de mauvais à cela? Croyez-vous, comme les enfants de Roquefixade, que le Démon va vous planter sa fourche aux reins parce que vous, vous avez caressé une juive du Levant, moi, une juive du Maroc? Allez donc voir si les fabricants, accourus à Beaucaire pour y trafiquer, se gênent, quand il s'agit de s'amuser! Beaucaire, pour nos négociants, condamnés onze mois durant au pain sec des épanchements légitimes, c'est la grande fête, la grande réjouissance, et chacun casse son licol.

— Tout de même, quand on est marié, ces folies vous font regret, articula-t-il, déconfit.

En dépit des vilains exemples d'Aubrespy, Frédéric se sentait peu fait pour se risquer hors de la voie étroitement honnête où son grand-père, son père, sa mère, ses oncles avaient tracé leur sillon, où il avait tracé le sien à côté d'eux. D'instinct, il répugnait à tout désordre, à toute dépense dont son plaisir était le but, et nous sommes persuadé que ses amours avec la Levantine de Beaucaire avaient été gouvernées par la plus stricte économie. A la foire, il n'était plus herbager, il était fabricant, et pour ne pas avoir à subir des humiliations de la part de son associé, capable de le railler à la table d'hôte, au café, partout, Il avait rompu sa longe, mais sans enthousiasme, avec sagesse, travaillé à chaque minute par l'envie de la renouer et de retenir les écus.

— Parce que je vous rappelle vos folâtreries, vous voilà caillé comme le lait dans sa faisselle, reprit l'inventeur. Vous avez pu juger si j'ai fait la petite bouche aux distractions, moi.

— Vous n'avez, vous, ni femme, ni enfant...

Un rire fou secoua le foulonnier, agita, bouleversa, emmêla sa chevelure serpentine, la lui rejeta par mèches sur le front.

— Est-ce que vous en savez quelque chose? pouffa-t-il sous sa tignasse ébouriffée.

Il ramassa son chapeau, qui avait fui de sa tête, et, le lançant en l'air de l'entière détente de son bras :

— Les femmes! cria-t-il, les femmes!... Autant en emporte le vent!

Servières, après l'avoir suivi à la course, fut assez heureux pour happer le couvre-chef de son associé, comme il allait boire dans le Jaur. Il le lui rapporta de l'allure d'un bon chien ; puis il lui dit, fâché :

— Aubrespy, nous avons à parler de choses sérieuses. Vous m'obligeriez donc si vous vouliez être sérieux.

— Tout de suite... Je suis farceur; mais, n'ayez crainte, je ne perds jamais la boule.

— Abordons l'affaire de la nouvelle filature...

— Il la faudrait haute de deux étages et assez vaste

pour qu'une vingtaine de métiers y manœuvrassent à l'aise.

— Avez-vous un devis de l'architecte ?

— Il exige une soixantaine de mille francs...

— Juste la somme que nous avons chez MM. Fermepain, et dont certains effets à couvrir ne nous permettent pas de distraire un sou... Et en quel endroit bâtirions-nous ?

— Ici même.

— Mais, quand nous aurons perdu la prairie, où ferons-nous sécher les draps ?

Aubrespy eut un mouvement des épaules et ce recul des jambes familier au bœuf de labour à qui on impose le joug. Notre herbager l'observait avec attention : il avait si souvent attelé les bêtes, à la métairie !

— Est-ce que mes raisonnements vous gêneraient au col, par exemple ! lui demanda-t-il.

— Si vous serrez la courroie d'un cran, je suis étranglé.

— Je ne veux pas votre étranglement ; je veux que vous appreniez de moi à ménager la bourse. Pourquoi ne vous enseignerais-je pas un brin l'économie, quand vous m'avez enseigné tant de choses où je ne voyais goutte ? Je commence à me débrouiller dans les détails de la fabrication, et je crois que nous marcherons bon train si nous savons enrayer la dépense. Il a été dur de gravir la côte et d'arriver où nous en sommes. Pour ma part, je n'ai pas mis moins de cent mille francs à pousser aux roues. La chance est venue, à la fin... Après la montée, la descente... Halte-là ! serrons la mécanique.

— Comment l'entendez-vous, s'il vous plaît ?

— Pour fabriquer les commandes apportées de Beaucaire, notre filature actuelle suffira. Je vous en supplie, écartons les maçons. Dans quelques années, nous reprendrons ce projet. En attendant, travaillons pour nous créer les ressources nécessaires à des agrandissements... Du reste, je veux être franc : mon père, qui vit grâce au ciel et à qui tout appartient à la maison, m'a signifié qu'il ne me ferait plus l'avance d'un denier...

— Tiens, ce vieux!...

Et, sur l'un des draps tendus, Aubrespy se mit à battre l'air des *Treilles*, une ronde antique du pays cévenol.

— A propos, dit le paysan, tirant sa montre, il est quatre heures, et, encore que mon cheval ne s'amuse guère en route, je ne serai pas à Figuerolles avant minuit. Je compte revenir dans une quinzaine...

— Pour placer Riquette aux Ursulines, sans doute?

— Riquette!... On s'occupera d'elle dans un ou deux ans.

— Servières, vous m'invitiez à être sérieux. Je tiens, avant votre départ, à vous fournir la preuve que je le suis dans l'occasion. Il m'a suffi de passer trois jours chez vous pour juger Roquefixade et Figuerolles. C'est un pays de loups, votre pays... Pourquoi ne pas vous établir à Saint-Pons? Vous logeriez à la fabrique comme moi, avec votre femme et votre fille. Votre père, encore très vert, suffirait, aidé des Rascol, à faire marcher la métairie... Vous m'avez avoué que votre femme est d'une tristesse mortelle. Croyez-vous que le Roudil, Tirebosc, le Louvart, tantôt couverts de neige, tantôt de bétail, soit une demeurance bien agréable pour une femme gentille, nièce d'un curé, qui d'ailleurs a été élevée à la ville? Je suis surpris d'une chose : c'est que, dans votre Espinouze sauvage, l'isolement où elle est condamnée à traîner sa vie n'ait pas déjà tué madame Servières...

— C'est mal, Aubrespy, de me chanter ces antiennes d'enterrement.

— Et si son ennui la poussait anx bras d'un... galant?

— Voulez-vous finir, vaurien !

Puis, avec une dignité peu ordinaire chez un paysan :

— Il ne me souvient pas de ce que j'ai pu vous confier, à Beaucaire, en une minute de mauvaise humeur, car j'entre toujours en mauvaise humeur à la pensée que je n'ai qu'une fille, moi qui voudrais posséder une maison pleine d'enfants. Quoi qu'il en soit de mon malheur, je ne saurais vous permettre d'en jaser à bouche que veux-tu. Je vous défends donc de mêler ma femme à nos affaires. Ecoutez ceci et ne l'oubliez pas : si les préoccupations de notre fabrique sont à nous deux, celles de mon intérieur sont à moi, à moi seul.

Le ton était décisif.

— Alors, dans une quinzaine ? lui dit l'inventeur, avec une extrême amabilité.

— Dans une quinzaine, répondit-il froidement.

III

RAYMOND SORBIER, D'OLARGUES

Avant de regagner l'Espinouze, Frédéric visita les dépôts de serge que, de longue date, il avait établis à Saint-Pons. Il constata, non sans tristesse, que la vente de ses produits avait singulièrement baissé. L'heure était proche où, la recette couvrant à peine la dépense, il devrait renoncer à un commerce jadis si fructueux.

Partout, désormais, chez les détaillants, les gros draps à bon marché de Mazamet remplaçaient les rouleaux épais de Figuerolles.

Notre herbager, battant de l'aile, — le mépris des acheteurs pour sa marchandise le blessait au cœur, — notre herbager entra dans la remise de l'*Hôtel de la Couronne*, attela son tilbury, partit au galop.

— Vous êtes en retard ! lui cria quelqu'un.

A ce moment, il sortait de la ville et enfilait la route vers Riols. Il eut un coup d'œil de côté. Il vit Aubrespy, sur l'autre rive du Jaur, aidant les teinturiers de la fabrique à décrocher les draps rouges des hauts montants de bois. L'allure de son cheval ne lui permit pas de répondre au foulonnier ; mais il fut touché de l'aviser, là-bas, attentif à la besogne, ne craignant pas de faire œuvre de ses dix doigts.

« Tout de même, se dit-il entre deux cahots de son véhicule, tout de même cet Aubrespy a du sang dans les veines... Ah ! s'il voulait être moins vicieux ! Ah ! s'il se débarrassait de cette Augustine Signol, qui lui mange le vert et le sec !... Une chose me confond chez cet homme : c'est de voir sa tête, qui bout comme un pot sur le feu, vous jeter sans cesse des idées, comme une ruche qui essaime vous jette sans cesse des abeilles. Pourtant, on n'en peut douter, elle est mal cerclée, sa tête, puisque souvent je l'ai entendue battre la breloque à propos des choses du plus simple bon sens. — Halte, Pacha ! » ajouta-t-il en s'efforçant de refréner son cheval.

La bête arrêtée, Frédéric se planta droit et contempla la fabrique. Il admira la masse imposante des bâtiments, la grande prairie au bas de laquelle la chute du Jaur mettait en branle l'énorme roue de transmission, et éprouva le même mouvement d'indicible orgueil qu'il avait éprouvé jadis quand, du haut du Louvart, il lui était arrivé de regarder Figuerolles immense au pied du Roudil avec les toitures enchevêtrées de la maison d'habitation et des étables, se profilant le long de l'Aiguetorte, à l'infini. Du Louvart, haut situé, il avait cru entendre les tarrines bêler longuement ; de la route de Riols, il entendait grincer les engrenages compliqués de cent machines, et, aujourd'hui de même qu'autrefois, il avait peine à contenir ses transports, qui débordaient en gestes, en paroles brèves, intelligibles pour lui seul.

« On verra bien, bredouillait-il, on verra bien, un jour !... Oh ! Riquette ! ma Riquette !... Bien sûr, ce n'est pas Taillevent qui pourrait éduquer Riquette... Pour la pension de Riquette aux Ursulines, ce ne serait pas la mer à boire, après tout... »

Il fouetta Pacha, qui partit d'un nouvel élan.

On avait dépassé Riols. On s'en allait vers Olargues à travers les châtaigneraies de Prémian. Sous les vastes frondaisons agitées par un vent très vif, les sabots du cheval avaient des résonances assourdies très douces. De temps à autre, des fruits se détachaient des ramures violemment secouées, et les châtaignes, s'échappant du pelon crevé par la chute, s'éparpillaient.

Frédéric entendait ces bruits avec délice, les savourait pour ainsi dire. Il articula dans l'ouragan déchaîné :

« Si seulement ces Rascol, qu'on ne mène pas comme on veut, consentaient à garder à la métairie leur enfant trouvé, de quel aide il me serait plus tard ! Mais ils semblent décidés à lui apprendre un métier. Taillevent, grandi pour la besogne des champs, ira traîner la misère par les villes... Sans parler du service que m'a rendu le fils du brûleur en égayant Riquette, tombée en mélancolie dès le berceau, je l'aime, moi, ce garçon. Il a seize ans, et il est aussi fort qu'un de ces jeunes taureaux de la Camargue que j'ai vus, à Beaucaire, lutter des cornes et des dents contre vingt piqueurs à la fois... L'autre jour, un chien-loup menace de mordre Rascol, qui vieillit et n'a plus la poigne d'autrefois. Taillevent remarque ça. Il saute sur le chien-loup, l'étreint au corps, roule à terre avec lui, et, au risque de se faire mordre les deux mains, rabat l'une sur l'autre les mâchoires de l'animal furieux et le maintient, tandis que Rascol lui passe une solide muselière, le pelotonne avec une corde comme un paquet et le pousse du pied dans un coin... »

Pacha avait franchi le morceau du chemin enfoui sous les châtaigneraies. La route, à présent, se déployait droite et blanche sous la lune à son lever. Le Jaur coulait au loin, ayant l'air de se replier sur lui-même selon les méandres capricieux de son lit, lentement, paresseusement. Soudain, par l'effet d'un coup de vent descendu des crêtes du Saumail avec un fracas de tempête, la rivière se plissa, se hérissa, se cabra. On eût cru quelque gigantesque reptile, papelonné d'écailles luisantes, dressant sa tête formidable, battant les eaux de sa queue démesurée.

Servières courait, courait devant lui, insensible aux beautés de cette nuit violente et néanmoins claire comme le jour, car des milliers d'étoiles criblant le ciel de la ligne d'horizon au zénith, la lumière était partout épandue.

L'arche unique, spacieuse, très haute d'un pont jeté sur le Jaur, se dessina comme un grand œil clignotant sur les eaux. A la même seconde, une sonnerie s'ébranlait au sommet d'une tour, de l'autre côté de la rivière.

Notre herbager retint sa bête ; puis il s'attarda à compter les coups de l'horloge. Neuf heures. Pas un lampion dans le bourg, dont les maisonnettes éclatantes sous un firmament d'agate ressemblaient à de populeuses tarrines accroupies, après des journées de marche, dans la fraîcheur de la nuit.

« Olargues!... » marmotta-t-il.

Il rendit aise à Pacha, qui poursuivit vers La Trivale.

« Olargues ! Olargues !... » répétait-il, trouvant à mâcher, à remâcher ce mot je ne sais quelle saveur de fruit mûr.

Pensait-il à son oncle, l'abbé Alype, jadis vicaire à Olargues ? Pourquoi penserait-il à l'abbé Alype, dont il ne se préoccupait nullement à l'ordinaire, dont plus d'une fois il avait essuyé des observations désobligeantes dans leur timidité, tant à propos de ses entreprises à Saint-Pons que de son attitude à Figuerolles, dans son foyer ?... Frédéric, que les moindres incidents ramenaient à des idées de lucre, en se trouvant vis-à-vis d'Olargues, le pays natal de Raymond Sorbier, l'heureux inventeur du rouge-Sorbier, n'avait de cœur et de cervelle que pour Raymond Sorbier.

Ce paysan était généreux et tendre à sa façon : quand il voulait devenir riche, c'était moins pour lui, sobre et rude, que pour les siens. Dans son rêve éblouissant, Riquette, cet unique rejeton de sa souche qu'il lui importait de monter, un jour, très haut parmi le monde doré des villes, occupait la première place ; mais, par une irrésistible impulsion du sang, après sa fille, venait son père, son père toujours debout comme un chêne plus robuste au milieu de tant d'autres chênes abattus.

Chose surprenante ! Frédéric ne mêlait aucunement

sa femme aux visions radieuses de l'avenir. Cet homme
entier avait obéi à la loi commune, à la loi brutale de
la vie ; il avait même goûté avec Madeleine, aux premiers temps de leur union, je ne sais quel oubli de lui-même, quelle méconnaissance de ses instincts positifs,
dont le souvenir le poursuivait à certaines heures, lui
procurait un enivrement tout ensemble capiteux et
doux. Mais il ne savait pourquoi, deux ans après la
naissance de sa fille, pris d'une colère farouche à la
découverte qu'il ne devait pas attendre d'autre héritier
qu'une enfant malingre et souffreteuse, il avait bondi
hors du mariage ainsi qu'un loup de Tirebosc hors
d'une fosse dans les bois. De toute évidence, il n'aurait
pas dû épouser Madeleine Lautier, trop fine, trop délicate, trop mignonne, trop raisonneuse surtout, mais une
paysanne de l'Espinouze, ergotée, solide des reins, qui
n'aurait jamais eu un mot à lui opposer, se serait contentée d'être la mère d'une ribambelle d'enfants... Oh !
les enfants !... il repensait à Riquette, et des larmes lui
emplissaient les yeux.

Servières avait laissé le Jaur derrière lui ; il longeait
à présent la rivière d'Orb, grossie, débordant jusque
sur la route. Il traversa le village de Colombières
endormi. Il ruminait ses chagrins intimes, cherchait à
se les expliquer sans y parvenir, prenait des résolutions, les abandonnait aussitôt prises, en arrêtait de
nouvelles, puis laissait fuir ces dernières de sa tête
obsédée comme les premières en avaient fui. Parfois,
son esprit troublé redevenait tout à coup lucide. C'était
quand il s'arrêtait de nouveau à la destinée de Raymond Sorbier. Il connaissait sur le bout du doigt l'histoire de cet homme extraordinaire, — une des légendes
du pays. Sorbier avait découvert un rouge inaltérable,
indélébile, avait pu le faire adopter pour teindre les

draps de l'armée et avait réalisé des millions... Et le foulon-Aubrespy ?...

Frédéric touchait à la vieille église carlovingienne de Saint-Pierre-de-Rèdes, cachée parmi les ronces, à trois pas au-dessus du chemin ; il fit le signe de la croix. Incontinent, une idée riante le traversa : Raymond Sorbier, dans sa vaste maison du faubourg Saint-Louis, à Bédarieux, n'avait eu qu'une fille comme il n'avait eu, lui, qu'une fille, à Figuerolles, dans sa vaste métairie. Il succomba à la tentation d'un nouveau soliloque :

« Quand je songe pourtant que ce Raymond Sorbier, de race ouvrière, a été capable de s'élever par sa fortune jusqu'à marier sa fille unique, mademoiselle Raymonde, au plus jeune des frères Fermepain, de Béziers, à M. Fermepain *Junior*, — un flambeau pour la banque !... Si Riquette !... C'est vrai, moi je suis un campagnard renforcé : on sent, dans mes paroles, dans mes actes, le goût de la terre cévenole, dont j'ai été nourri pour ainsi dire. Mais, encore que ma fillette me ressemble de visage, je n'ai pas été seul à la mettre au monde : il a fallu sa mère, dont elle a les mines, les reparties... J'ai joliment changé, moi ! En des temps qui ne sont pas anciens, j'aimais tant le caractère, les humeurs, les airs de ma femme ! Comment se fait-il que je ne les aime plus ? comment se fait-il que ce qui me touchait autrefois m'irrite maintenant ? Ce n'est pas sa faute après tout, à ma pauvre Madeleine, si, épuisée par de premières couches, la fête d'un nouveau baptême ne peut pas être chômée chez nous. Tandis que les Servières ont la force des châtaigniers de l'Espinouze, où ils sont nés, les Lautier plient au moindre vent, pareils aux osiers de Villemagne, leur pays. Voyez cet Alype, plus long qu'une amarine et plus flexible !... »

Pacha avait modéré son allure. Il montait la côte des

Treize-Vents, et la côte est longue, escarpée. Servières s'interrompit. Il laissa errer ses regards. Au-dessous de lui, la rivière de Mare, torrentueuse, gonflée, avait envahi les prairies aux environs de Villemagne; elle menaçait d'entrer dans le village. Il eut une pensée tendre : sa femme n'habitait plus là, elle habitait Figuerolles, un endroit tranquille, abrité derrière le haut rempart du Roudil.

« Il faut qu'il ait plu à verse par ici, bredouilla-t-il. — Va donc, toi, grand flandrin..... »

Pacha, soit fatigue, soit ennui, car la bise, d'une âpreté extrême, lui hérissait partout le poil et lui chassait dans les yeux d'énormes gouttes de pluie, Pacha tirait nonchalamment sur ses traits.

— Tu ne vois donc pas, *imbecillas*, que, si le vent cède, nous sommes noyés !

Le cheval trottina.

Notre herbager, ressaisi par ses préoccupations, continuait à penser tout haut :

« Certainement, ces Lautier sont pour la force de véritables fétus ; mais ils ont quelque chose que les Servières n'ont pas, que les Servières sont incapables d'avoir : ils savent parler, trouver des mots qui tantôt font peine, tantôt plaisir, et que nous autres, gens de la terre, nous serions bien embarrassés de dire, que nous dirions tout de travers. Mon Dieu, cela se comprend quand il s'agit d'Alype et de Madeleine, éduqués au séminaire ou au couvent; mais cela ne se comprend plus quand il s'agit de Riquette, qui n'a quitté Figuerolles de sa vie. Elle vous a des répliques, elle vous soutient des raisonnements qui ne lui viennent pas des Servières, mais des Lautier. Avec quel courage, lorsqu'il est arrivé à sa mère de me tenir tête, elle lui a prêté plus d'une fois le secours de son esprit ! Le courage, chez ma fille, tient de moi, qui me battrais contre cent ennemis ; son esprit tient de sa mère, qui, par toute espèce de raisons qu'elle découvre, a bientôt mis ma tête *à quia*... Est-il certain que je n'en aie pas souvent voulu à Madeleine de me mettre au pied du mur ? Elle parlait, et moi, ne trouvant pas une réplique, j'entrais en fureur... Tout de même il est heureux que sa religion me l'ait gardée, car, selon le dire d'Aubrespy, elle aurait bien pu se donner, un beau jour, quelque galant. On en découvre, des galants, dans l'Espinouze, comme partout... »

Après un silence :

« Riquette élevée aux Ursulines deviendrait, pareillement à mademoiselle Raymonde Sorbier, une jeune personne très instruite... Je me propose de tenir Aubrespy en bride. La fabrique, où j'aurai l'œil de plus en plus, ne peut manquer de nous enrichir... D'ailleurs, Riquette, viennent ses dix-huit ans, sera si jolie ! Déjà tout brille en elle : ses yeux en premier, puis son teint plus frais qu'une rosette des haies, puis... »

Un coup de tonnerre lui coupa la parole. L'Espinouze, au loin, découvrit sa lourde masse, où s'allumèrent vingt incendies à la fois. Plus un souffle, plus une goutte d'eau dans l'air, devenu subitement opaque, écrasant. Après la montée droite des *Treize-Vents*, on descendait les pentes rapides vers Saint-Gervais. Pacha volait, affolé par les éclairs. Il enfila une rue, une autre, et s'arrêta à la porte de l'*Auberge des Trois-Mages*, chez Victor Lenthéric.

— Nous coucherons ici, lui dit son maître. — Lenthéric ! Lenthéric ! appela-t-il.

Un homme parut. Servières lui jeta les rênes de son cheval.

IV

« BAPTÊME SOUS CONDITION »

L'abbé Alype revint de Montpellier « porté par les anges ». Non seulement le T. R. P. Taillard, après lui avoir du haut de la chaire remué l'âme dans ses intimes profondeurs, l'avait accueilli avec bonté au confessionnal; mais Monseigneur s'était montré d'une bienveillance extrême, d'une affabilité touchante. Quand, en effet, la Retraite achevée, il avait osé se présenter au palais épiscopal et solliciter une audience de Sa Grandeur, Sa Grandeur ne l'avait-elle pas reçu tout de suite, lui, le pauvre desservant Alype Lautier, de Roquefixade-sous-Roudil, le poste le plus infime du diocèse? Et comme, en balbutiant, il entretenait Monseigneur de ses doutes sur la véritable religion de Luc, avec quelle bonne grâce l'évêque, l'interrompant, lui avait dit :

— Mon cher curé, je vous autorise à administrer à l'enfant de ce brûleur de vin « le baptême sous condition ».

En remontant vers l'Espinouze, Alype se sentait alerte, léger; il tirait droit sans la moindre fatigue, le plus petit essoufflement. De Castenet-le-Haut, où la diligence l'avait laissé, jusqu'à sa paroisse, il conserva l'impression qu'il avait des ailes, qu'il volait. C'étaient les premiers fruits de la Retraite, suivie avec une ferveur si passionnée... On devine de quelle abondance il dut s'épancher dans son Registre ! Attentif à ne rien omettre de ses béatitudes intérieures, il s'y déversa durant plusieurs jours. Nous ne voulons retenir que ces lignes de ses épanchements interminables :

« Aujourd'hui samedi, le Seigneur a fait des prodiges dans ce misérable presbytère de campagne où sa Miséricorde m'a placé. Je n'en puis douter, la grâce dont j'ai été inondé au grand séminaire agit encore, et agit maintenant sur les autres, après avoir agi sur moi. — Dieu a vaincu, Dieu règne, Dieu commande, *Christus vincit, Christus regnat, Christus imperat.* »

« Riquette, que j'avais hâte de revoir, était depuis le matin à la maison avec sa mère. L'air commence à devenir piquant chez nous dès octobre, et tous trois, — je devrais écrire tous quatre, car Naniche rôdait par là, — nous nous étions assis devant une flambée de bruyères sèches. J'édifiais mes nièces, ma servante, par le récit détaillé des belles cérémonies, présidées par Monseigneur, qui ouvrent et clôturent la Retraite ; puis je m'évertuais à enrichir le récit de mes impressions personnelles... Un coup ébranle la porte de la cure, sur la rue.

« — Taillevent ! s'écrie Riquette.

« — Eh quoi! lui dis-je, tu appelles ton ami Luc : *Taillevent*, comme les méchants garçons du village?

« — Souvent je l'appelle aussi *mon chien*, et il faut qu'il m'obéisse. J'ai deux chiens : Fitou et lui.

« — Tu offenses le ciel, mon enfant. Un homme, fait à l'image de Dieu, ne saurait être comparé à un chien...

« — Il m'appelle bien *Prunelle*, lui, quand il s'y met...

« — Comment, il ose?...

« — Et si c'est moi qui le lui ai demandé !... Est-il mon camarade, oui ou non? Est-il pour moi comme un frère que j'ai trouvé à la maison en naissant?

« — Ton camarade, oui ; pour ton frère...

« Ma gouvernante avait entrebâillé la porte du Salon et tenait Taillevent en respect.

« — Naniche, vas-tu laisser Luc tranquille ! se récrie Riquette.

« En articulant ces mots, elle court à Taillevent.

« — Assieds-toi là, lui dit-elle.

« Il prend le siège indiqué. Sur son visage, assurément plus beau que celui de n'importe quel pâtre de l'Espinouze, passe une grande clarté. Ce ne peut être un coup de soleil, car le temps est couvert aujourd'hui. Je regarde mieux : Taillevent assis sourit à Riquette debout.

« — Quel joli sourire il a ! dis-je à Madeleine.

« — Un sourire céleste, me souffle-t-elle.

« Mais Riquette ouvre le bec et babille :

« — Vois-tu, mon Lucou, il s'agit de ta première communion. Je veux que tu la fasses, à la fin. C'est pour ça que je t'ai prévenu de venir me trouver ici. Puisque tu te troubles avec M. le curé, moi, moi seule, je t'interrogerai... — Ça vous est égal, n'est-ce pas, mon oncle ? — Attention, Luc ! Je commence par les *Commandements de Dieu*...

« Riquette commence en effet, et Taillevent, ses deux yeux rivés sur elle, va, va sans s'arrêter, la parole nette, précise, et par intervalles plus lumineuse, plus abondante que le catéchisme lui-même. J'écoute émerveillé...

« Je n'y tiens plus. Je saute à Taillevent, resplendissant de vérité, m'éclairant dans mon presbytère comme Jésus, enfant, éclaira dans le temple les Docteurs de la Loi, et je l'embrasse avec amour et — pourquoi ne pas vous l'avouer ? — avec une sorte de respect. Je dis à ce cher petit, devenu un jeune homme magnifique :

« — Dieu, qui t'aime et t'illumine dans l'abandon où tu es de toute attache terrestre, veut te combler de ses faveurs. Demain dimanche, au vu et au su de toute la paroisse, non seulement tu feras ta première communion, mais, dans la matinée, avant le troisième coup de la grand'messe, je t'administrerai le saint baptême. Peut-être as-tu été baptisé, peut-être tes parents, sans cesse en voyage pour gagner leur vie, ont-ils négligé de te présenter sur les fonts baptismaux. Dans le doute, comme il importe que ton âme entre un jour librement au ciel, tu recevras « sous condition » le premier et le plus haut de tous les sacrements, « le sacrement de la délivrance », pour rappeler les paroles de saint Ambroise... A présent, va à l'église ; je t'y rejoindrai pour entendre ta confession.

« Taillevent se retirait, réservé, recueilli, ce qui est sa façon d'être ordinaire, quand Riquette le saisit à la manche de sa veste ; puis, me regardant :

« — A propos, mon oncle, voici deux mois que j'ai fait ma première communion..., et, si vous le permettiez, je renouvellerais, demain... J'aimerais tant accompagner Luc à la Sainte-Table !

« — Ce serait très gentil. Mais il faudrait...

« — Soyez sans crainte, je me confesserai, moi aussi... Je vous attendrai au confessionnal avec Luc...

« Elle disparaît, entraînant son ami. »

Le lendemain, ce fut la fête de Taillevent ; mais ce fut surtout la fête des Rascol. Ces braves gens, prévenus la veille, s'endimanchèrent de bonne heure et endimanchèrent Luc, calme, affectueux, souriant de ce sourire que Madeleine trouvait « céleste ».

— Avec tes cheveux dorés qui flottent, tu es beau comme le soleil, lui disait la Cambotte, clopinant autour de lui pour l'attifer, le bichonner.

— C'est vrai, femme, qu'il est superbe, notre Luc ! qu'il est superbe ! répétait Rascol, rasé de frais, noyé dans ses immenses chausses de serge à pont, dans sa casaque à pochettes, dépouillé de son tablier de cuir, la dégaine libre.

Fitou, le beau chien Fitou, était là en arrêt, ses deux yeux jaunes braqués sur Taillevent. Il grattait de l'ongle la terre battue de la chambre, avec des abois mâchés aussi courts et troublés que des miaulements de chat, levait une patte, la laissait retomber, s'étirait le cou, flairait l'air à la ronde, dressait ses oreilles, agitait sa queue, tantôt souple, tantôt raidie, selon l'impression qui le traversait, puis s'aplatissait des quatre membres contre le sol.

— Tu ne sais donc pas, grand *Nicodème*, lui dit Luc, qu'aujourd'hui M. le curé Alype va me baptiser et me faire faire ma première communion?

Fitou ne savait pas cela. En l'apprenant, il bondit d'un élan fou à travers la pièce, et ses abois eurent des retentissements si prolongés, que cent autres répondirent du haut du Louvart et du Roudil. Les chiens des tarrines avaient entendu et ébranlaient les échos.

— Eh bien? eh bien?... s'écria Riquette, paraissant au seuil de la porte dans sa robe de la fête de Notre-Dame, sa blanche robe de première communiante.

Elle donna une tape à Fitou, qui demeura coi, puis alla vers Taillevent et épingla à la boutonnière gauche de sa veste en drap bleu de Saint-Pons, — du drap d'Aubrespy, — une branchette de bruyère rose mêlée de trois brins de genêt.

— Ce bouquet pour toi, mon Lucou, lui dit-elle.

— Et vous, ne vous fleurirez-vous pas, notre demoiselle? lui demanda-t-il.

— Moi, je me suis déjà agenouillée à la Sainte-Table, tandis que toi...

— Alors, ce bouquet est pour le bon Dieu, non pour moi?

— C'est mon souvenir pour toi.
— Je le garderai.
Et, se retournant :
— Ma mère Cambotte, quand nous serons revenus de l'église, vous me serrerez le bouquet de Mademoiselle dans votre armoire, qui ferme à clé. Je ne voudrais pas le perdre, et je ne voudrais pas qu'on y touche. Tout au long de ma vie, j'aurai ça pour me rappeler mon bonheur d'aujourd'hui.
— Donc, tu es heureux, mon petiot chéri ? interrogea la Cambotte, rayonnante.
— M. le curé m'a recommandé d'être heureux, et je le suis. Tout le monde l'est d'ailleurs ici, même Fitou.

En entendant son nom, le chien crut à un appel. Il se dressa sur son arrière-train et, debout, plus haut que Riquette, aussi haut que Taillevent, il eut un jappement vaguement articulé, quelque chose comme des paroles.

— Tu veux venir avec nous sans doute ? lui dit son maître.

Fitou, prompt à la riposte, s'élance dans la cour, enfile e sentier vers Roquefixade.

Dans la petite chapelle des fonts baptismaux, où Rascol et la Cambotte l'assistaient en qualité de parrain et de marraine, Luc de Lucas eut une attitude de respect, de dignité surprenante. Questionné par M. le curé, il répondit juste les mots nécessaires, pas un de plus. A le voir si noble et si simple, c'était à se demander si, comme dans les contes de fées, la Cambotte, au lieu de trouver sous les murs du château de Cazilhac le fils perdu d'un pauvre brûleur de vin, ce n'était pas le fils d'un Roi qu'elle avait trouvé.

— Quelle tenue, ce Luc ! quelle tenue ! ne cessait de répéter Frédéric. Ne penserait-on pas un enfant de riche !

— Je ne l'ai jamais vu si beau, lui répondait Madeleine.

— Il n'a pas le moins du monde une figure de ces pays.

— Sait-on si ce Lucas, durant ses voyages, ne vola pas l'enfant de quelque famille très distinguée ?

— Il est de fait que ces brûleurs sont de grands vagabonds, et peut-être... Tiens ! regarde-moi ce garçon marcher entre la Cambotte et Rascol.

La cérémonie du baptême était terminée, et Taillevent, flanqué de sa marraine et de son parrain, s'avançait vers le haut de l'église, où des chaises disposées vis-à-vis de la Sainte-Table les attendaient tous les trois. La Cambotte boitait plus que d'habitude, Rascol buttait contre les dalles ébréchées, troublés l'un et l'autre par cette fête solennelle, intimidés par les regards de la paroisse arrêtés sur eux. Le néophyte, lui, allait paisible, la tête bien droite, dans une incomparable sérénité de son être reposé, comme nouveau. S'il eût été donné à l'abbé Alype, qui en ce moment s'habillait pour la messe, de le voir, il aurait trouvé des paroles enthousiastes pour faire remarquer à ses ouailles l'éclat dont « l'onde régénératrice du baptême » enveloppait ce chrétien, « tout brillant de gloire, *gloria fulgens* ».

Aux approches du chœur, Riquette prit les devants pour indiquer elle-même à son *Lucou* le siège qu'il devait occuper. La renouvelante, plus brune à la fois et plus éclatante dans la blancheur de sa robe et de son voile, paraissait très affairée. Il serait difficile de démêler les sentiments confus qui, depuis le départ de la métairie, bouleversaient l'âme candide de cette enfant. Par exemple, il en était un qui émanait d'elle à son insu, irrésistiblement : une magnifique fierté. Oui, elle était fière de son ami à en rire et à en pleurer, car elle ne pouvait se rendre compte de cette disposition singulière : à présent, ses lèvres ébauchaient un sourire ; puis des larmes lui débordaient les paupières de toutes parts.

— Oh ! merci, notre demoiselle, lui dit Luc, prenant la chaise qu'elle lui tendait.

Et, au moment de s'asseoir, il ajouta :

— Une voix, dans un coin de ma tête, m'assurait que vous étiez là à vous occuper de moi. C'est le bon Dieu qui l'ordonne ainsi, du haut du ciel..

— Oui, c'est le bon Dieu...

M. le curé, une main posée sur l'étui du corporal, précédé de quatre acolytes, sortait de la sacristie.

« Ma foi, pensait Riquette, regagnant sa place à côté de sa mère, ma foi, mon oncle fait bien d'arriver, car encore deux mots et j'ignore si je n'aurais pas sauté au cou de Luc... Il est si gentil ! Quelle différence entre ses yeux et mes yeux ! Les siens sont bien plus parlants que les miens. C'est drôle qu'il y ait des yeux de cent couleurs. Ceux de Luc sont bleus, ceux de Fitou jaunes, les miens noirs. Tout de même, les bleus sont les plus beaux... »

L'instant de la communion venu, la Cambotte et Rascol, qui devaient, eux aussi, se présenter à la Sainte-Table, se levèrent les premiers et, mine absorbée, mains jointes, rigides comme des statues, glissèrent un pas en avant. Luc les suivit attentif, sérieux, et tomba à genoux sur la margelle du chœur, entre sa marraine et son parrain courbés, la nappe blanche au menton. Frédérique, debout, ses deux bras pieusement, chastement croisés sur sa poitrine, regardait avec des yeux très vagues, sans l'obstacle de son voile rejeté en arrière, et ses lèvres murmuraient doucement une prière. Au troisième « *Domine, non sum dignus* » de M. le curé, à son tour elle marcha vers la Sainte-Table. Elle allait avec un empressement qui tenait du vol. En traversant l'église, car elle se tenait au banc de sa famille, non à des places privilégiées, ses manches gonflées d'air, son voile flottant, ses longs cheveux mal retenus la firent ressembler à un de ces beaux anges de Fra Beato, tout ailés de la tête aux pieds.

— Annette, souffla-t-elle à la Cambotte, écartez-vous, j'ai besoin de renouveler à côté de Luc.

L'abbé Alype arrivait, le saint ciboire ouvert, l'hostie entre le pouce et l'index. Il administra la communion à Prunelle et à Taillevent.

Après l'*Ite, missa est*, l'église se désemplit; les paysans se répandirent sur la Place, où retentissait un grand bruit de paroles mêlées à de joyeux aboiements de chiens. Fitou se trouvait dans la bande des jappeurs sans doute. Frédéric eut un signe, et l'on se disposa à sortir. Mais, à cette minute même, M. le curé parut au seuil de la sacristie.

— Venez tous ! chuchote-t-il.

Ils accourent.

— Luc, dit-il, ni ta marraine, ni ton parrain, ni toi vous ne savez le latin, et certainement vous ne vous êtes pas aperçu qu'en te baptisant tout à l'heure, je t'ai appelé *Taillevent*, en langage liturgique « TAILLAVENTUS ». Deux raisons m'ont déterminé à en agir ainsi : le nom de Taillevent, sous lequel désormais tu es inscrit au ciel, en te rappelant à jamais l'endroit où tu fus recueilli, ne fera que rendre plus vifs chez toi les sentiments de reconnaissance que tu dois à Annette Rascol ; puis j'ai tenu, en faisant du nom de Taillevent ton véritable et légitime nom, à te relever de l'affront qu'on avait voulu t'infliger en t'appelant ainsi par dérision. Du reste, ces motifs et d'autres se trouveront relatés dans ton acte de baptême, sur le registre paroissial.

— Merci, monsieur le curé, articula Luc.

— Oh ! merci, monsieur le curé, sanglotèrent ensemble la Cambotte et Rascol.

— Maintenant, allez en paix ! conclut l'abbé.

V

LE GUÉ DU BIDOURLAT

A quelque temps de là, par une de ces après-midi douces encore, mais où percent les premières froidures de l'automne, tout notre monde partit pour La Fresnaye. Les tarrines étant à la veille de descendre vers la plaine, les Servières, préoccupés des semailles prochaines, tenaient à se rendre compte de l'état des terres, après le long séjour des troupeaux. — La fumure s'offrait-elle égale partout ?... Faudrait-il profiter des derniers jours pour déplacer encore une fois les parcs et féconder des coins oubliés ? — On allait à travers champs. De temps à autre, les propriétaires de Figuerolles demeuraient plantés. Alors, Jérôme à droite, Frédéric à gauche, enfonçaient leur bâton ferré dans le sol, en quête d'un renseignement. De quelles narines ils humaient l'air, quand la terre remuée leur envoyait ses odeurs au nez !

— Tout marchera pour le mieux, disait l'un.

— Nous récolterons des seigles et des avoines superbes, ajoutait l'autre.

— Vous comprenez, maître, intervint une fois Rascol, s'adressant à Frédéric, vous comprenez que je me suis occupé des bêtes, moi. M. Jérôme ne manque pas de courage certes, mais les ans lui tombent dessus, et, puisque vous cheminiez vers Beaucaire ou vers Saint-Pons, il fallait bien quelqu'un pour veiller aux choses d'ici. J'y ai veillé.

— Comme un bon serviteur, murmura Alype, essoufflé.

— Seriez-vous las, mon oncle ? lui demanda Madeleine.

— Plaisantes-tu, ma fille !... La Fresnaye est une annexe de ma paroisse, et il ne se passe guère de semaine que je n'y sois appelé...

— Enfin, viendrez-vous, vous autres, ou ne viendrez-vous pas ? s'écria Riquette, s'échappant d'un bouquet de chênes verts.

— Frédérique !... lui dit son père sévèrement.

— Pardi ! reprit-elle, pourvu que vous continuiez de ce pas, nous arriverons à la nuit. Il n'y a pas de lit à La Fresnaye... Vous devriez être honteux. La Cambotte est boiteuse, elle est chargée, car elle porte du *caillé* pour nous faire goûter, et elle a trois cents pas d'avance sur vous.

Elle s'engouffra dans les chênes verts, qui secouèrent sur elle un nuage de poussière, et disparut avec ce cri :

— Fitou ! Fitou !

Chacun suivait des yeux Riquette filant à travers le Louvart pelé, crevassé déjà pour emmagasiner la neige féconde, la neige, cette fumure des hautes plaines près du ciel. Fitou, qui n'avait pas osé accompagner sa maîtresse jusqu'au bout par crainte de Rascol, l'homme au fouet noueux, Fitou, tapi à distance, la rejoignit, et il galopait à côté d'elle, derrière elle, en avant d'elle, gueule sonnante et queue dressée.

— C'est égal, ma chère Madeleine, dit Frédéric, attentif à la course de sa fille, il ne faudra guère tarder à nous occuper de Riquette. Elle est charmante, notre petite, et sa pétulance ne me déplaît aucunement. Je devine toutefois qu'elle ne doit pas continuer à agir comme elle agit, à parler comme elle parle. Il est nécessaire qu'elle devienne une enfant plus posée, plus discrète. Je voudrais qu'elle ressemblât, plus tard, à mademoiselle Raymonde Sorbier, aujourd'hui madame Maurice Fermepain *Junior...*

— Qu'elle ressemble, un jour, à sa mère !... interrompit Jérôme en se retournant vers sa belle-fille.

— Sans doute, mon père, sans doute, et je serais trop heureux. Mais, pensez-y, ce n'est pas à Villemagne, au milieu des ouvriers vanniers, que Madeleine apprit ce qu'elle sait, qu'elle acquit les manières que nous lui voyons.

— En effet, c'est au couvent, intervint Alype.

Frédéric sourit à sa femme ; puis, la voix troublée :

— Ma chère amie, tu es la maîtresse, et rien ne sera fait qu'avec ta permission...

Il s'arrêta, épuisé par cet énorme effort de tendresse. Madeleine, peu accoutumée à la soumission de celui qui gouvernait autour d'elle jalousement, violemment, le regardait, muette, saisie. Mais un cœur que l'amour a une fois possédé demeure vulnérable : pénétrée d'une chaleur depuis longtemps inconnue, elle sentit sa langue glacée se délier, et, se rendant à merci, elle articula ces simples mots :

— Oui, mon Frédéric, oui...

— Alors, tu consentirais à te séparer de Riquette ?

— Me séparer de Riquette !...

— Oh ! ne t'alarme point. Il ne s'agit pas d'envoyer Riquette à Saint-Pons tout de suite... Nous verrons plus tard... D'ailleurs, je suis disposé à ne plus te contrarier... non jamais plus. J'en fais le serment devant mon père et mon oncle, je veux que tu sois heureuse... J'ai réfléchi... J'ai compris mes torts...

— Mon Frédéric !... balbutia-t-elle.

— O mon fils !... bredouilla Jérôme.

— Mon enfant ! mon enfant !... répétait Alype.

Rascol, à quelque distance, avait tout entendu ; il demeura muet, mais deux fois il passa la manche de sa veste sur ses yeux.

Le Louvart, cultivé aux environs immédiats de Figuerolles, présentait maintenant une échine nue, rocailleuse, absolument improductive. Des avalanches de pierres roulées avaient glissé à droite des hautes crêtes du Roudil, à gauche des sommets plus hauts du Caroux, et le sol s'en trouvait engravé à plusieurs mètres de profondeur. Nulle végétation ou à peu près. Par-ci par-là, parmi les cailloux, des paquets d'euphorbes, de rares touffes de romarin, de mauves sauvages éparpillées ; puis, à la cime d'un roc, en une fente où les vents avaient patiemment déposé trois pincées de terre, une splendide gentiane à clochettes roses ou un bel arnica jaune épanoui. Pour la plupart, ces plantes clairsemées, mordues, dévastées, diminuées au passage par les tarrines, affichaient un air malheureux qui navrait. L'euphorbe seule, que son lait empoisonné préserve de la dent des bêtes, étalait ses feuilles charnues avec orgueil, formant en certains endroits d'énormes haies broussailleuses aussi redoutables aux hommes qu'aux animaux.

— ... Cet Aubrespy, je vous le promets, s'amendera, poursuivait Frédéric. Il me donne du mal, sapristi ! mais je suis têtu, et je finirai par briser son vice comme verre.

— Son vice ?... interrogea Jérôme.

— Si Aubrespy n'a qu'un vice, il est bien heureux, marmotta Alype avec une gaieté ingénue.

— Malheureusement, son vice en vaut plusieurs, repartit Frédéric : il est double, il est triple, il est quadruple...

— Mon Dieu ! gémit le desservant, serait-ce le vice dont parle saint Jean dans l'*Apocalypse*, « le vice de la bête » ?

— Je l'ignore, mon oncle, n'ayant jamais lu l'*Apocalypse*. Ce que je puis vous affirmer, c'est qu'Aubrespy est plus porté aux femmes que ne le sont les hommes en général.

— Juste, « le vice de la bête ! le vice de la bête » ! répéta l'abbé, rougissant jusqu'au blanc des yeux.

— Mon fils, intervint Jérôme, cet Aubrespy ne vaut pas les quatre fers d'un chien ! Si tu ne te retires tôt des griffes de ce foulonnier, il nous mangera jusqu'à la dernière chemise. L'homme adonné aux femmes finit mal.

— Puisque je vous dis, mon père, qu'il est en train de se ranger. Vous faut-il un détail ? Il avait une grande amitié pour une fille de Riols. J'apprends cela et je lui fais honte de sa conduite. Le soir même, il chassait Augustine...

— Augustine ?... pleurnicha l'abbé.

— Augustine Signol... Du reste, il a agi prudemment en se débarrassant de cette créature. « Si je rencontre votre maîtresse dans la fabrique, lui avais-je dit, je la prends au cou entre mes dix doigts et l'étrangle... »

Frédéric s'était arrêté ; ses cheveux droits imprimaient de légères secousses à son chapeau.

— Quel sang terrible, Seigneur ! s'écria l'oncle Alype.

— C'est le sang des Servières ! riposta-t-il, repoussant l'abbé, qui s'abattit sur les cailloux.

— Aïe ! gloussa-t-il.

Son neveu le releva d'un coup de griffe.

— Il n'y a aucun mal... il n'y a aucun mal... murmurait le brave homme, enchanté de sa chute.

— O Frédéric !... soupira Madeleine, moitié fâchée, moitié heureuse.

Une fois encore il succomba à son cœur et doucement la baisa au front. Puis il lui soupira de sa voix des premiers temps, retrouvée par miracle :

— Toi, Madeleine, tu es un ange que j'aurais dû adorer... à genoux.

Il paraissait bouleversé... Nul ne trouva un mot : l'émotion était trop poignante chez tous.

Le Louvart déroulait ses étendues pelées, galeuses, trouées çà et là de vastes déchirures blanchâtres, chemins de neiges fondues, lits de torrents. A certains endroits, de légers nuages en course à travers le ciel, pris de biais par le soleil encore puissant, semaient la lande de taches brunâtres et mouvantes. On aurait cru les tarrines en marche déjà vers les bas pays.

— Regardez ! s'écria Frédéric, et dites-moi s'il ne serait pas temps de songer à l'éducation de Riquette.

On était parvenu au bord du Bidourlat, ruisseau qui se précipite en cascade d'une échancrure de l'Espinouze, traverse les bois de Tirebosc, le hameau de La Fresnaye, et cabriole vers la rivière de Mare, où il se perd. Le Bidourlat, grossi par les orages de la fin de l'été, se démenait bruyamment parmi les rochers de ses rives, et, au milieu de l'eau rougeâtre, tumultueuse, apparaissait Taillevent, Riquette posée sur son épaule droite. Fitou nageant à côté de lui.

— Êtes-vous fous ! glapit Alype.

— N'ayez crainte, monsieur le curé, répondit Luc.

— Riquette, tiens-toi bien ! lui cria sa mère.

— Que c'est amusant ! chantonna la fillette.

Et, tandis que sa main droite balançait le feutre de son ami, dont les larges ailes un moment frisaient l'eau, un autre moment les narines singulièrement dilatées de Fitou, sa main gauche était cramponnée à l'épaisse chevelure de Taillevent, qui s'enroulait en lourds anneaux autour de ses doigts. Luc prenait plaisir aux jeux de Riquette, qui le tourmentait non seulement aux cheveux, mais aux côtes avec ses talons ; il regardait couler le Bidourlat et ne bougeait plus.

— File donc, grand endormi ! lui ordonna Frédéric.

Interpellant la Cambotte assise sur une pierre :

— Je ne comprends pas que vous ayez permis à ces enfants de se jeter ainsi dans le ruisseau, quand on touche au pont.

— N'accusez pas Luc, notre maître, répondit-elle : Luc ne voulait pas, mais Mademoiselle a voulu...

A cette minute un cri fendit l'air :

— Maman ! maman ! appelait Riquette.

— Qu'y a-t-il ? s'informa Madeleine.

— Et Luc qui, à présent que nous sommes sortis de l'eau, me dit de descendre !

— Il a raison.

— Il pourrait bien me porter jusqu'à la hutte de la Cambotte, qu'on voit d'ici.

Elle montrait, dans un fourré, une cabane recouverte de chaume.

— Descends ! lui ordonna son oncle.

— Descends ! lui répéta son grand-père.

— Faut-il que Mademoiselle descende, notre maître ?.. demanda Taillevent s'adressant à Frédéric, dont, sous une écorce rude, il devinait la faiblesse.

— Oh ! puisqu'il n'y a plus de danger !... répondit-il.

Luc, fier de sa charge, détala d'un élan inouï. Fitou suivait par bonds démesurés.

VI

UNE FÊTE A LA FRESNAYE

Le lait caillé — le *caillé* — est chez nous le plat des réjouissances de famille. Comme il n'existe guère de ménage sans bétail, que le plus pauvre possède ses deux ou trois brebis, ses deux ou trois chèvres, le lait partout abonde. Qui le mange sous forme de fromage, qui le boit tel quel, d'autres le préfèrent caillé en des faisselles, faïences primitives, non sans quelque grâce rustique, de nos potiers cévenols. Mais le caillé, pour être bon, exige un morceau de sucre, tout au moins une cuillerée de cassonade. De là, l'idée de fête attachée à tout repas où sont servies des faisselles pleines.

C'était une fête que les Rascol étaient venus célébrer à La Fresnaye. Tant que Luc vivait à Figuerolles, occupé de Riquette, adonné aux cent besognes de la métairie, il avait paru à ces braves gens qu'il appartenait autant aux Servières qu'à eux-mêmes, et une pointe de jalousie les avait piqués au cœur. — Quand s'empareraient-ils de leur enfant, de leur véritable enfant ? — Parfois ces deux êtres éblouis, hallucinés par la beauté, la force de Luc, étaient traversés de pensées qui les brûlaient au passage comme des flammes, de celle-ci entre autres, la plus persistante : s'ils enlevaient leur trésor, et, pour mieux en jouir, couraient le cacher dans leur hutte de La Fresnaye ?...

Mais leur honnêteté intraitable chassait vite ces idées malsaines du cerveau de la Cambotte et de celui de Rascol. Bêtes de somme pacifiques, obéissantes, après ces fièvres, ils courbaient de nouveau la tête sous le joug et continuaient leur servitude sans la sentir. Il fallut la double cérémonie du baptême et de la première communion de Luc pour rallumer en eux une vague lueur de révolte. Cette lueur s'éteignit vite. Ils étaient parrain et marraine : pouvaient-ils exiger davantage ? Dieu, en pleine église de Roquefixade, ne venait-il pas de leur livrer Luc exclusivement ? Et ce nom de Taillevent, inscrit par M. le curé sur le registre de la paroisse, en rappelant à Annette sa découverte, ne constituait-il pas un lien éternel, le plus touchant, le plus solide de tous, entre elle et l'enfant du brûleur Lucas ? Après de longs pleurs dans leur chambre, le soir, au moment de se coucher, les Rascol, avant de s'endormir, avaient décidé de demander à leurs maîtres la joie de leur offrir un caillé à La Fresnaye. Un repas pris par Luc, à leurs frais, dans leur hutte, semblait à ces esprits naïfs, avides de certitude, une prise authentique de possession.

La chaumière de La Fresnaye était petite ; mais, ce jour-là, le bonheur l'agrandit pour les Rascol et leurs invités. Chacun, encore qu'un peu rejeté sur son voisin, avait l'air de se trouver à l'aise autour de l'étroite table de châtaignier, supportée par deux montants entre-croisés, à la mode du pays. Tandis que son mari, pour réchauffer M. le curé, plus frileux qu'un autre à cause de sa taille indéfinie, disposait une brassée de branchettes de frêne et y mettait le feu, la Cambotte allait et venait à travers la pièce, transportée, radieuse, jabotant du bec comme une grosse poule de la basse-cour de Figuerolles après la ponte. Elle avait des phrases tour à tour affectueuses et joviales pour ses maîtresses et ses maîtres, attablés chez elle, riant, vidant les faisselles avec bonhomie ; mais elle avait de véritables discours pour Taillevent, attentif, sérieux, peu friand du caillé.

— Vois-tu, Lucou, dit-elle, un bras levé aux murailles de la hutte, toi qui, pareillement à notre Sauveur, n'avais pas « une pierre ou reposer la tête », tu auras un jour tout ceci. Quand je dis un jour, c'est une façon de parler, car notre avoir t'appartient à dater d'aujourd'hui. C'est naturel ça, puisque, dès ton baptême, tu es devenu notre enfant, à Rascol et à moi... Au demeurant, il ne faut pas mâcher les mots, et tu sauras que nous ne possédons pas tant seulement cette cabane, mais que, du côté du Parc-aux-Loups, en vue des bois de Tirebosc, nous possédons de plus un coin de terre en plein rapport. C'est bien extraordinaire si, bon an mal an, ce champ de là-haut ne nous donne pas de vingt à vingt-cinq sacs de seigle gros et dru. A toi notre champ comme notre maison... Puis, — et je demande excuse et pardon à M. le curé, si mon cœur content laisse passer ses secrets, — puis nous avons un magot de quinze cents francs qu'on nous garde à la cure, dans un bas. Ah! ces écus de la cure, il a fallu trimer des ongles pour les amasser! De temps en temps, quand j'en ai un, je le remets à Naniche pour l'ajouter au tas... Va, Lucou, rien ne te manquera au long de ta vie, ni chemises, ni *grisaoudos*, ni guêtres, ni sabots... sans compter que tu es le plus beau garçon de l'Espinouze et qu'une fillette, soit de Castanet, soit de Rosis, soit de Ginestet, pourra bien plus tard t'apporter quelques lopins, avec sa jeunesse en fleur par-dessus le marché...

On avait cessé de manger, et, à l'exemple de Taillevent, — sa faisselle intacte devant lui, — chacun tenait les yeux attachés sur la Cambotte.

— Annette, dit Jérôme, puisque vous êtes en train de vous dépouiller pour Luc, qui est un bon sujet, n'oubliez pas que, si M. le curé vous conserve quinze cents francs à la cure, moi je vous en conserve trois mille à la métairie. Voici dix ans que je ne vous ai payé vos gages, et, à trois cents francs l'an, Rascol et vous...

— Mais, notre maître, je ne les réclame pas, nos gages! interrompit-elle, le visage plus rouge que les braises du foyer.

— Mêlés comme vous l'êtes aux affaires de la métairie, vous connaissez que la mort de mes frères Antoine et Pierre d'une part, de l'autre les dépenses de Frédéric à Saint-Pons, ont un peu appauvri Figuerolles. Mais mon fils est sûr du bon rendement de ses entreprises, et je me repose sur lui.

— Et vous avez raison, mon père, affirma l'associé d'Aubrespy d'un air morose.

— Dans tous les cas, Annette, poursuivit le vieillard, en proie à des préoccupations pénibles, ne craignez rien pour vos économies. Elles sont en bonnes mains, et vous êtes libre de me les réclamer ce soir, demain, quand vous voudrez.

Ces longues paroles tristes, pareilles à des flocons de neige chassés par le vent, en décembre, à travers le Roudil, tombèrent sur les âmes épanouies de nos mangeurs de caillé et les glacèrent. Luc seul ne parut pas touché par le froid qui sévissait autour de la table; il demeurait tourné vers la Cambotte, l'œil encore brillant, l'oreille encore dressée.

— Parle donc, toi, lui dit Riquette, puisque moi je prépare sa soupe à Fitou.

Luc ne desserra pas les dents. Il se contenta de regarder Mademoiselle rompant une épaisse tranche de pain et en débitant les morceaux dans la jatte où s'étaient égouttées les faisselles et qui débordait de petit-lait. A chaque croûte immergée dans la *gaspe* verdâtre, parsemée de miettes de caillé, le chien allongeait la langue et, du même coup, mangeait et buvait.

— Est-il gentil, mon Fitou! est-il gentil! répétait Riquette, luttant contre le malaise des siens.

Puis, s'adressant de nouveau à son ami :

— Comment trouves-tu qu'il dépêche sa faisselle?

Taillevent continuait à suivre la cuisine pour le chien et ne répondit pas.

— Alors, c'est bien décidé, tu ne découvriras pas dans ta tête un simple remerciement pour ta marraine, qui vient de te donner tout ce qu'elle a.

Le cœur du jeune homme, plein à empêcher toute parole, creva... Taillevent tenait la Cambotte dans ses bras et l'embrassait. Entre deux baisers, il balbutia :

— Ma mère!... ma mère!...

Alype, qui avait ouvert la fête par un court Bénédicité, ne sachant que faire au milieu de l'émotion générale, profita de ce moment unique pour réciter les Grâces. Rascol, dont les yeux gros comme des châtaignes demandaient à se vider, fit un signe à Fitou, qui, flairant le départ, éclata en aboiements joyeux.

— Annette, je mettrai tout en ordre ici, bredouilla l'ancien porcher à sa femme.

— En rangeant nos assiettes, ne les casse pas au moins, lui recommanda-t-elle.

— Ça m'a tout barbouillé les intérieurs ce que t'a dit Luc... Il n'y faut plus penser...

Des larmes énormes pleuvaient goutte à goutte sur son gilet des dimanches.

Au moment où ses hôtes engageaient le pied sur le

pont du Bidourlat, la Cambotte s'approcha de Jérôme.

— Si c'était un effet de votre bonté, notre maître, lui dit-elle, je vous demanderais la permission de montrer à Luc mon champ du Parc-aux-Loups. Je l'ai arrenté, n'ayant pas le temps d'en prendre soin ; mais tout de même...

— Allez, interrompit Frédéric, avant que son père eût pu répondre.

— Et moi aussi, j'y vais! cria Riquette.

Comme sa mère se retournait pour la rappeler :

— Mon Dieu, ajouta Frédéric, puisque bientôt elle sera enfermée aux Ursulines, laissons-la jouir de son reste.

Tandis que les Servières et le curé de Roquefixade regagnaient Figuerolles, la Cambotte, Prunelle, Taillevent se dirigeaient vers le quartier du Parc-aux-Loups, auquel des châtaigniers populeux, puis des frênes hauts et touffus communiquaient un aspect de force rude, de robuste fécondité. La terre, ici, avait été plus abondante que les pierrailles tombées des sommets, elle s'en était emparée, les avait enfouies, digérées pour ainsi dire, et elle les restituait en herbages serrés, bien verts, en arbres d'une plantureuse venue... On montait, on montait encore, et Riquette, acharnée à galoper après Fitou, faisait plus d'une glissade sur le gazon.

— Mademoiselle!... Mademoiselle!... lui criait Luc.

Elle riait, puis repartait.

— Nous arrivons à Tirebosc, — ce hameau, là-bas, dit la Cambotte. Mon champ est situé à la bordure des bois...

— Les bois où il y a des loups ? demanda Taillevent.

— Il y en a encore beaucoup ; mais il y en avait bien davantage au temps jadis. Je me suis laissé conter par mon premier maître, M. Jacques Servières, que, plus d'une fois, quand il était venu s'établir dans ce pays, il avait manqué être dévoré par les bêtes de Tirebosc.

— On aurait dû arranger des battues.

— Tu te figures donc que les fusils chômaient à Figuerolles! A cette époque ancienne, les Servières, de père en fils, étaient tisserands; mais leurs sabots quittaient souvent les *marches* du métier pour s'encourir après les loups...

— Si j'avais été là!...

— Qu'aurais-tu fait?

— Au besoin, j'aurais abordé le loup avec ceci.

Il glissa la main dans la poche de son gilet et en retira un long couteau à manche de corne, qu'il ouvrit. La lame, touchée d'un rayon perdu, eut un éclair.

— Es-tu fou, toi! intervint Riquette, s'élançant d'une cachette sur le couteau.

— Mademoiselle, vous allez vous blesser.

— Je l'ai! je l'ai!...

— Gardez-le... Mais faites attention...

— Fitou! Fitou! appela-t-elle.

La Cambotte et Luc marchaient silencieux, préoccupés.

— Il ne fallait pas lui abandonner le couteau, dit enfin la marraine au filleul.

— Si elle parle, je lui obéis.

— Gâte-la... Cependant, quand il pourrait en mésarriver...

— De toute nécessité, je suis obligé d'agir à sa volonté.

— On comprend tes raisons de lui céder : vous êtes encore si près de votre enfance, passée ensemble aile contre aile, pareillement à deux oisillons dans le même nid. Plus tard, ces lubies te passeront.

— Oui, marraine, elles me passeront, ces lubies...

14.

Si elles ne me passaient pas, sauf à vous qui êtes ma mère, je n'en ouvrirais un mot à personne.

— Tu n'oublies pas au moins ton parrain Rascol, qui est ton père ?

— Je ne l'oublie pas, mon parrain Rascol, qui est mon père.

— Tiens! voici mon champ. Nous allons en faire le tour, et tu remarqueras les termes qui l'abornent des quatre côtés. Il y a huit termes. Le terrain est bon non tant seulement au seigle, mais aussi à l'avoine, au trèfle, aux faverolles, aux gesses...

La Cambotte ne boitait plus. Taillevent dut la suivre deux fois, en long et en large. Passant et repassant devant les bornes, elle les touchait du doigt pour les mieux signaler.

— Quel terrain! quel terrain!... répétait-elle.

Puis, avec attendrissement :

— Il me vient des miens, ainsi que la maisonnette de La Fresnaye. C'est moi qui apportai ces richesses à Rascol dans mon tablier, le jour de notre mariage, car il n'a jamais eu que ses bras, lui, le cher homme !

L'œil de Luc effleura à peine les chaumes hérissés, irrégulièrement coupés du lopin : il vaguait effaré à droite, à gauche, cherchant Riquette disparue avec Fitou.

— Mademoiselle, prenez garde au couteau ! clamait-il à tout hasard.

— Je l'aperçois, là-bas, qui justement coupe un brin de châtaignier, dit Annette.

— Rejoignons-la.

Il détale. Mais Riquette, qui a eu le temps de détacher sa badine et d'en fouailler Fitou, s'engouffre dans les taillis de Tirebosc, non sans envoyer à Taillevent un mirifique pied-de-nez. Il l'entrevoit à travers les ramures diminuées par les premières gelées blanches, et, encore qu'elle vole comme un papillon, il ne lui faudrait pas grand effort pour l'atteindre, la saisir. Il n'ose pas. Il craint qu'en se voyant poursuivie, elle n'accélère sa course, ne fasse quelque chute avec le couteau. Malgré l'humeur qui le soulève, le pousse en avant, il demeure planté. Il regarde les masses boisées de Tirebosc, les cabanes enfouies de Tirebosc ; ses regards ont je ne sais quoi de farouche et d'irrité. Il en veut aux grands chênes immobiles de lui dérober son amie.

La Cambotte le touche.

— Ne te tourmente pas, lui dit-elle, devinant son inquiétude.

— Et s'il lui arrivait malheur !

— Tu n'entends donc pas aboyer Fitou ?

Il n'entend rien : l'attention de ses yeux a supprimé son ouïe.

— Elle est là dans le Parc-aux-Loups, lui souffle-t-elle.

— Le Parc-aux-Loups ?

— Tu deviens donc aveugle aussi ? Cette masure, à vingt pas, c'est le Parc-aux-Loups, dont je t'ai souvent parlé.

VII

LE PARC-AUX-LOUPS

Le Parc-aux-Loups, vaste enceinte palissadée de planches très hautes, maintenues de distance en distance par des pieux solides, offrait une large baie ouverte à tous les vents. Luc se précipita. Riquette, en effet, se trouvait là, s'amusant avec son chien. Elle levait son brin de châtaignier, et Fitou se dressait debout sur son arrière-train ; elle le baissait, et Fitou bondissait par-dessus, filait devant lui jusqu'à la clôture, avec des abois retentissants.

— N'est-ce pas qu'il est aimable, mon chien ? lui lança-t-elle de loin.

— Il est beau aussi, répondit-il.

Fitou, après une envolée aux planches du Parc, était revenu se terrer aux pieds de sa maîtresse.

C'était une bête superbe, de la race vigoureuse, supérieurement intelligente des chiens de l'Espinouze, la plus renommée en l'étendue des Cévennes. Une habitude barbare, dans cette contrée primitive, veut que les bergers, d'un coup de dent, coupent la queue, quand ils sont petits, aux futurs gardiens de leurs troupeaux. Ils prétendent que, délivré de cet appendice embarrassant, le chien devient plus fort, vaque à son métier avec moins de fatigue, vit plus longtemps. Quoi qu'il en soit, Fitou n'avait subi d'autre mutilation que la section des oreilles, faite par Rascol, aux ciseaux, non au feu, avec précaution et ménagement. Évidé, haut sur pattes sans dépasser la taille ordinaire, il était infiniment plus vite à la course que les autres individus de son espèce, un peu lourds de forme, un peu trapus. Une chose remarquable chez lui, c'était sa robe à longs poils, d'un jaune de rouille, sombre partout, sauf aux jarrets et au front. Ses yeux caressants, capables de s'enflammer au moindre signe, avaient, au repos, l'éclat tempéré de deux minuscules pièces d'or polies au frottement des doigts. En ce moment, sa fourrure enlevée par ses jeux fous, son museau pointu en avant, sa queue rameuse étalée, il allait, venait, sautait, cabriolait avec une grâce, une légèreté incomparables.

— Vous savez, mes mignons, dit la Cambotte, paraissant à l'entrée du Parc, le soleil baisse...

Et, promenant un regard autour des palissades, où se montraient des trous béants :

— Jésus-Dieu! gémit-elle, en quel état je découvre ceci! Quand M. Pierre et M. Antoine vivaient, tout, dans le domaine, était propre comme la prunelle de mon œil; à présent, tout tombe, tout s'en va. M. Frédéric agirait sagement si, au lieu de porter ses pistoles à cet avale-tout-cru d'Aubrespy, il les gardait pour relever ses terres...

— Tu nous ennuies, Cambotte, interrompit Riquette, coupant l'air avec son surgeon de châtaignier.

Mais Annette, consternée par l'écroulement des choses, était trop femme des champs pour se distraire de ses idées.

— Vous autres, mes petits, vous ne vous souvenez guère des Espagnols que nous avons reçus à La Fresnaye et à Tirebosc. Vous étiez enfants, et vous n'avez connu ni Noguerra, ni Martos, ni Moreno, — des noms de la Catalogne. Eh bien! ces étrangers, grands chasseurs de loups, moyennant des planches fournies par M. Jérôme, avaient remis à neuf le Parc, et ils y abattaient tant de bêtes, qu'on rencontrait toujours un de ces trois compères en route vers la mairie de Saint-Gervais, où il allait palper aujourd'hui vingt francs pour une louve pleine, demain quinze francs pour un loup, après-demain dix francs pour un Louvart. Ils en faisaient des bombances dans ma hutte de La Fresnaye, que je leur avais louée!...

— C'est amusant, ces Espagnols, dit Riquette intéressée.

— Bien amusant, appuya Luc... Comment s'y prenaient-ils, marraine, pour tuer les loups?

— On a accusé ces Espagnols d'avoir les ongles hardis à la rapine et d'amorcer leurs chasses avec des ingrédients ramassés on ne sait où : à présent une bête morte, une autre fois les restes de leurs ripailles à ventre déboutonné...

— Ils avaient des fusils? insista Taillevent.

— Ils étaient arrivés armés comme des brigands de grands chemins et avec des mines à faire trembler. Je ne dis pas ça pour Noguerra, plus jeune que les autres, — vingt-cinq ans peut-être, — et qui, paraît-il, avait été chef dans les guerres de son pays; mais je le dis pour Martos et Moreno, que je n'aurais pas voulu rencontrer au coin d'un bois. Au demeurant, ces gens-là tiraient bien, au dire de Rascol... Venez avec moi.

Elle leur prit une main à chacun et les entraîna à l'un des angles du Parc-aux-Loups, lequel représentait un carré long avec une perche fichée vers le milieu.

— Attention à ça! dit-elle.

Elle leur montrait quatre frênes très hauts, très verts, très robustes, poussés dans un terrain nu, absolument dépeuplé. Deux de ces arbres plongeaient leurs racines dans le Parc même; les deux autres, à cinq mètres environ des premiers, dans les fissures d'une roche qu'en maints endroits l'effort de ces géants avait fait éclater. Les frondaisons, roussies, se mêlaient dans le ciel, et, pour l'instant, agitées par une brise légère, elles rendaient des bruissements de métal très harmonieux. Prunelle et Taillevent, charmés, écoutaient, leurs yeux perdus dans les rameaux.

— Je distingue quelque chose, chanta Riquette.

— Cela ressemble à une cabane, ajouta Luc.

— Et cela en est une, dit la Cambotte... Dans les commencements, les Servières avaient bâti cet enclos de planches à cette fin d'y installer du bétail, car la pâture pousse fournie aux marges du Bidourlat. Mais, encore que le bétail ne séjournât ici qu'en été, les loups, dont la gueule ne connaît pas de saison, se faufilaient on ne sait comment, s'en s'évadaient on ne sait comment, et des bêtes manquaient à l'appel...

— Et après, Cambotte? interrompit Riquette.

— Après? répéta Luc.

— M. Jérôme, qui, pour lors, s'occupait des terres, son père marchant sur l'âge, vint à Tirebosc. Quoi qu'il lui en coûtât de renoncer à un pâtis si commode et sans frais, il était décidé à démolir le Parc-aux-Loups, trop dangereux aux tarrines, et à utiliser les planches sur le Louvart. Heureusement, M. Jérôme n'avait pas la berlue aux yeux, et, au moment de manœuvrer la hache contre les clôtures, il remarqua les frênes...

— Et alors, marraine?

— Alors, il changea d'avis. Il pensa qu'entre les quatre arbres, aux fourches du haut, on pourrait consolider des poutrelles qui soutiendraient un plancher avec des cloisons pour abriter un lit, et poster là un berger, deux s'il le fallait, munis de fusils chargés. Ces sentinelles abattraient les enragés de Tirebosc, quand ils viendraient à la picorée du bétail.

— Oh! des fusils!... Que j'aurais aimé, marraine, monter dans la cabane, un bon fusil aux doigts!

— J'y serais montée avec toi! lança Riquette intrépidement.

Luc remarqua qu'elle avait blêmi et projeta un bras pour la soutenir; mais elle esquiva la caresse et, prenant son vol par une brèche des palissades, alla se poser parmi les racines saillantes des frênes, en un trou feutré de mousse, douillet comme un fauteuil.

— Si vous croyez que j'ai aux pieds les bottes de sept lieues!... dit-elle, son gentil visage obscurci d'une moue.

— Partons, dit la Cambotte : la nuit approche.

— La nuit ! pesta-t-elle, dépitée et riant tout ensemble... Où avez-vous les yeux, vous autres? Sans compter Tirebosc, le Roudil est rouge comme un four, tant il y a de soleil !

Ils s'assirent près d'elle sous les frênes, Taillevent pour lui complaire, Annette pour se reposer une minute. Fitou, couché aux pieds de sa maîtresse, l'invitait à de nouvelles folâtreries en lui mordillant le bout des souliers.

— Mademoiselle a raison, articula Luc : je n'ai jamais vu le ciel si beau et le pays si flambant.

Le Roudil, en effet, du Parc-aux-Loups à ses crêtes extrêmes vers le Tarn, semblait être devenu la proie d'un incendie. Sans parler des bouquets de frênes éparpillés à travers la lande rocheuse et qui étincelaient, les herbages entretenus par le Bidourlat s'illuminaient de lueurs inconnues. Pas de fleurette qui ne secouât des pierreries autour d'elle, et, si un filet d'eau vive transparaissait parmi les gazons, c'était comme du métal fondu cherchant son moule, se précipitant à son moule pour la coulée. Quant aux bois de Tirebosc, à droite, ils brûlaient. Les troncs des chênes apparaissaient dans une ombre assez opaque ; mais les ramilles des hautes branches, qui se découpaient dans la rutilante lumière du soir avec une extraordinaire netteté, s'étaient assurément enflammées au contact de la mer de feu roulant ses vagues de soufre d'un bout à l'autre du firmament.

Le soleil, sur le point de déserter nos montagnes que, durant des mois, ne visiteront plus guère ses rayons, a, chez nous, aux dernières heures de l'été, de ces énergies terribles, de ces énergies sauvages. Il prévoit les longues gelées, les gelées à pierre fendre, et, toujours bienfaisant, il veut pénétrer une terre qu'il aime, qu'il a l'habitude de féconder, de la chaleur nécessaire à la si pénible traversée de l'hiver.

— Eh bien! qu'est devenue notre demoiselle? demanda Luc, ramenant ses yeux du spectacle qui les avait retenus et se plantant debout à son insu.

La Cambotte se leva à son tour et appela :

— Mademoiselle! Mademoiselle!

— Je prends les devants avec mon chien! répondit-elle, de l'intérieur du Parc.

Annette et Taillevent rentrèrent dans l'enceinte. Riquette, redoutant une poursuite, disparut, Fitou était déjà loin.

— Avec tout ça, elle ne m'a pas rendu mon couteau, dit le filleul à sa marraine.

Il s'interrompit et, désignant du doigt une construction basse, sur le flanc gauche du Parc-aux-Loups :

— Je n'avais pas vu ça... Une bergerie sans doute ?

— Si tu veux, balbutia-t-elle, embarrassée.

— Ce n'est donc pas une bergerie?

— Non... Je pèche en te contant toute l'histoire de ces Espagnols, car il y a des parties qui ne sont ni convenables ni propres.

— Contez-les-moi, marraine, ces parties.

— Tu comprends que, si Riquette marchait avec nous, je retiendrais ma langue au nid...

— Elle est à deux cents pas... Vite!

— Enfin, puisque tu portes culottes et que tu es un homme déjà!... Les Servières eurent beau clouer des planches à la cime des frênes et loger dans le *clocher* — ils appelaient leur baraque le *clocher* — des gardiens pour le bétail, les loups, plus fins que les bergers plantés en haut, que les chiens cachés en bas, continuèrent à croquer moutons et brebis comme devant. On éleva les palissades et on changea les hommes. Les loups se moquèrent des seconds comme ils s'étaient moqués des premiers, et les bêtes s'en allèrent sans décesser, deux cette nuit, trois la nuit suivante... A la fin, nos herbagers de Figuerolles se dégoûtèrent : ils rabattirent les tarrines vers le Louvart, et ne s'occupèrent plus du quartier de Tirebosc que pour y ensemencer de l'avoine, y faire venir des fourrages...

— Et les Espagnols?

— *Je les touche du bout de la langue*... Les sommes prélevées sur les loups leur avaient suffi dans les commencements ; mais les loups ne donnent pas chaque jour, et nos chasseurs crevaient souvent de famine. Alors, Noguerra descendait à Figuerolles pour y quémander. Comme il était gentil et bien disant, madame Frédéric lui remplissait le carnier qui lui ballait au dos. Notre maîtresse faisait ces aumônes en joie ; mais souvent, baillant une pièce, voire un écu, son visage s'égayait comme d'un air de véritable amitié... Mon Dieu ! personne ici ne voyait de mal aux visites de cet Espagnol, l'air en dessous, regardant la femme d'un autre avec des yeux trop pointus, des yeux de voleur. Je ne pus retenir mon honnêteté, et je déclarai à Madame que ce Noguerra serait la cause de quelque malheur, si M. Frédéric, plus vif qu'une flamme de genêt, venait à surprendre ses manigances et ses façons. Il fallait entendre rire Madame à mes paroles, elle qui riait à tout le moins une fois l'an !...

— Vous voyez, marraine, que vous vous trompiez sur les intentions de ce Noguerra.

— Aussi, tout en continuant à le surveiller quand on le comblait de victuailles sans mesure, je décidai en mon dedans de ne souffler mot ni à M. Jérôme, ni surtout à M. Frédéric. Au bout du compte, n'étions-nous pas capables, Rascol et moi, de protéger notre maîtresse contre cet étranger?... Sache, fillot, que Rascol a la poigne dure, et que moi je ne manœuvre pas mal le bâton d'épine qui m'aide à marcher...

— O marraine, que je vous aime!
— Il faut toujours faire son devoir, mon Lucou.
— Je ferai toujours le mien.
— Il te sera facile : avoir la plus grande amitié possible pour Rascol et pour moi.
— Et pour Riquette aussi.
— Oui, certes, pour Riquette.
— Si on attaquait Riquette!...

Il glissa une main dans la poche de son gilet.

— J'oubliais que je n'ai plus mon couteau, murmura-t-il, attrapé.
— Écoute, Luc, l'envie te prend à tout propos de te jeter sur quelqu'un. Cela est mal, car nul de la métairie ne t'a rien fait. Il faut empêcher son sang de se cabrer son motif.
— Mais s'il y avait un motif? Si on touchait à Riquette, à vous, à mon parrain?... Vous voyez bien que ce Noguerra en voulait à Madame...
— Chut! chut!...

VIII

LES CHIENS DES ESPAGNOLS

Le filleul et la marraine descendaient vers le Bidourlat, par des pentes encombrées de broussailles.

— Et cette longue baraque du Parc-aux-Loups, construite par les Espagnols? interrogea Luc.
— Je ne sais si Noguerra devina quelque chose à mon air, ou si Madame, retenue par sa religion, finit par lui

montrer le chemin de la porte, le fait est qu'on ne le voyait plus guère, à présent. On apprit dans le pays qu'après avoir purgé le Louvart, le Roudil, Tirebosc, de tout gibier, nos trois compères, auxquels, sur la demande de M. le curé Alype, on avait livré des planches, augmentaient le Parc d'une grange pour y faire naître et y élever des chiens...

— Des chiens?...

— Nos gens nous étaient arrivés de leurs guerres d'Espagne, non tant seulement avec des fusils à l'épaule, mais avec cinq ou six chiens sur les talons. Ces chiens ne ressemblaient guère aux chiens de chez nous. — Où avaient-ils pris ces bêtes, hérissées, peu aboyantes, grognant sans cesse? Ils ne le disaient pas.
— Rascol, plus curieux qu'un merle, voulut en avoir le cœur net, et, un jour, il questionna Martos. Martos baragouinait en parlant; il ne répondit rien de clair. Mais Noguerra, la langue bien pendue et capable de marquer son tic tac en n'importe quel patois du pays, parla, lui, jusqu'à fin de salive. Il conta que ses chiens étaient plus forts, plus courageux, plus hardis que les autres animaux de leur espèce, tout uniment parce qu'ils avaient du sang de loup ou de louve mêlé dans leurs veines...

— Du sang de loup ou de louve?...

— Noguerra eut des histoires sur les bergers de son endroit, habitués à tendre des pièges pour amener un loup à faire... la connaissance d'une chienne ou bien d'une louve à faire la connaissance d'un chien... Je passe tout ça...

— Je vous en prie, marraine...

— Coup sur coup, Rascol, trop affectionné à la *chiennerie*, engagea les Espagnols à essayer, dans le Roudil, les pratiques de la Catalogne : Tirebosc leur fournirait des loups en veux-tu en voilà ; puis il se chargerait, lui, de vendre ces chiens nouveaux aux propriétaires des tarrines, heureux de trouver de meilleurs gardiens pour leur bétail... Nos étrangers, dont les boyaux bramaient la faim, se redressèrent sur quilles, prirent du front et promirent, moyennant les bêtes qu'ils avaient déjà et les loups de Tirebosc qu'ils sauraient appeler, de créer chez nous des chiens tels qu'on n'en avait jamais connu ni dans l'Espinouze, ni dans le Marcou. Malheureusement, ces gens-là portaient dans leurs têtes des idées que le vent enlevait comme la folle avoine. Ils n'avaient pas construit leur masure, ils n'y avaient pas attiré trois fois les loups, que, les choses ne réussissant pas à leur souhait, ils se dégoûtèrent, et, un beau matin, notre maisonnette de La Fresnaye se trouva vide semblablement à un panier après vendanges... Ils avaient décampé sans nous payer...

— Et on ne les a pas revus, ces Espagnols ?

— Pipette, un peu trop porté à courir les foires, les a rencontrés à Lunas. Ils avaient changé de métier. A présent, au lieu d'être chasseurs, ils étaient comédiens, et jouaient *Sainte Geneviève de Brabant* ou la *Passion de Notre-Seigneur*. Bien qu'il fallût payer trois sous, Pipette entra. Martos, qu'il dévisagea au premier coup d'œil, lui donna frayeur, tant il faisait au naturel le traître *Gôlo*, un bandit enragé contre sainte Geneviève. Mais Noguerra, qu'il reconnut malgré sa robe rouge, loin de lui mettre la peur dans l'estomac, lui mit des larmes aux yeux. Pipette nous a rapporté que Noguerra, avec sa figure pâle et amiteuse, ressemblait à Notre-Seigneur, à croire que c'était lui, descendu du ciel à Lunas. Quand, d'un coup de lance frappé par Martos, il mourut sur la croix, il eut ce sourire gentil d'ici, toutes les fois qu'il parlait à Madame.

15.

— Ce doit être bien beau, la *Passion de Notre-Seigneur!*

— Je les ai vues, ces comédies, et j'étais là attentive comme je le serai au ciel, où il faudra se taire et écouter parler le bon Dieu.

— Moi, je n'ai rien vu...

— Plus tard, nous ferons la conduite à notre demoiselle, qui entrera aux Ursulines de Saint-Pons. Saint-Pons est une grande ville, et nous y rencontrerons des comédiens. Du reste, nous tâcherons d'y arriver un jour de foire.

Ils firent cinquante pas en des sentiers moins couverts.

— Vous m'excuserez, marraine, dit Taillevent : j'aimerais mieux, le jour du départ de notre demoiselle, demeurer à la métairie que la suivre à Saint-Pons.

— Comment! tu refuserais d'accompagner ta Riquette?

— Je refuse! je refuse! s'écria-t-il d'un air épouvanté.

— Qu'as-tu donc, Lucou?

Il entr'ouvrit la bouche pour parler, mais ne put.

— Pourquoi demeurer bec cousu, mon fillot?

Il ne bougeait aucunement, les yeux égarés à présent à travers le Roudil, un moment après à travers le Louvart; elle lui dit, fâchée :

— Que cherches-tu, voyons?

— J'ai peur, marraine.

— Peur de quoi?

— Ne pourrait-il pas *lui* arriver quelque chose, quand la nuit est si proche?

— Ah çà! tu penses donc toujours à Riquette?

— Et à qui voulez-vous que je pense?

Un aboiement traversa la lande.

— C'est Fitou! cria-t-il joyeusement... Tenez, marraine, elle est là-bas, près du Bidourlat.

— Mais, si tu as tant de peine à supporter le couvent de Riquette, d'où elle reviendra aux vacances, comment, un jour, supporteras-tu son mariage, d'où elle ne reviendra jamais?

— Je croyais qu'après son mariage, notre demoiselle m'emmènerait avec elle, soit pour gouverner ses terres, soit pour gouverner ses bestiaux.

— Riquette, belle et parlante comme un ange du ciel, n'épousera pas un paysan, avec terres et bestiaux.

— Qui épousera-t-elle?

— Un riche fabricant de Bédarieux ou de Mazamet...

— Alors, elle m'occupera à la fabrique. Ne vous mettez pas en peine : je ne suis en nulle façon maladroit des mains, et je m'habituerai aussi bien à la besogne des fabriques que je me suis habitué à la besogne des champs.

— *Nigaudinos* d'enfant que tu es! Si Riquette, à l'exemple de mademoiselle Raymonde Sorbier, au lieu d'entrer dans une métairie ou une fabrique, entre dans une banque, tes doigts manieront-ils la plume pour des écritures sur le papier?

— Moyennant Riquette, mes doigts se façonneront aux écritures sur le papier. Avez-vous oublié qu'elle fait de moi ce qu'elle veut? Souvenez-vous du catéchisme : elle le savait, je le sus.

— Pour ça, M. le curé a dit que c'était un mystère.

— Un autre mystère, c'est que, si Riquette s'en va, je la suivrai en n'importe quel pays.

— Et nous autres?

— Qui, vous autres?

— Et Rascol?... Et moi?...

— Faites excuse, marraine, je n'étais en aucune

manière occupé de vous deux... C'est plus fort que ma volonté d'avoir mes esprits tant seulement tournés du côté de Riquette. Vous, marraine, qui m'avez soigné au long de mes jeunes ans, écoutez ce qu'il en est de moi.

Il se pencha sur elle et lui souffla doucement :

— Hier au soir, j'ai entendu M. Frédéric dire à M. Jérôme qu'il était sûr, dans trois ou quatre ans, de découvrir à Riquette un riche parti. Je n'entendais pas trop ce que ça voulait dire : « un riche parti ». Mais tout de même, dans le fond, je devinais un mariage magnifique pour Riquette, et j'étais content. Songez donc, notre demoiselle, faite au tour, aussi parfumée qu'une brindille de genêt fleuri, au bras d'un fabricant des villes! Le cœur m'en a crevé une heure après, et j'ai rapporté à Riquette les intentions de son père. Si vous l'aviez entendue rire! Puis comme nous étions au bord de l'Aiguetorte, elle eut sur l'herbe de vrais bondissements de chevrette au pâtis et elle ne cessait de chanter à pleine voix ce refrain du village :

> Mademoiselle,
> Faites-vous belle;
> Votre galant
> Vient à l'instant...

Taillevent qui, à son insu, — tant la scène de Riquette folâtrant lui était actuelle, immédiate, — avait lancé à la lande le verset de la villanelle cévenole, s'arrêta étonné.

— Allons, voilà que je chante, à présent! dit-il.

— Luc, articula la Cambotte avec tristesse, il faudra t'accoutumer à Rascol et à moi plus que tu ne t'y es accoutumé... Riquette n'est pas née, avec son mignon visage et les écus qui lui pleuvront, soit de Figuerolles, soit de la fabrique sur le Jaur, pour vivre parmi nous autres paysans. Un matin, Dieu donnera Frédérique Servières à un homme qui l'emmènera où il voudra, et nous n'aurons qu'à tirer la révérence à ce Monsieur... Ô mon garçonnet que j'aime, fit-elle levant ses deux bras et les nouant autour du cou de son fillot par un élan de tendresse désespéré, ô mon garçonnet que j'aime, crois à ma prévoyance : le bonheur pour toi est avec les Rascol... Plus tard, nous nous retirerons chez nous, à La Fresnaye...

Il se dégagea d'un mouvement si brusque, que la pauvre femme se fût abattue sur les pierrailles du chemin, s'il n'avait eu le temps de faire un geste pour la retenir.

— Ma bonne marraine!... murmura-t-il.

Puis, Annette, ne soufflant mot :

— N'ayez crainte, sauf quand il s'agira de Riquette, qui, pour vous parler en franchise, est plus maîtresse de moi que moi-même, je vous obéirai en tout et pour tout. L'âge, petit à petit, m'a conduit à connaître vos bienfaisances à l'enfant perdu de Lucas; aussi, après Riquette, toute l'amitié dont je suis capable vous appartient-elle, à mon parrain et à vous...

La Cambotte fondit en larmes.

— Oh! reprit-il d'une voix caressante, oh! surtout ne soyez pas jalouse, si, dans mes sentiments, je fais passer Riquette avant vous. Elle passe avant tout ce qui existe, avant même le bon Dieu du ciel... Réfléchissez-y : il était impossible qu'il en fût autrement. Moi, je riais, elle riait; moi, je parlais, elle parlait; moi, je sautais, elle sautait; elle étudiait, moi j'étudiais; elle savait, moi je savais; nos voix, nos regards, nos amusements, nos deux êtres ont été mêlés dès notre naissance, et toujours comme ça jusqu'au jour d'aujourd'hui...

Au fur et à mesure qu'il parlait, les sanglots de la Cambotte, d'abord étouffés, éclataient avec plus de force.

— Mais enfin, marraine, ce chagrin?... balbutia-t-il, éperdu.

— C'est toi qui le lui fais, ce chagrin! interrompt une voix claire et vive.

Riquette, menaçante, le bras levé, se dresse devant lui.

— Si vous pensez que c'est moi, Mademoiselle, donnez-moi les coups que vous voudrez : je les ai mérités...

— Ne le frappe pas, s'écrie la Cambotte, s'emparant de la fillette haletante et la retenant prisonnière.

— Luc est plus fort que moi, récrimine-t-elle dans les bras d'Annette; mais j'ai Fitou, et si je le lui lançais dessus...

— Si Fitou me mordait, c'est que vous le lui auriez commandé, Mademoiselle, et je ne me plaindrais pas, et je ne le dirais à personne, articule Taillevent d'un ton paisible.

— Toi, lâche-moi, et tout de suite! ordonne Riquette à la Cambotte.

Une fois libre, comme si le calme de Luc lui était une humiliation dans l'humeur batailleuse qui la soulevait, elle se plante devant lui, et lui montrant son poing fermé, pas plus gros qu'une grosse noix :

— Penses-tu me faire peur avec ta tranquillité?

— Moi, vous faire peur, Mademoiselle?... Je ne demande, au contraire, qu'à tout endurer de vous.

— Alors, endure ça!

Elle lui allonge sur la joue sa menotte large étalée. Le visage blond de Taillevent prend les ardeurs d'une pelletée de braises.

— Si c'était d'un autre, ce soufflet !... articule-t-il.

— Oui, voilà bien ton mauvais caractère : si ce soufflet était d'un autre, tu te vengerais avec ton couteau.

— Il le faudrait bien, pour le cas où mes bras ne seraient pas assez forts.

— Eh bien ! va le chercher ton couteau ! crie-t-elle.

Une blancheur d'acier raye l'air et s'efface dans le Bidourlat.

— Méchante enfant, gronde la Cambotte.

— Pourquoi parle-t-il toujours de son couteau, comme s'il voulait tuer tout le monde ?

Fitou, qui s'était précipité dans le ruisseau torrentueux, débordé, reparaît. Il ne rapporte rien. Sa maîtresse, en proie peut-être à quelque remords, lui décoche un coup de pied, aggravé de ces mots :

— Va te secouer plus loin, imbécile !

La nuit tombait claire et douce. Le Louvart offrait encore des points lumineux dans l'étendue. Des lambeaux de pourpre demeuraient suspendus, errant de-ci, de-là, envoyant des reflets — des reflets absolument indicibles — aux plus petites éminences, aux moindres saillies. La Cambotte, Prunelle, Taillevent, Fitou allaient dans ces suprêmes gloires du couchant d'un pas rapide. Un rayon alluma les fenêtres de Figuerolles au-dessous d'eux, dans le lointain.

— Riquette, il ne convient pas que, Luc et toi, vous rentriez brouillés à la maison, dit Annette.

— Je crois bien ! fit-elle, regardant son ami.

Puis, comme Taillevent ne trouvait pas un mot, elle lui dit gentiment :

— Ne t'inquiète pas, va, mon Lucou ; à la première occasion, je t'achèterai un couteau cent fois plus joli que l'autre.

Elle reprit les devants avec Fitou, et, dans une dernière lueur qui la dora toute, franchit le portail de la métairie.

IX

LA FABRIQUE SUR LE JAUR

Paulin Aubrespy était un fin diplomate. Harcelé de besoins d'argent, il avait manœuvré le mieux du monde pour attirer la famille Servières à Saint-Pons. Un instant, la pensée lui était venue, quand la banque Fermepain refusait de répondre à ses exigences, que des créanciers épars commençaient à se fâcher, de monter à Roquefixade et, en pleine métairie de Figuerolles, de dévoiler sa situation. Puis il s'était ravisé, redoutant un éclat du vieux Jérôme, très dur à la desserre, et dès lors capable de le laisser dans le pétrin. Il avait modifié sa stratégie, était resté à la fabrique, se contentant d'envoyer là-haut de longues lettres où il était fort peu question d'affaires, où il était surtout question de Riquette et de *monsieur* Jérôme, de Riquette « sur laquelle il serait heureux de veiller durant son séjour aux Ursulines », de *monsieur* Jérôme « un homme d'autrefois, respectable et bon comme un patriarche... »

Frédéric, dont on connaît les deux passions secrètes : celle très en dehors de sa fille, celle plus enfouie de son père, lisait et relisait les lignes du foulonnier, qui avaient pour lui une douceur de miel. L'autre, étreint par des nécessités impitoyables, lançait son chant, son appel; lui, écoutait sans défiance, délicieusement se laissait charmer.

Par une tiède matinée de mai, après deux ans d'hésitations, les Servières, qui, pour la circonstance exceptionnelle, avaient mis tout leur matériel roulant sur pied, se décidèrent à quitter l'Espinouze. Ils arrivèrent à Saint-Pons le soir même, et descendirent à l'Hôtel de la Couronne où Aubrespy, prévenu, leur avait arrêté des chambres. Le foulonnier se trouva là pour les recevoir ; mais, après quelques compliments échangés, une embrassade à Riquette, fort étonnée de la caresse brusque, Aubrespy se retira, abandonnant M. le curé Alype, Jérôme, Frédéric, Madeleine, Riquette à l'Hôtel, et emmenant avec lui, pour les coucher à la fabrique, la Cambotte, Rascol, Luc et Fitou.

La nuit de l'inventeur fut une nuit sans sommeil, une nuit *claire*, pour rappeler un mot de la Montagne-Noire. Il se leva dès l'aube ; mais comme en dépit de l'impatience qui le brûlait, un bon sens mâtiné de ruse persistait dans sa cervelle enfiévrée, il crut peu habile d'aller tirer les Servières du lit et se contint. Il se mit à parcourir d'un pas distrait et hâtif la grande prairie du Jaur, semée de gravats par les terrassiers en train de creuser les fondations de la nouvelle filature, et ne sachant à quoi s'appliquer, fit, défit, refit pour la centième fois son plan d'attaque.

Il avait les Servières, tous les Servières sous la main, et il devait les convaincre, les conquérir, les « tomber ». S'il manquait cette occasion unique, il était perdu, irrémédiablement perdu. Dernièrement, à l'insu de Frédéric Servières, ce rustre, pas négociant du tout, auquel il faisait avaler des bourdes plus grosses que le pic du Caroux, dernièrement, contraint de faire face à des exigences personnelles, surtout de se procurer de l'argent de poche pour sa maîtresse, n'avait-il pas vendu le brevet d'invention du foulon-Aubrespy, sa gloire, son

honneur, la garantie offerte autrefois à son associé?...
Ma foi, tant pis! il aimait les femmes, lui!...

Sans y prendre garde, il s'était engagé à travers la triomphante allée de platanes qui fait une entrée royale à la maigre sous-préfecture de Saint-Pons... O surprise! à l'Hôtel de la Couronne, personne. On avait décampé. Aubrespy avait cru son gibier au gîte; il s'en voulut d'être si naïf quand il s'agissait de paysans matineux, et se lança à la découverte à travers la ville. — Où pourrait-il *les* rencontrer? Sans doute à la « Source », l'unique *curiosité* de Saint-Pons. — Rapide comme une flèche qui va trouer la peau à l'ennemi, il file en droiture, les bras en l'air, aussi vibrants que des ailes.

La « Source » est un vaste réservoir où prend naissance la rivière de Jaur. Les eaux, sans cesse entretenues, renouvelées par des courants souterrains d'une abondance merveilleuse, se maintiennent en toute saison au même niveau. Sur cette nappe de cristal bleuâtre, des ormes, des frênes, des peupliers entremêlés découpent leurs rameaux feuillus, bruissants d'oiseaux. Parfois, en des blancheurs irisées d'agate, à la profondeur d'un mètre, de deux, dans l'éclatante limpidité du bassin, on voit passer une truite tortillant sa queue avec lenteur, voyageant à petits coups de nageoires, piquant une tête d'un air de suprême volupté. La source est si fraiche, si molle!

Je laisse à penser la joie de notre foulonnier, en apercevant la Cambotte, Rascol, Luc, Fitou sous les arbres de la Source! Il les tenait enfin! Mais son nez s'allongea d'une aune lorsqu'il apprit d'Annette que ses maîtres n'étaient point avec eux. Aubrespy, comme piqué par une vipère, — on en rencontre parmi les herbages de l'endroit, — eut un bond, se sauva.

Il courait à bride abattue vers les Ursulines, sur la

route de Pont-de-Rach. Évidemment, les Servières se trouveraient là, discutant le prix de la pension de Riquette, recommandant Riquette à la supérieure et aux sœurs. — Ah! s'il parvenait à mettre la main sur ce paquet de montagnards acharnés à le fuir! — Une colère le soulevait. En franchissant le pont sur le Jaur, il dirigea ses yeux vers la fabrique. Une fenêtre était ouverte et il démêla, sur la barre d'appui, un corps de femme penché.

« Sois tranquille, ma *Guston*, je finirai par leur glisser la main au gousset, à ces gens-là » grommela-t-il.

Guston était cette Augustine Signol de laquelle Frédéric se flattait d'avoir détaché son associé.

L'huis des Ursulines s'entrebâilla discrètement, et la sœur-portière susurra :

— M. le curé de Roquefixade est venu, en effet, présenter une jeune fille, mais on est parti depuis longtemps.

Aubrespy fut sur le point de rentrer à la fabrique. Cette poursuite le lassait à la fin ; puis, sorti à jeun, son estomac battait la chamade. Après une hésitation de cinq secondes, il repartit en chasse. Cette pensée le piquait au sang : « Si les Servières lui échappaient, que deviendrait-il, écrasé de dettes, râlant sous le papier timbré?... Et Guston?... et Guston?... » O bonheur! là-bas, tout au fond de la place de la Cathédrale, au seuil même de l'église, il aperçoit des paysans plantés. Ce sont eux. Il détale d'un élan fou.

Quand notre homme, suant et soufflant en dépit de sa maigreur d'écureuil, rejoignit notre monde de l'Espinouze, Alype narrait l'érection de Saint-Pons en évêché par le pape Jean XXII, vers l'an 1318...

— Bien le bonjour, messieurs! chantonna gaiement Aubrespy avec une inclination de toute sa personne.

— Bonjour! lui répondit le curé de Roquefixade, fâché d'être interrompu au milieu de ses développements historiques.

— Bonjour! répéta d'un air maussade Jérôme, que le foulonnier avait gratifié du plus aimable des sourires.

— Bonjour, mon ami! dit Frédéric, serrant la main à son associé.

— Je vous ai cherché partout, insista celui-ci.

— Si vous étiez venu assister à ma messe, vous nous auriez rencontrés dans la cathédrale, repartit Alype, piqué.

Aubrespy ne revenait pas de l'accueil; sous le buisson noir de sa chevelure hérissée, ses petits yeux flamboyèrent, et peut-être allait-il riposter, quand une voix sonore et vibrante, ronde et unie comme un chant de loriot dans les châtaigneraies du Roudil, traversa la Place, vint pour ainsi dire les toucher.

— Dites donc, vous autres, veillez à votre chien! criait-on.

Chacun leva le nez.

— Tiens! des Espagnols! clama Rascol.

— Si c'étaient ceux qui nous doivent!... glapit la Cambotte.

— J'ai reconnu la voix de Venancio Noguerra, dit madame Frédéric, très pâle.

Un homme, coiffé d'un épais bonnet catalan lui retombant jusqu'au milieu du dos, s'était précipité vers nos amis, avait saisi les mains d'Alype et les pressait, murmurant :

— O Révérendissime Père, quelle bénédiction du ciel!...

— Eh quoi, mon fils, vous! vous!...

Noguerra était méconnaissable. Sans parler du lourd bonnet rouge qui le défigurait en lui recouvrant le front à demi, il était vêtu d'une veste de paysan en serge élimée, et son pantalon de même étoffe, trop court, mettait à nu des espadrilles effondrées, dont la semelle de roseaux laissait fuir des pailles à chaque pas.

— Quelle misère !... soupira Madeleine à son oncle.

— Voilà, madame, dit l'Espagnol, qui avait entendu, à quel état pitoyable m'ont réduit les malheurs de mon pays. J'avais un château, j'avais des gens, en Catalogne ; en France, j'ai ça.

Il montrait, sous les arbres de la Place, une charrette supportant une baraque en planches, avec deux fenestrelles ouvertes d'où s'échappaient des nuages de fumée.

— Votre maison brûle, fit observer la Cambotte.

— Martos trempe la soupe...

— Et que faites-vous, à présent? demanda madame Servières.

Noguerra retira sa barrette et eut, dans sa barbe blonde annelée, un sourire qui rendit à ses traits corrects, non sans beauté, toute leur noblesse ancienne. Madeleine fut éblouie.

— On croirait voir remuer quelque chose sous votre maisonnette, soupira-t-elle.

— C'est mon ours Toto avec mes chiens.

— Alors, vous continuez votre métier dans la *chiennerie?* questionna Rascol.

— Il faut manger chaque jour.

— Vous auriez aussi bien fait de rester chez nous que de mener cette vie misérable, intervint Frédéric, faussant compagnie à son associé, en train de déverser à l'écart sur lui le trop-plein de ses préoccupations.

— Chez vous, les cailles ne tombaient pas rôties...

— Mais, au lieu de vous user à la chasse, vous

auriez pu vous mettre à la terre. Moreno entendait la culture et...

— Moreno est mort, interrompit-il.

— Madeleine, nous partons, dit l'abbé, rappelant sa nièce attentive à des remue-ménages obscurs, à des grognements féroces sous la guimbarde des Espagnols.

— C'est ma ménagerie, lui murmura Noguerra, s'adressant à elle seule... Voulez-vous la voir?

— Non! se récria-t-elle effrayée et rétrogradant vers les siens.

— Mon cher enfant, articula Alype, un bras levé sur l'Espagnol, que le ciel soit avec vous!

Ayant esquissé une croix dans l'espace, il entraîna sa nièce, immobile devant la roulotte grouillante, et prit la tête de la troupe de Roquefixade, qui s'éloigna.

— Qu'est devenue Riquette? s'informa Frédéric.

— Vous ne la voyez donc pas avec Luc, là-bas, près de ce coutelier! lui répondit Rascol.

On se pressa pour la rejoindre.

Prunelle et Taillevent, raidis dans une sorte d'extase, se tenaient fichés devant une longue table où étaient déposés des ciseaux et des cisailles par douzaines, puis des tas de couteaux, que les mains diligentes d'un marchand à barbiche de juif prenaient un à un, frottaient vigoureusement, étalaient.

— Et celui-là?... demande Riquette, posant un doigt sur une lame décorée, au manche, de clous très brillants.

— Oh! celui-là est cher! dit le forain, qui saisit l'objet, le ferme, le rouvre, le fait miroiter... Remarquez, ajoute-t-il, que ce couteau, d'un acier plus fin, d'une trempe plus dure que les autres, est muni d'une virole et d'un ressort qui en fixent la lame aussi solidement qu'une baïonnette au bout d'un fusil. Voulez-vous abattre une branche? ne craignez pas qu'il se replie pour vous blesser. Êtes-vous dans la nécessité de défendre votre peau? l'arme, maintenue en ligne, devient très dangereuse, et vous êtes sûr de découdre votre ennemi...

— Combien? crie Taillevent.
— Il est cher.
— Combien? répète Prunelle.
— Cinq francs.

Elle voit son père, bondit à lui; puis, muette, lui glisse sa menotte dans le gousset et amène une pièce de cent sous.

— Mais... balbutie celui-ci, sans se fâcher.
— Il faut bien que je donne un couteau à Luc, puisque j'ai jeté le sien dans le Bidourlat.

Taillevent, son cadeau en main, n'en revenait pas.

— O Mademoiselle, il est trop joli!... bredouillait-il.
— C'est égal, dit le foulonnier du Jaur, qui, dans ses dispositions découragées, ne pouvait manquer d'accoucher d'une bêtise, c'est égal, il ne faut jamais faire présent d'un couteau à personne : ça coupe l'amitié...

— Allons déjeuner, conclut Jérôme.

En gagnant l'Hôtel de la Couronne, on dut repasser devant la charrette des Espagnols. Ils mangeaient la soupe de Martos sans doute, car nul bonnet rouge n'apparaissait sous les arbres. Fitou grommela dans les jupons de Riquette.

— Un homme plus courageux que toi, lança la Cambotte à son mari, irait demander à ces gens de nous remettre au moins un morceau de la somme qu'ils nous doivent. S'ils n'ont pas quatre-vingts francs, ils pourraient en avoir vingt...

Rascol regardait du côté de la roulotte, tiraillé,

indécis. Au moment où il se décidait et hasardait un pas, madame Frédéric le retint d'un signe.

— Annette, murmura-t-elle très bas à la Cambotte, je vous payerai, moi, ces quatre-vingts francs.

Nos montagnards avaient franchi le seuil de l'Hôtel de la Couronne, suivis d'Aubrespy, qu'il n'avait pas fallu prier longtemps.

X

LA FOIRE DE SAINT-PONS

Cependant, une rumeur immense planait au-dessus de Saint-Pons. Ce n'étaient plus les coups de marteau des marchands déclouant leurs caisses, fixant leurs étagères, tendant leurs toiles au-dessus des étalages le long de la spacieuse allée des Platanes, sur la place de la Cathédrale, sur la promenade des Ormes ; c'était quelque chose tout ensemble de mêlé et de distinct, comme un énorme branle-bas d'hommes et d'animaux, clair ici, assourdi plus loin, affectant par intervalles, au milieu de gros nuages de poussière, les hurlements confus d'un ouragan prêt à tout balayer devant lui. La Montagne-Noire herbageuse, où séjournent, se nourrissent des bêtes par milliers, avait lâché hors des bergeries, hors des basses-cours, hors des étables, ses pensionnaires habituels, et par cette splendide journée de mai, les poussait vers la ville.

De toutes parts, sur les chemins des Verreries, du Cabaretou, de Riols, apparaissaient des files interminables de bœufs, de vaches, de moutons, de chèvres, d'agneaux, de cabris, guidés par des pâtres en *grisaoudo* blanche, l'aiguillon au poing, maintenus en colonne par des chiens paisibles, allant sans se presser, l'œil attentif au devoir. Puis venaient, sous la gaule flexible d'un garçonnet ou d'une fillette de ferme, des compagnies populeuses d'oies et de dindons, engeance ailée, toujours éparse, plus récalcitrante que les bêtes à cornes, qu'il fallait assembler, dont il fallait précipiter les trottinements, les envolées à coups de latte, à coups de pierre, pour arriver à temps sur le marché.

Mais ce n'étaient pas les troupeaux seulement que le Saumail sourcilleux, débarrassé désormais de la neige accablante, chassait vers la foire ; avec le bétail, il laissait fuir les gens de ses moindres fissures, de ses moindres anfractuosités. A Marthomis, au Soulié, à Courniou, à Rieussec, un rayon du nouveau soleil avait touché les portes des métairies, des bordes, des huttes, les avait ouvertes pour ainsi dire, et paysans, paysannes, redevenus alertes des membres après les raideurs de l'hiver, roulaient par bandes dans les sentiers, endimanchés, guillerets, le pas hardi, la langue toute en babil. — Quelle joie! Quelle fête! — Puis on rapporterait boursicaut plein au logis, où la vie avait été si dure durant des mois et des mois, où les provisions mises en réserve se trouvaient épuisées.

La foire, caquetante, beuglante, bêlante, chevrotante, piaillante, était épandue à travers la ville entière. Toutefois, elle occupait deux quartiers principalement : celui de la place de la Cathédrale et celui de la promenade des Ormes. — Ici, les gros draps épais de Mazamet, les molletons pelucheux de Colombières, les serges rudes de Saint-Chinian, les toiles bûcheuses de Salvergues, la bonneterie à raies multicolores, à pompons rouges de Lacaune, les faïences grossières de Caux, les clous primitifs de Graissessac, toute espèce d'étoffes, de ferrailles, d'objets lourds, bizarres de formes, indispensables aux habitants des sommets. — Là-bas, les indiennes éclatantes de Marseille, les foulards soyeux de Nîmes, les fichus à bordure ajourée de Grenoble ou d'Avignon, la coutellerie de Langres. Puis, sous de grandes vitrines, des verroteries, des bijoux, des affiquets arrivés de pays inconnus, débités avec force gestes par des hommes baragouinant le français et le patois d'un accent étranger qui ne laissait pas d'être fort gênant pour les petites bourgeoises de Saint-Pons ou les fermières riches de la montagne, le moment venu de se renseigner sur l'objet choisi, d'en débattre le prix, d'obtenir des rabais.

Le long de la route de Castres, les galoches, les sabots, versés sur la voie à charrette pleine, formaient des amas montueux. Ces galoches et ces sabots, les uns pointus du bout, les autres carrés, — les galoches munies d'une bande de cuir à boucle luisante qui les fixera sur le cou-de-pied, les sabots montrant des semelles de fer rivées à même le frêne, sorte de blindage qui les protègera parmi les pierrailles des gaves et des monts, — offraient un spectacle des plus curieux. Autour de ces tas sans cesse croulant sous des mains acharnées à les eparpiller, les groupes grouillaient. Quels bons coups de langue les femmes administraient au sabotier leur passant une pièce ou mal venue, ou tant soit peu fendillée! En essayant les galoches, en allongeant la monnaie, en marchandant, elles avaient des plaintes, des réclamations, des reproches, des cris de pies perdues dans les oseraies de l'Agout. Les hommes, eux, ne soufflaient mot, logeaient leurs pieds dans les sabots vaille que vaille, payaient, poursuivaient à travers la foire, entraient au cabaret... Oh! les cabarets, quel vacarme de chansons vociférées à pleine gorge ils jetaient à travers les rues par les fenêtres et les portes ouvertes à deux battants!

C'est au milieu de ce fracas que notre monde de Roquefixade, toujours augmenté d'Aubrespy flairant sa proie, visita les deux champs de foire, envahis, où l'on se heurtait, se piétinait, se bousculait, s'écrasait. Fitou seul, robuste, effilé, le museau fin, se sauvait sans trop de peine et d'ennui, se faufilant entre les jupons des montagnardes, les hauts bâtons des montagnards. Il tirait en avant de son groupe, l'échine apparente le plus souvent, quelquefois absolument submergé.

Tout à coup, deux barettes pourpres éclatent parmi les coiffes blanches des paysannes, les larges feutres noirs des paysans. Ce sont les Espagnols appelant à grand renfort de tambour les gens de la foire à un combat de bêtes « extraordinaires, de bêtes comme on n'en a jamais vu ».

Un garçonnet glapissait d'une voix perçante :

« Les bergers et les chasseurs de la Montagne-Noire peuvent venir essayer leurs chiens contre notre ours Toto. Il y aura cinq francs pour le maître du chien qui renversera Toto... On commence à l'instant... Prix d'entrée, deux sous! »

— Si nous y allions? dit Madeleine comme à son insu.

— Pour faire dévorer Fitou, peut-être! riposte Riquette.

— La religion interdit ces spectacles, proclame Alype.

Et, se tournant vers Aubrespy :

— Puisque vous tenez à nous montrer la fabrique, marchons. Aussi bien je commence à piler du poivre, moi.

— Vous parlez d'or, monsieur le curé, appuie le foulonnier.

A mesure qu'on descendait vers le Jaur, le chemin devenait plus libre. Par-ci par-là seulement, des porchers avec leurs cochons accroupis en des coins d'ombre où leur graisse épandue parmi les cailloux semblait couler. Ces hommes, enveloppés de tablier de cuir, montrent des faces rudes, couleur de terre, refrognées par les soucis de la vente. Quelques-uns pourtant, frais émoulus de l'auberge voisine où le vin coulait à plein robinet, ouvrent des bouches noires et, dodelinant de la tête, poussent des notes sauvages soutenues jusqu'à perte d'haleine, à tout gosier.

— Les bons compères! mâchonne Rascol, qui a hurlé les mêmes refrains dans sa jeunesse.

A la porte de la fabrique, Riquette protesta.

— Pendant le déjeuner, dit-elle, M. Aubrespy a répété qu'il avait besoin de causer d'affaires. Moi, les affaires m'ennuient ; puis j'aurai bien le temps de connaître la fabrique puisqu'on me laisse à Saint-Pons.

— Alors, que veux-tu? lui demanda son père.

— Je veux retourner à la foire, qui m'amuse...
— Es-tu fatigué, Taillevent? Es-tu fatigué, Fitou?...

— Cambotte, je vous la confie, interrompit Frédéric.

Ravie de la permission, Riquette remontait vers la ville par petits bonds joyeux, folâtrant avec son chien.

— Va, mon Fitou, je te regretterai au couvent, je te regretterai, lui répétait-elle en le caressant à l'envi.

— Peut-être, au couvent, regretteras-tu Fitou plus que nous? lui dit Annette.

— Vous n'êtes pas des chiens, vous autres...

— Mais moi, ne suis-je pas un chien, un chien aussi fidèle et couchant que Fitou? bredouilla Taillevent, ses deux yeux, plus clairs et plus bleus que l'eau de la Source, arrêtés sur elle.

— Toi, Lucou, c'est différent : je te regretterai.

Et elle lui pinça la joue du bout de ses doigts.

— Oh! oh!!... se récrièrent les porchers, devant lesquels on passait à cette minute.

Taillevent, peut-être fâché, peut-être surpris tout simplement, décocha à ces hommes d'aspect farouche un regard de colère. L'un d'eux se sentit touché sans doute, car il se détacha de la muraille où il se tenait adossé, avança de trois semelles; puis, s'adressant à Rascol :

— Est-ce que c'est votre garçon, celui-là?... demanda-t-il, désignant Luc.

— Bien sûr que c'est notre garçon, celui-là! riposta la Cambotte... Et que nous voulez-vous, s'il vous plaît?

— Rien autre chose que vous faire mes compliments. Non, de ma vie, aux Cévennes, je n'ai rencontré jeune homme plus robuste et plus magnifique.

— Vous êtes de braves gens, articula Annette, suffoquée d'aise.

Rascol se contenta d'appliquer un coup de poing amical au porcher, qui regagna tranquillement son mur.

XI

« TOTO » ET « FITOU »

Les rues se désemplissaient peu à peu. Trois heures sonnaient, et les paysans des endroits ou trop écartés ou trop enfouis, leurs achats et leurs ventes réalisés, désertaient la ville par bandes de cinq, de dix, de vingt. Luc allait à quelques pas des siens dans sa sérénité pensive de Figuerolles, la tête bien droite, le visage encadré dans les ondes de ses cheveux blonds qui lui communiquaient comme une idéalité supérieure, un rayonnement d'une douceur infinie, quasi divin. Il avait les pas courts, paisibles, rythmés d'un jeune dieu, qui ne se presse aucunement, car le temps et l'espace sont à lui. S'il arriva jamais à Hercule, curieux des hommes et des choses, de traverser une foire parmi les montagnes de la Thrace, il ne marcha pas d'une autre allure que le fils du brûleur Lucas en notre pays cévenol. Il était fort, il était beau, il était « magnifique », selon le mot du porcher, et, privilège qui n'appartient qu'aux dieux, émanations de la force même, de la beauté même, de la « magnificence » même, il ne le savait pas. De cette ignorance, sa liberté de parole, sa liberté d'attitude, — sa liberté!

Riquette voulut revoir la porte des Ursulines, — rien que la porte, — et l'on céda; elle voulut repasser par la Source, et l'on céda. On céda encore pour reparcourir toute la ville. La promenade des Ormes s'offrit à eux presque déserte; à présent, la foire se concentrait sur la place de la Cathédrale, effroyablement encombrée. Les villageois partis, les Saint-Ponnais reprenaient possession de la cité et à leur tour venaient se distraire aux vitrines et aux spectacles en plein vent. L'étalage du coutelier à la marchandise étincelante attirait beaucoup de monde; les emplettes y étaient nombreuses. Taillevent pensa au superbe couteau qu'il devait à Riquette et le palpa dans sa poche avec un tressaillement indicible. Oh! sa petite maîtresse, — sa sœur, — pouvait rester à Saint-Pons, il posséderait, à Figuerolles, une chose qui la lui rendrait toujours présente, la lui rappellerait toujours.

— Où sont les comédies? s'informa la jeune fille.
— Je ne vois pas, répondit la Cambotte... Je n'entends que le tambour de ces Espagnols...

— Si nous entrions au combat de l'ours? hasarda Luc

— Ça me ferait peur, s'écria Riquette. Entendez ces hurlements. Mais, au fait, qu'est devenu Fitou? demanda-t-elle, habituée à sentir ce fidèle ami sur ses talons et prévenue par un mouvement de sa main qu'il n'était plus là.

— Fitou! Fitou! appela Taillevent.

Deux doigts aux lèvres, il déchira l'air d'un coup de sifflet strident, sauvage, comme au Louvart ou au Roudil. Les gens le dévisageaient, se bouchaient les oreilles.

— Courons aux Ursulines, à la Source, aux endroits où nous sommes passés, dit Rascol.

— Mon Dieu! mon Dieu!... gémissait Riquette.

Ni au chemin de Pont-de-Rach, ni aux environs des Ursulines, ni à la Source, ni le long de la route de Castres, vide de ses sabotiers, ni sur la promenade des Ormes, rase et nue, ils ne rencontrèrent le chien. Vainement s'égosillaient-ils à lancer de toute leur force : « Fitou! Fitou! » pas le moindre aboi ne leur faisait écho. Du haut de la colline du petit séminaire, car, dans leur effarement, ils avaient fouillé ce quartier excentrique, ils dégringolèrent vers la place de la Cathédrale. A voir la foule qui se démenait là en un tohu-bohu violent et compact, on aurait cru que toute la ville, au coucher du soleil, s'était donné rendez-vous sur ce point unique.

Le spectacle offert par les Espagnols battait son plein dans la poussière rougeâtre. Une houle de têtes ondulait autour d'une tente accrochée à des piquets disposés de manière à former un cirque. De la ruelle haut située où nos gens de Figuerolles précipitaient leur pas, on découvrait l'intérieur de l'enceinte : un espace assez large, grisâtre, avec une grosse tache noire au milieu ; puis, arrêtés par une corde solidement nouée à des pieux, des hommes, des femmes, des enfants entassés. C'étaient la lice, l'ours, les spectateurs. Dans les marronniers déjà feuillus de la Place passaient des minois curieux de gamins, dont les plaisirs de la foire : pralines, macarons, berlingots, nougats, avaient tari le gousset. Ils manquaient des deux sous exigés pour l'entrée. On les entendait rire, s'interpeller, chanter.

Notre monde approchait et apercevait les choses plus distinctement. Toto, muselé, retenu par une longue chaîne fixée à un anneau de fer à moitié enfoui dans le sol, se tenait assis sur son arrière-train, paisible, insouciant, regardant devant lui avec tranquillité. Des chiens, que leurs maîtres serraient au col, qui avec une courroie, qui avec une ficelle, qui avec son mouchoir, avaient beau emplir le cirque, la Place, les rues voisines d'aboiements enragés, formidables par leur nombre, l'ours de Noguerra ne bougeait, la gueule sans voix, les griffes dans la fourrure de ses quatre pattes au repos. L'heure de travailler n'était pas encore venue, et il l'attendait sans se préoccuper de la bande de ses ennemis, dans cette impassibilité, ce dédain superbe de la brute à qui la nature, n'ayant départi que la force, compte sur elle pour surmonter les obstacles de son chemin.

— Et dis-moi, Luc, si on nous avait volé Fitou ? balbutia Riquette, levant sur son ami des yeux noyés de larmes.

— Ah ! par exemple !... fit-il, palpant son couteau.
— Cela s'est vu, ces voleries, insista la Cambotte.
— Ah ! par exemple !... répéta-t-il.
Et, leur montrant sa lame dégainée :
— Je voudrais bien que ces Espagnols !...

Un aboi désespéré, quelque chose d'intraduisible à force de désolation et d'horreur, un cri de profonde douleur humaine quand tout est perdu, quand la fatalité nous écrase, l'interrompit.

— C'est lui !... hurla-t-il.

Prompt comme le vent de l'Espinouze, l'arme haute, bousculant gens et bêtes sur son passage, il tombe à la porte du cirque, dont Noguerra, vêtu d'un costume de velours agrémenté d'une bordure de grelots sonnants, défend l'entrée.

— Mon chien ! mon chien ! lui corne-t-il aux oreilles.

L'Espagnol oppose à Taillevent la barrière de son bras tendu. Lui, le saisit aux côtes et l'envoie s'aplatir à dix pas sur le gravier. Il surgit au milieu des spectateurs épouvantés. Son large chapeau est demeuré en route, et sa gracieuse, sa souple chevelure d'or, aussi droite, aussi rêche qu'une crinière de lion, a changé l'aspect de ses traits, autrefois doux et calmes, à présent terribles et bouleversés.

Voleurs ! voleurs !...

Ce mot unique s'échappe de son gosier, enflammé d'une rage qui brûle toute sa machine comme un incendie.

Cependant, Fitou est là sous la patte de l'ours qui le broie, aux roulements accélérés de deux tambours proclamant le triomphe de Toto. Mais Taillevent a franchi la corde d'un bond. Il surgit au milieu de la lice.

— Sortez de là ! beugle Martos, qui veille aux exercices.

Le fouet noueux dont il stimule sa bête siffle, et la mèche coupante s'abat sur les épaules nues de Taillevent, car Taillevent a rejeté sa veste d'un tour de main. Le sang de notre héros jaillit. Qu'importe ! il veut sauver le chien de Riquette râlant, les reins cassés, sous la griffe de l'ours, et, le couteau dans sa virole, droit de cinq pouces devant lui, il fond sur le monstre noir des Espagnols. Toto, atteint, lâche Fitou et, le museau levé, le poil partout raidi, rugit effroyablement.

— Assez!... braille la multitude des spectateurs terrifiés.

— Assez! assez!... clabaude Martos, à qui un homme vient d'arracher son fouet.

L'homme, c'est Rascol.

— Luc! Luc!... redit sans fin Riquette, qui essaie de crier et n'a plus de voix.

— Luc!... clame la Cambotte éperdue.

Mais Taillevent, dans la lutte, est frappé d'une surdité complète. Il a vu le ventre de Fitou ouvert, il a vu les entrailles de Fitou couler sur le sable de l'arène, et, quand l'horrible Toto se tenait debout, hurlant d'une première blessure, il s'est rué contre lui et a pu l'atteindre encore une fois. — Où a-t-il frappé? Il ne le sait. — Une chose certaine, c'est que la bête sauvage n'a pas été touchée à fond. Elle a repris sa mine de dédain brutal et gardé ses forces.

Le combat recommence au milieu des clameurs de toute la place de la Cathédrale, qui a mis les toiles de clôture en lambeaux. Après un soufflet à Taillevent, soufflet appliqué presque de main d'homme, l'ours, qui s'est penché, se redresse, recule, et lève haut deux pattes pour embrasser son ennemi, l'étreindre, lui faire craquer les côtes comme étèles, le dévorer, car, accident imprévu! la muselière de cuir, mal assujettie à l'ardillon de la boucle de soutien, bâille déjà, au premier effort va se détacher. Notre Hercule, fils de Lucas, beau, jeune, courageux, hardi comme l'autre Hercule, fils de Jupiter, croit le moment favorable. Une lueur raye l'air, et voilà Taillevent qui roule sous la bête, à moitié perdu dans la robe de la bête, les dents féroces de la bête enfouies dans sa ravissante toison blonde, d'où l'on voit sourdre des bouillons de sang.

— Au secours ! au secours !... s'égosillent ensemble Riquette, la Cambotte, Rascol, qui se sont faufilés par-dessous la corde, résolus à dégager Luc ou à périr avec lui.

Ce cri, perçu par Taillevent sous les membres de l'animal qui l'écrase, gonfle son cœur d'une dernière énergie ; il a un sursaut héroïque, et il apparaît debout, montrant aux siens qui sont là l'enserrant étroitement, son couteau rouge jusque par-dessus la virole, jusque par-dessus son poignet.

— Je l'ai pris... au défaut... de l'épaule... bégaye-t-il.

Riquette l'embrasse, la Cambotte l'embrasse, Rascol l'embrasse. Les spectateurs et les spectatrices l'embrasseraient aussi s'ils l'osaient ; ils se contentent de l'applaudir, de l'acclamer avec frénésie. La tourbe lâche de ces curieux, après avoir joui des péripéties du drame, avoir eu le temps d'apprendre le nom du principal acteur sans songer à intervenir pour le sauver, criait à tue-tête :

— Vive Taillevent !... vive Taillevent !...

Et Toto, qui avait fait vaillamment, noblement, son métier d'ours ?... Toto, couché de son long, les quatre membres détendus, épars, de ses deux yeux rapetissés, où la mort prochaine étendait des ombres de plus en plus épaisses, regardait son sang, longtemps retenu par quelque effort intérieur, couler d'une crevasse béante, s'en aller en rigoles devant lui. Morne, attentif, stupide, il n'avait ni un mouvement ni une plainte.

Ce jour-là, la gendarmerie de Saint-Pons, incapable à elle seule de veiller sur la foire, avait appelé à son aide les brigades d'Olargues et de La Salvetat. Deux tricornes paraissent, puis quatre, puis six.

— Faudra-t-il faire dégainer! crie un monsieur en redingote, ceint de l'écharpe tricolore.

— Monsieur le commissaire, cet homme vient de tuer notre ours, dit Noguerra avec une révérence respectueuse.

Son bras désignait Luc.

— Monsieur le commissaire, l'ours avait tué mon chien, riposte Taillevent, désarmé de son couteau par Rascol et montrant sa belle figure honnête, où la victoire remportée met un resplendissement.

— En faisant battre votre chien avec l'ours, vous saviez à quoi vous l'exposiez.

— Je ne l'ai pas fait battre, on me l'a volé...

— Volé?

Les oreilles du commissaire frétillent.

— Ce n'est pas vrai! hurle la bande des Espagnols.

— C'est absolument vrai, intervient quelqu'un.

— Vous l'avez vu, monsieur Simard? questionne le commissaire.

— Oui, monsieur Pourrat, je l'ai vu, répond M. Théodore Simard, homme considérable de la ville, — le notaire de la Société Servières, Aubrespy et Cie.

— Témoignez, je vous prie.

— Je me promenais sur la Place et m'amusais à suivre les manèges d'un jeune garçon à bonnet catalan qui s'évertuait à prendre un chien avec une cordelette. Il le capture, en effet, et l'entraîne sans que la bête, à moitié étranglée, pousse le plus petit aboi. Je pense naturellement que ce chien appartient aux Espagnols, et, comme je le trouve d'une réelle beauté, j'entre au cirque pour le voir lutter avec l'ours.

— Reconnaîtriez-vous le garçon à bonnet catalan?

— Le voilà!

Il touchait du doigt un pauvre diable, accroupi derrière Martos.

— La cause est entendue, prononce M. Pourrat.

Puis, s'adressant à Noguerra.

— Débarrassez-moi le plancher, et tout de suite! Si je vous découvre ici demain, je vous coffre.

Dès leurs premiers pas, — des pas entravés, ralentis par un chagrin poignant, — Rascol, la Cambotte, Riquette, Luc se trouvèrent nez à nez avec les gens de Roquefixade, prévenus à la fabrique on ne sait comment. La tragédie de la place de la Cathédrale emplissait la ville de rumeur et quelque écho en était parvenu aux rives du Jaur.

— Cambotte, dit vivement Frédéric, attelez la carriole et filez. Hardi!...

La nuit tombait doucement.

XII

LES ALBAGNAC, DE LA BOULEAUNIÈRE

A Figuerolles, chacun s'était remis à la besogne coutumière. L'herbe avait poussé partout, et les tarrines, depuis longtemps revenues, s'en donnaient à toutes dents parmi les hautes campagnes du Louvart et du Roudil. Juillet, aveuglant de rayons, arriva. Sur l'ordre de Jérôme, des paysans de Lacaune furent embauchés pour la moisson. Les blés, les seigles ondulaient comme une mer d'or aux environs de La Fresnaye; on y mit la faucille, et les gerbes disposées sur l'aire, avec un gémissement doux rendirent leurs grains sous le fléau.

Au milieu de cette activité violente, presque emportée, — les instants sont courts chez nous où la nature se montre propice, et il faut se hâter de les saisir, — Taillevent demeurait les bras croisés. Il se levait avec les gens de la métairie à la fine pointe de l'aube, les suivait sur le sillon ou sur l'aire ; mais bientôt la faucille tremblait dans sa main, le fléau aussi, et, plein de dégoût, on le voyait regarder devant lui avec une persistance singulière, ne faisant œuvre de ses dix doigts. L'histoire de sa lutte avec l'ours des Espagnols ayant couru de bouche en bouche, nul parmi les pâtres du bas pays où les journaliers de la montagne ne s'étonnait de ses haltes au milieu d'un travail acharné, ne s'avisait surtout de les lui reprocher. On le considérait curieusement, on chuchotait quatre mots, et on le laissait à sa paresse et à ses songeries.

— Ne le tourmentez point, suppliait Rascol. Depuis qu'il a tué cet animal, il vit quasiment comme un perdu.

La Cambotte souffrait mort et martyre de l'attitude morne de son enfant, et vingt fois elle avait essayé des questions. Taillevent se contentait de secouer la tête ; puis, si sa marraine insistait, il s'emportait en une course folle et ne reparaissait qu'à nuit serrée.

— O mon Lucou !... gémissait la pauvre femme, l'apercevant qui tirait en droiture, enlevé par le vent.

Un soir, ils descendaient de La Fresnaye, Annette ayant appris que le locataire de son champ avait vendu son grain, s'était empressée d'aller réclamer trente francs qui lui étaient dus. Chance inouïe ! elle tenait la somme. La langue mise en train par l'aubaine, elle ne tarissait pas sur le bonheur réservé à son fillot quand, un jour, elle et Rascol vieillis, incapables de travailler, ils s'établiraient ensemble à La Fresnaye et y vivraient en vrais poupons de leur terre et de leur monnaie. Ils suivaient le lit du Bidourlat, dont le soleil de l'été, habitué à boire nos sources, n'avait fait qu'une gorgée. La Cambotte jabotait, jabotait, et sa parole était accompagnée par la musique des six écus qui, déplacés dans sa poche par le clopinement de sa démarche, cliquetaient à chacun de ses pas.

— Oh! cria Luc, ramassant quelque chose dans le sable aride du ruisseau.

— Qu'y a-t-il?

— C'est lui! c'est mon couteau!... Vous vous souvenez bien, marraine, du couteau que Riquette jeta dans le Bidourlat!

Il regardait l'objet indiciblement. Il développa la lame rouillée; puis, saisissant au fond de son gousset le couteau de la foire, il les tint un instant l'un et l'autre en sa main, les comparant, les couvant.

— C'est égal, dit-il, encore que celui acheté à Saint-Gervais soit moins beau que celui acheté à Saint-Pons, je les aimerai tous les deux : avec le premier, Riquette a taillé des branches; avec le second, moi, j'ai tué l'ours de Noguerra.

Il les portait à ses lèvres tour à tour et les baisait.

— Il te tarde sans doute de voir Riquette? demanda-t-elle.

— Si elle devait retourner à Figuerolles aujourd'hui, je monterais sur le Caroux pour la voir venir de plus loin.

— En septembre, — le mois prochain, — les sœurs lui accorderont quinze jours de vacances.

— Je tremble qu'il ne lui arrive malheur à Saint-Pons. Ces Espagnols ne pourraient-ils pas enfoncer la porte du couvent et se venger sur Riquette?...

— Les gendarmes ont chassé les Espagnols.

— Je le sais; malgré cela, cette nuit, ayant rêvé

qu'il se passait quelque chose d'extraordinaire du côté des Ursulines, j'ai laissé mon lit, saisi mon couteau et me suis disposé à partir. Je serais à Saint-Pons, si Pipette ne m'avait retenu.

La Cambotte n'entendait plus le bruit de ses écus.

— Ce n'est pas bien, Luc, ces folies qui te traversent.

— Vous n'avez donc pas compris que, si je reste, c'est à cause de vous, qui êtes quasiment ma mère !

— Oui, je suis ta mère en pleine vérité.

Elle ne put s'empêcher de l'étreindre, et cette étreinte, où mouraient et son cœur et ses bras, avait quelque chose de désespéré. Taillevent tout à coup la sentit faiblir. Il la soutint. Elle allait se trouver mal, tomber. Elle était horriblement pâle. Il devint aussi pâle qu'elle. Aux talus du Bidourlat, un tapis de sauges, frais et douillet, se déployait, parsemé de fleurettes bleues. Le filleul enleva la marraine d'une brassée, et la déposa sur les herbes parfumées. Il n'eut pas un mot à lui dire, quand il la vit là étendue, défaillante. Il fit mieux que de lui parler : il se mit à genoux près d'elle ; puis, inclinant sa tête très bas, lui colla ses lèvres sur le front.

Quand personne, à la métairie, ne s'expliquait le changement d'humeur de Taillevent, son instinct de femme aidait la Cambotte à débrouiller l'énigme. Elle se croyait la mère de Luc, sa mère « en pleine vérité », et la lumière divine allumée au cœur des mères lui découvrait le mystère où les autres ne comprenaient rien. Oui, son Lucou avait conçu « une amitié » pour Riquette, et c'était cette amitié, plus forte que le vin, qui le grisait, le tourmentait, l'encolérait, le rendait fou. Que ferait-elle pour divertir son fillot des idées qui lui calcinaient la tête. Elle ne savait. L'interroger, tâcher d'apaiser ses irritations, ses fureurs par d'affectueuses paroles, elle l'avait tenté cent fois inutilement. Ou Luc s'était tu, ou il l'avait plantée là. Elle se rappelait qu'un soir, à la tombée de la nuit, comme elle essayait de nouveau de panser son mal, il avait détalé aussi prompt qu'un loup de Tirebosc, et puis que, au lointain, elle avait ouï des cris affreux.

A force de creuser sa pauvre cervelle douloureuse, Annette crut avoir découvert un moyen de distraire Luc de son chagrin : elle l'amènerait avec elle dans ses voyages. Justement le moment était venu où, chaque année, la moisson finie, elle chargeait sa carriole et partait. On avait vendu la récolte aux monts d'Orb, dans la Montagne-Noire, et l'argent encombrait les boursicauts.

— Je ne viens pas, marraine, lui dit Taillevent.

— Peut-être as-tu peur que nous ne soyons pas rentrés à la métairie pour l'arrivée de Riquette ?

— J'ai peur de ça.

— Riquette sera ici tant seulement le 15 septembre, et nous sommes aujourd'hui le 20 août. Avant dix jours, nous serons rentrés...

— Je ne dis pas non ; mais, à mon avis, l'instant du départ ne garantit point l'instant du retour, et je vous demande de voyager sans moi.

Finette, une jeune mule ombrageuse qui avait succédé à Laric, sur le point d'entrer dans les brancards de la carriole, lança une ruade.

— Alors, s'écria la Cambotte, faisant flèche de tout bois, alors tu ne crains pas que Finette ne finisse par endommager ta marraine sur les routes ?

Comme il continuait à atteler la mule d'un air indifférent, elle, l'âme à la torture, avec une audace puisée à la source de son immense tendresse :

— Si encore, pour retenir cette bête vicieuse, j'avais mon poignet ancien, mon poignet du jour où je te trouvai dans la neige, sur le chemin de Taillevent !...

Le fils de Lucas sentit un coup de hache lui partager le cœur.

— Si Finette vous effraye, je vais avec vous, ma mère !

Il s'était élancé sur le siège, avait assemblé les guides, donné du champ à la mule impatiente de filer.

Un matin, ils gravissaient un sentier pierreux et fort rude ; Luc tout à coup :

— Regardez, marraine, ces beaux arbres et cette métairie superbe là-bas.

— Pardi, ça n'a rien d'étonnant : nous sommes à la Bouleaunière, chez Grégoire Albagnac.

— Les bâtiments me semblent autrement jolis et autrement propres ici qu'à Figuerolles.

— Les Albagnac ont le sens commun : ils n'ont pas songé à fabriquer des draps, eux. Au lieu d'engouffrer leurs écus dans la gueule d'un Aubrespy, ils se sont contentés d'abonnir leurs terres... Aussi, sais-tu ce qui arrivera ?

— Qu'arrivera-t-il ?

— Il arrivera que le fils de la maison, M. Adolphe Albagnac, mettra la main sur la plus grosse dot du pays.

— Il est donc à marier, M. Adolphe Albagnac ?

— Il est en fleur de jeunesse, il envisage ses vingt-deux ans, il est unique...

— Pourquoi n'épouse-t-il pas Riquette ?

— Tu aimerais ce mariage, toi ?

— Je crois bien que je l'aimerais ! Où trouver pour Riquette une demeurance plus reluisante, plus prospère, plus rapprochée de chez nous ? Le bon Dieu m'a départi des jambes que ne peuvent lasser les chemins, et moi qui ai deux amitiés tant seulement: celle de notre demoiselle et celle des Rascol, je galoperais sans fin entre Figuerolles et la Bouleaunière.

Un doigt levé, il comptait les magnifiques bouleaux de l'allée, sur l'écorce desquels le soleil appliquait des baisers ardents en de fourmillantes traînées d'or.

— Il n'existe pas d'arbres pareils dans l'Espinouze, murmura-t-il.

La Cambotte sentait son cœur battre d'une terrible force : c'étaient dans sa poitrine des coups de cloche à l'étourdir. Ne sachant trop que dire, elle fouetta sa mule.

Annette devinait bien des choses dans l'être moral fort obscur de son fillot; mais un point restait noir, plus noir qu'une nuit sans lune et sans étoiles dans les solitudes de Tirebosc, et ni sa surveillance assidue ni sa perspicacité maternelle n'avaient réussi à l'éclaircir. La pauvre paysanne de La Fresnaye se perdait à travers les sentiments de Luc, affreusement compliqués pour elle. Si son fillot avait de l'amitié pour Riquette, elle eût compris qu'il évitât d'entendre parler d'un mariage possible de la petite; et non seulement il n'évitait pas ce chapitre fait pour l'irriter, lui égarer la raison, mais il y revenait sans cesse, s'y complaisait. A tout bout de champ, la pensée d'un établissement riche pour Riquette, d'un établissement à rendre jalouse la contrée, le transportait. — Pourquoi ?

— Il n'est pas homme fait encore, dit un jour Rascol à sa femme, perdue dans ses ténèbres et se complaignant.

— Pas homme fait ! pas homme fait ! se récria-t-elle, humiliée, furieuse. Montre-moi dans l'Espinouze quelqu'un qui le vaille pour la force, la vaillance, la beauté. Pas homme fait !... Qui s'est battu contre l'ours de Noguerra ? qui l'a saigné comme un mouton ?...

— Alors, si ce n'est pas ça, c'est autre chose, prononça philosophiquement l'ancien porcher.

— Quoi ? quoi ?

— Veux-tu que je te dise, Annette : Luc est plus fier de Riquette qu'il ne l'aime. Tu te souviens certainement que ses airs nous ont poussés à croire plus d'une fois qu'il n'avait pas dans les veines du sang pareil au nôtre. Il y a des sangs de toutes les qualités.

— Cela ne m'empêche pas de craindre que, si jamais on marie notre demoiselle, il ne veuille la reprendre à son homme de toutes ses griffes et de toutes ses dents.

Suprême ennui !... Quand, le 14 septembre au soir, veille de l'arrivée attendue de Riquette nos deux voyageurs rentrèrent à Figuerolles, ils n'y trouvèrent que le vieux Jérôme. Frédéric, appelé en toute hâte par une lettre du notaire Simard, était parti le matin même pour Saint-Pons avec sa femme. Les vacances de Riquette devant être fort courtes, elle les passerait à la fabrique du Jaur auprès de ses parents, que les affaires mal en point de la Société Aubrespy, Servières et Cie retiendraient là-bas un mois ou deux.

A ces nouvelles, la Cambotte ne sut réprimer un gémissement; Taillevent n'eut pas une plainte, un soupir.

XIII

M. THÉODORE SIMARD, NOTAIRE

M. Théodore Simard, que Frédéric visita le lendemain de son arrivée à Saint-Pons, lui fit sur Aubrespy des révélations qui le consternèrent. Non seulement son associé était un homme de fort mauvaises mœurs, scandalisant la ville par le spectacle d'amours crapuleuses avec vingt ouvrières de la fabrique, particulièrement avec une certaine Augustine Signol; mais il manquait de probité commerciale. Pour les mœurs, passe ; pour la probité dans les affaires c'était grave.

Notre paysan rougissait, pâlissait, tremblait.

— Que me dites-vous là, monsieur Simard !

— Tout crédit vous est fermé sur les places du département, sans préjudice des poursuites qui ne tarderont pas à être exercées contre la Société Aubrespy-Servières par MM. Fermepain, de Béziers. Ces messieurs sont indignés des procédés d'Aubrespy pour leur extorquer de l'argent, procédés qui seraient allés jusqu'au crime. MM. Fermepain m'ont adressé les pièces et je tiens à vous les mettre sous les yeux.

Tandis que les doigts agiles de M. Simard fouillaient dans un carton encombré de paperasses, Frédéric, pareil au bœuf qui vient de recevoir le premier coup de massue à l'abattoir, étourdi, branlait la tête de droite à gauche, de gauche à droite, et répétait indéfiniment :

— Au crime !... Au crime !...

Le notaire avait enfin saisi trois feuillets de papier timbré. Il les lui posa sous le nez.

— Reconnaissez-vous votre signature au bas de ces billets ?

— Non, monsieur, je ne la reconnais pas.

— Examinez bien.

— Monsieur Simard, je n'ai pas signé ça.

— Ce qui veut dire que votre associé a contrefait votre signature et que la cour d'assises aura à s'occuper de lui.

Frédéric eut un mouvement qui le planta debout. La face convulsée, les yeux hors de la tête, il s'écria :

— Non, monsieur Simard, Aubrespy ne passera pas par la cour d'assises, où il traînerait mon nom. Je le tuerai avant! il faut que je le tue!...

Le notaire eut le temps juste de se coller contre la porte de son cabinet pour l'empêcher de sortir.

— Monsieur Servières, calmez-vous... J'ai du reste à vous entretenir quelques minutes encore... Vous êtes un honnête homme, et, si MM. Fermepain poursuivent votre associé, soyez sûr qu'aucune confusion ne sera faite entre Aubrespy et vous. A Béziers, comme à Saint-Pons, on vous estime...

Il le conduisit vers son siège, où il tomba tout d'une masse. Alors, dans les yeux noirs de ce paysan, lançant tout à l'heure les étincelles d'un cratère de forge, amortis à présent sous plusieurs couches de cendre, apparurent de grosses larmes.

— Ah! mon père!... gémit-il avec un sanglot.

M. Simard parut ému de pitié.

— Voyons, Servières, du courage! lui dit-il. Ces traites, que MM. Fermepain ont commis l'imprudence de payer, représentent à peine douze mille francs. Ce n'est pas la mort d'un homme, douze mille francs, que diable!

L'autre demeurait muet.

— Je comprends que vous éprouviez un chagrin très vif à voir votre associé sur la pente de la cour d'assises. Il est fâcheux d'entendre constater qu'on a vécu côte à côte avec un coquin. Mais, du train dont marchent les affaires de votre fabrique, j'estime qu'une liquidation s'impose et que les poursuites de la banque Fermepain, en vous débarrassant d'Aubrespy, faciliteront une opération nécessaire...

— La liquidation?... demanda Frédéric, n'entendant pas clairement.

— Vous savez le proverbe : « Savetier, fais ton métier »? Eh bien ! je n'hésite pas à vous le déclarer, il y aurait eu plus de sagesse de votre part à demeurer herbager à Roquefixade que de venir vous établir fabricant à Saint-Pons.

Le cœur de Servières, que la douleur ouvrait à deux battants, laissa passer ce cri :

— C'était pour ma fille...

— Qui est ravissante...

— Vous la connaissez?

— Si je connais Riquette! Elle est, aux Ursulines, la plus intime amie de ma petite Théodora. Je vous avouerai même que, plus d'une fois, le jeudi, je l'ai fait sortir avec ma fillette, dont elle est inséparable. Ma femme s'est souvenue d'avoir rencontré jadis madame Servières aux Ursulines, et cela m'a enhardi. D'ailleurs, je tremblais que cet Aubrespy, capable de tout, ne s'autorisât de son titre d'associé pour aller réclamer Frédérique, les jours de congé...

— O monsieur Simard !...

Il n'en put balbutier davantage. De ses deux yeux grands ouverts il regardait le notaire, ne cessait de le regarder. Que de remerciements le père navré de Riquette adressait au père heureux de Théodora !

Mais, d'un brusque effort, Servières recouvra la parole :

— Vous avez raison, monsieur Simard, je dois me séparer d'Aubrespy. Ou l'on vendra la fabrique, si c'est indispensable, ou je la ferai marcher seul, si je puis : mais je ne reverrai plus le misérable qui m'a trompé, pillé, dévoré jusqu'aux os... Quand je songe que, harcelé de demandes d'argent, de plaintes par mon associé, j'ai apporté de Figuerolles vingt-cinq mille francs, que j'aurais été capable de lui livrer !...

— Vous avez apporté vingt-cinq mille francs ?

Le notaire, sautant à son coffre-fort :

— Déposez là votre argent. Je vais vous signer un reçu. Surtout, pas un mot à Aubrespy.

— Hélas ! il m'attendait hier. Au débotté, il s'est informé...

— Et vous lui avez avoué ?...

— Oui.

— Maladroit !... Donnez toujours l'argent.

— Je ne l'ai pas sur moi, il est à la fabrique, dans l'armoire de ma chambre.

— Comment ! vous laissez...

Servières ne l'écoutait plus ; il dégringolait l'escalier quatre à quatre, tirant à perdre haleine vers le Jaur.

XIV

AU VOLEUR ! AU VOLEUR !

L'armoire de sa chambre était ouverte. Le tiroir intérieur, brutalement secoué, glissa jusqu'à l'extrémité des rainures, éparpillant de menus papiers sur le plancher. Mais son portefeuille en basane, où il avait enfoui un paquet de vingt-cinq billets de mille francs, son portefeuille en basane n'était plus là... O rage !... Il bondit à la loge du concierge.

— M. Aubrespy ? où est M. Aubrespy ?

— A Béziers. Il m'a dit comme ça : « J'ai des affaires à Béziers. Si M. Servières me demande, vous lui direz de m'attendre. Je rentrerai à la fabrique demain ».

Une lueur d'espoir traversa le cerveau de Frédéric : peut-être Aubrespy, redoutant des poursuites, courait-il en ce moment à la banque Fermepain pour rembourser les douze mille francs? Ce montagnard de l'Espinouze, chez qui le commerce sans complication possible des herbages, de la serge, de la toile avait laissé la probité intacte, alla plus loin dans sa naïveté. Debout à la porte de la fabrique, après avoir, durant de longues minutes, considéré le large ruban poussiéreux de la route de Béziers, il en vint à s'adresser cette question : Aubrespy, une fois prélevée la somme indispensable pour éviter la cour d'assises, n'avait-il pas abandonné le surplus des vingt-cinq mille francs parmi les paperasse du tiroir? Qui le croirait? il remonta dans sa chambre ayant des ailes aux épaules. Tout fut fouillé, trié, vu, revu... Rien.

— Mon Dieu! hurla-t-il.

Et sans en avoir conscience, il fit voler le tiroir de son armoire au plafond.

— Mon Dieu! hurla-t-il de nouveau.

Il s'assénait des coups sur la poitrine, surtout sur le front. Soudain, comme un ressort trop tendu se casse, sa machine fléchit et il s'affaissa sur une chaise. Ses traits enflammés tout à l'heure, éteints maintenant, apparaissaient dans une pâleur livide. La pose des quatre membres abattus, de la poitrine respirant par des sifflements sourds, de la tête renversée en arrière, bouche mi-ouverte pour accaparer plus d'air dans une détresse d'asphyxie, avait quelque chose d'effroyablement tragique.

— Ah! soupira-t-il, je suis perdu.

Madeleine, qui était allé embrasser Riquette, rentra.

— Qu'as-tu? cria-t-elle.

— Ça va mieux... Tu es là?..,

— Que t'arrive-t-il ?

Il redit simplement.

— Tu est là ?... Un peu d'eau sur une serviette.

Il se tamponna le visage avec le linge imbibé. Il mettait je ne sais quelle fureur dans ces applications de la serviette contre ses joues, contre ses yeux, Madeleine tremblait sur pieds.

— Il me semble que tu es mieux, n'est-il pas vrai? dit-elle.

— Je suis mieux...

D'un élan il se retrouva debout.

— Vite ! courons chez M. Simard, ajouta-t-il ; il nous dira ce que nous devons faire...

— Ce que nous devons faire ?

— C'est vrai, je ne t'ai pas conté...

Il s'interrompit, hésitant, une honte épandue sur ses traits.

— Conte-moi, conte-moi...

Alors, secouant des timidités où l'amour-propre avait sa part, à mots hachés, espacés de silences, il lui bégaya l'histoire des vingt-cinq mille francs disparus.

— Ne te tourmente pas va, lui murmura-t-elle... Tu m'annonces un malheur, et moi je t'apporte un bonheur du couvent...

— Un bonheur ?

— Bien que notre Riquette ne soit entrée aux Ursulines que vers le milieu de l'année, elle a remporté trois prix.

— Ma chère fille !...

La joie des succès de Frédérique lui épanouit le cœur, et la confiance, cette confiance tenace dont l'honnête homme subit l'ascendant par delà le ridicule, jusqu'à la mort s'y précipita à tire-d'aile.

— Après tout, dit-il, il est fort possible que je m'exagère le mal et qu'Aubrespy revienne demain, comme il a chargé le concierge de m'en prévenir. Voici ce qui sera arrivé : il était dans l'obligation de verser douze mille francs à MM. Fermepain ; sachant que mon argent était destiné à couvrir certaines dépenses de la fabrique et ne me trouvant pas là, il a ouvert l'armoire, a pris le portefeuille, est parti pour Béziers...

L'avis de M. Simard, peu optimiste de son naturel, fut que Servière était victime d'un fieffé voleur, qu'il fallait prévenir le commissaire de police, la gendarmerie et déposer une plainte au parquet.

C'est au milieu de ce bouleversement des siens que Riquette passa ses vacances. Dès la première heure, ayant vu les yeux de sa mère noyés de larmes, elle l'avait interrogée.

— Ton père a des difficultés avec M. Aubrespy, mais tout cela s'arrangera, lui répondit-elle.

— Luc n'est pas malade au moins?

— Oh ! non...

— Pourquoi ne l'avez-vous pas amené ?

— On a besoin de lui à la maison.

— Tu sais, maman, sur mes trois couronnes, il y en a une pour Luc. Les deux autres sont pour mon père et pour toi.

— Tu n'en offriras donc pas à ton oncle Alype ?

— Je n'en ai pas assez. Si j'en avais obtenu quatre !... Tu comprends, maman, Luc doit passer avant mon oncle...

— Tu es une enfant.

Pauvre petite ! elle qui avait compté, les vacances venues, remonter à Figuerolles, retrouver, là-haut, les choses et les êtres coutumiers, Taillevent surtout dont son cœur naïf s'occupait sans cesse, dont sa jeune âme, où l'image radieuse de son ami demeurait ineffaçablement imprimée, n'avait pas songé à se détacher! Quel chagrin! Cette fabrique du Jaur, où, vaille que vaille, on lui avait arrangé une chambrette à côté de la chambre de ses parents, lui faisait horreur dans son silence et son désert. Les machines étaient arrêtées et les bâtiments béaient vides, abandonnés. Par bonheur, Théodora Simard, une blondinette de quinze ans, fine et jolie, n'oubliait pas sa compagne du couvent, et c'était, dans le break de son père, des promenades au Cabaretou, aux Verreries, dans les Châtaigneraies de Rieussec, Les mères étaient de la partie. Madame Simard, acquise à Riquette, n'avait pas eu grand effort à faire pour se rappeler Madeleine Lautier et renouer avec elle. On goûtait sur l'herbe. Les enfants bavardaient, riaient, folâtraient, et les jeunes femmes revenaient aux choses du passé, se plaisant à évoquer le moindre souvenir, à le déplier feuille à feuille, à le respirer délicieusement.

— Te souviens-tu, Madeleine?... bavardait madame Simard.

— Et vous, Julie, vous souvenez-vous?... disait madame Servières, qui, tombée en paysannerie, n'osait tutoyer son ancienne compagne, élégante aisée dans ses manières comme on l'est seulement à la ville.

— Je pense souvent qu'il pourrait bien y avoir quelque chose de providentiel dans les malheurs qui vous arrivent. Peut-être le dessein de Dieu est-il de t'arracher à l'Espinouze, où l'on t'a cachée trop longtemps, pour te faire vivre à Saint-Pons, où l'on te verra? M. Simard, fort entendu en affaires, prétend que, délivré d'Aubrespy, M. Servières, qui inspire confiance, trouvera de l'argent pour remettre en train la fabrique.

— M. Simard a trop de bonté. Mon mari est fait pour les besognes de chez nous, non pour celles d'ici.

— Avec ça qu'il faut être un aigle pour s'enrichir dans les draps!...

— Mon mari est fort intelligent, dit-elle, piquée. Seulement, avec sa probité pleine de scrupules, il deviendrait la proie du premier malhonnête homme venu.

— Il se ferait au commerce, comme les autres.

— Non, il ne s'y ferait pas, au commerce, comme les autres... Voyez-vous, Julie, puisque les gendarmes n'ont pu réussir à mettre la main sur le fripon qui nous ruine, le mieux est encore, pour nous, de nous attacher à Figuerolles.

— Alors, tu t'amuses beaucoup au milieu des tarrines?

— J'ai... mon mari, j'ai mon oncle Alype, j'aurai Riquette quand elle aura fini son éducation...

— Moi aussi j'ai mon mari et Théodora. Cependant, j'éprouve le besoin de communiquer avec mes semblables... L'hiver dernier, nous avons eu deux bals chez le sous-préfet, un chez le président du tribunal, un autre chez le substitut, M. Cabanes, homme tout à fait aimable, et d'un galant! d'un galant!... C'est toi, Madeleine, qui aurais enlevé les cœurs avec tes yeux bleus de biche effarouchée, ton grand air de mélancolie, ta taille mince et plus souple qu'un roseau du Jaur!...

— Mes yeux! ma mélancolie! ma taille!...

Puis, souriant et tutoyant son amie :

— Je crois, en vérité, que tu deviens folle, Julie.

— Sois sincère et avoue-moi si tu l'oses, que tu n'as pas les plus beaux yeux du monde, un petit air de langueur très séduisant, une taille...

— Je suis une vieille femme...

— Ce n'est pas gentil : nous avons le même âge, — peut-être trente-cinq ans. Pour moi, d'abord, on me tuerait avant de m'en faire avouer plus de vingt-huit.

Elles se trouvaient loin des enfants, assises sur des mousses épaisses, au pied d'un châtaignier. Madeleine, troublée, se pencha vers Julie et l'embrassa.

— Par exemple, cet hiver, ce sera mon tour de donner un bal, et tu verras si je m'y entends.

Et, d'une voix câline :

— Tu seras là, n'est-ce pas?

— Je tâcherai...

— Je te recommanderai à ma couturière, car on t'accoutre dans l'Espinouze, on ne t'habille pas.

— Ce serait doux de se sentir vivre un peu...

Hélas! Frédéric et sa femme durent regagner Figuerolles dans les premiers jours d'octobre. Riquette rentrée aux Ursulines, ils comptaient séjourner encore à Saint-Pons; mais une lettre arriva de Roquefixade se terminant par ces mots :

« Si vous ne vous hâtez de revenir, disait Alype, il me sera impossible d'empêcher Jérôme d'aller vous rejoindre. Votre absence l'inquiète; il craint un malheur... »

— Il a raison de craindre un malheur, s'écria Frédéric, interrompant Madeleine qui lisait la missive de son oncle. Il faut que mon père ignore tout. A son âge, la certitude de notre ruine le tuerait. Nous partirons demain.

XV

UN REVENANT

Malgré le zèle que M. Théodore Simard, stimulé par sa femme, déploya pour servir les intérêts des Servières, une année entière fut employée à faire constater l'absence d'Aubrespy, — passé en Espagne, — à obtenir des jugements, à trouver de l'argent, à liquider. Par les temps les plus durs, Frédéric fit la navette entre Roquefixade et Sains-Pons, tiraillé, torturé par l'idée d'une faillite que son découragement et son ignorance lui montraient inévitable. Une nuit, ce malheureux, qui marchait sur les routes flamme aux reins, la bouche pleine d'imprécations, voyant le Jaur, aux environs d'Olargues, eut envie d'enjamber le parapet du pont et de se précipiter...

Enfin, le supplice de cet honnête homme touchait au terme.

— J'ai trouvé un acquéreur, lui annonça M. Simard.

— Alors, rien ne sera vendu à l'encan?

— Pas une bobine, pas un foulon, pas une carde. La maison Patural et Fils, de Mazamet, prend tout en bloc : bâtiments quelconques, métiers quelconques, et solde les dettes de la Société Aubrespy-Servières... Il s'est élevé une difficulté, pourtant, qui a manqué faire échouer mes démarches...

— Une difficulté?

— A propos de la prairie où a été bâtie l'annexe de la filature. Cette prairie, pour l'achat de laquelle vous avez versé jadis dix mille francs aux mains de votre associé, n'a jamais été payée. Aubrespy garda l'argent pour folâtrer avec Augustine Signol...

— Le brigand!

— Muni de vos pleins pouvoirs, j'ai conclu verbalement avec MM. Patural, sous la promesse formelle que vous feriez les dix mille francs de la prairie...

— Dix mille francs, monsieur Simard! Et où voulez-vous que je les trouve?

— Ici, dans mon étude, si vous ne les trouvez pas chez vous... Puis, soyez sans inquiétude : MM. Patural ne sont pas gens à vous mettre le couteau sur la gorge. Il a été question de vous laisser cinq ans pour vous acquitter. Je me flatte d'obtenir dix ans, si dix ans vous sont nécessaires.

— Je ne voudrais pas devoir, et je ne puis rien dire de ceci à mon père. Peut-être, malgré les brèches que j'y ai pratiquées, — cent soixante-dix ou cent quatre-vingt mille francs, — peut-être les économies des miens, durant plus d'un demi-siècle, ne sont-elles pas épuisées jusqu'au dernier sou, mais je n'oserai jamais questionner mon père là-dessus.

— Mon ami, je rédigerai l'acte dans la journée et nous le signerons demain. Ne vous préoccupez pas de ces dix mille francs... Je dois voir MM. Patural tout à l'heure et mènerai les choses à bonne fin... Maintenant, allez embrasser Riquette, à qui ma femme a annoncé votre visite pour aujourd'hui.

MM. Patural et Fils, acharnés à se rendre compte des moindres détails à la fabrique : de l'outillage, de la quantité de laine en magasin, des pièces de drap roulées ou sur le métier, en dépit de M. Simard les pressant de son aiguillon, ne se hâtaient pas d'apposer leur signature au bas du contrat de vente, et Frédéric dut passer de longues journées à se morfondre aux rives du Jaur, dans son usine désemparée. Il vivait là seul, touchant du bout des dents aux repas que le concierge lui apportait d'une auberge voisine, morne, les yeux égarés le long de la rivière, dont les barrages ne retenaient plus les eaux, qui coulaient nonchalamment sous les arbres sans rendre désormais le plus petit service, sans travailler. Il éprouvait une répugnance invincible à sortir ; n'eût été son cœur plein de Riquette, qui le chassait de temps à autre vers les Ursulines, il ne se serait pas une fois risqué à travers les rues. A Saint-Pons, où chacun connaissait la terminaison lamentable de ses entreprises, on pouvait le croire capable de ne payer personne, de faire banqueroute, et une peur d'être montré au doigt le claquemurait dans sa chambre obstinément. Les grandes probités ont de ces appréhensions effarées.

Toutes les fois qu'il avait vu Riquette, qu'il lui était arrivé de l'embrasser au courant d'interminables bavardages où revenaient sans cesse les gens de Figuerolles, Luc surtout avec tout le train de la métairie, il rentrait à la fabrique apaisé, plus capable de supporter sa situation.

Alors, des idées germaient dans son cerveau plus aride qu'un coin aride du Louvart :

« La Distribution des prix devant avoir lieu au couvent sous peu de jours, pourquoi ne ramènerait-il pas Riquette à la maison, au lieu de la laisser de nouveau passer ses vacances avec Théodora ? Certes il avait promis à Madeleine, affreusement isolée dans l'Espinouze, une bonne quinzaine avec son amie Julie Simard; mais Madeleine était si raisonnable, si facile à se résigner ! Puis, ne devait-il pas songer à son père, sevré de Riquette depuis près de dix-huit mois et qui la demandait, la redemandait, et parfois d'un accent de tendresse égaré ?... »

L'acte entre MM. Patural et Frédéric Servières fut lu, signé, parafé le soir même de la Distribution des prix. Le lendemain, ni M. Simard, ni sa femme, ni Théodora en larmes ne purent retenir nos gens de Figuerolles; ils se sauvèrent vers l'Espinouze au galop.

Cette année-là fut véritablement une année maudite, l'année de la fatalité.

La présence de Riquette, voletant et ramageant aux quatre coins de la métairie, avait ramené la joie, faisait

19.

renaître l'espérance au cœur de tous, quand un nouveau malheur fondit sur la maison, comme un coup de foudre dans un ciel pur, aux crêtes du Caroux.

Les claires gelées d'octobre ayant brûlé les derniers herbages, les pâtres de l'Agout, de l'Orb, de la Tongue, leurs bêtes sorties des étables, assemblaient les chiens pour la bonne conduite des larrines. Rascol était là, son âpre fouet à la main, marquant à chaque animal d'un coup léger la place où il devait se tenir. La matinée s'offrait d'une fraîcheur délicieuse, le ciel était d'un blanc laiteux, d'une couleur égale de neige; par des brèches éclatantes passaient de larges rayons, et les toisons serrées les unes contre les autres avaient des resplendissements amortis très doux. L'énorme colonne s'ébranla. Au même instant, deux mille têtes de bétail se levèrent. la bouche emplie de bêlements d'adieu.

Mais un chien-loup, de la race farouche, hargneuse, mauvaise, qu'on élève dans les gorges du Marcou, malgré le fouet de Rascol qui l'a cinglé cruellement à plusieurs reprises, s'obstine à ne pas se joindre au long défilé du bétail qui s'en va. Par un caprice de brute inexplicable, il s'est rencoigné dans l'ombre, entre les deux abreuvoirs de la cour, et le poil hérissé, léchant la pierre nue d'une langue sèche, rouge, vive comme une flamme, il ne bouge, aussi insensible à la longe noueuse du valet de chien qu'il le serait à la badine inoffensive d'un enfant.

— Prenez garde, parrain! crie Luc, accourant aux abois étranglés du chien-loup, entêté à ne pas quitter son refuge.

— Tiens! tiens! tiens! hurle Rascol, dont l'arme en s'abattant sur le dos de la bête récalcitrante, a les sifflements d'un fléau sur l'aire.

La scène change. L'animal redoutable du Marcou ouvre des yeux de braise, fond sur son ennemi, le renverse par la vigueur de son élan, lui enfonce ses crocs au cou, et, sans faire cas de Taillevent qui veut le saisir à pleins bras, file en droiture à travers champs.

— Ce n'est rien... murmure Rascol, les deux mains à sa blessure pour arrêter le sang qui s'échappe à flots.

Luc le remet debout ; mais il ne se soutient pas, et le sang coule, l'inonde, rougit le sol autour de lui.

— Il va mourir !... clame Taillevent, furibond, désespéré.

La métairie est déserte, tout le monde faisant la conduite aux tarrines.

Il y avait trois heures que Rascol était mort, quand arriva l'officier de santé de Castanet-le-Haut.

— Je serais venu plus tôt que je n'aurais pas sauvé votre homme, dit-il à Annette débordant de reproches. La dent du chien avait rompu la carotide, et il n'y a pas de remède à des blessures de ce genre. Consolez-vous !

Le coup asséné à la Cambotte la terrassa. — Comment vivre sans Rascol ? — En son désespoir, elle regretta que Pipette eût abattu l'animal sauvage qui avait dévoré son mari, avant qu'il eût pu la dévorer elle-même. Oh! si, un soir, en descendant de La Fresnaye, où elle avait emporté les moindres nippes de son cher défunt et prenait un plaisir douloureux à les ranger dans une armoire, à les palper, un loup échappé de Tirebosc avait voulu d'elle !...

Mais le contact journalier avec la terre communique à ceux qui la remuent, la brassent sans trêve ni repos, une force supérieure aux plus accablantes calamités de la vie. Pareil au sol, exposé aux cruautés de l'atmosphère, aux grêles qui ravagent, aux pluies qui noient, aux gelées qui tuent, mais qui retrouvera ses richesses anéanties, le paysan, qui a manqué de pain l'hiver passé, attend la moisson prochaine dans un stoïcisme sans cesse allégé d'espérance. Il en va de ses douleurs morales comme de ses récoltes perdues. Il supporte, il subit, il attend... Une vieille femme de Ginestet avait vu son fils unique et sa bru écrasés par la chute soudaine d'un noyer auquel on avait mis la cognée. Le ménage laissait à la pauvre Cévenole, dénuée de tout, cinq enfants dont trois en bas âge. « Comptez sur Dieu! » lui dit M. le curé.

Elle redressa sa tête abattue et, regardant le ciel de ses deux yeux emplis de larmes, elle articula : « Le soleil se lève chaque jour. »

Avant la catastrophe dont Rascol avait péri victime, il avait été décidé que Annette et Luc, les vacances terminées, conduiraient Riquette et sa mère à Saint-Pons. Ce voyage souriait infiniment à Madeleine, jalouse de recommander sa fillette à Julie Simard, de connaître un peu les joies de la ville, heureuse surtout de s'échapper de Figuerolles, où la tristesse, l'écrasement de son mari lui faisaient une existence de plus en plus déserte et désolée.

Un soir, tout le monde réuni pour le souper, la Cambotte adressa cette question à brûle-pourpoint à Jérôme :

— Eh bien, notre maître, quand partirons-nous pour Saint-Pons?

— Voyez le temps qu'il fait, Annette, dit le vieillard, montrant les vitres de la Salle lavées par une averse diluvienne.

— Mais, s'il pleut aujourd'hui, il ne pleuvra pas demain. Puis, sans parler de Mademoiselle qu'il conviendrait de ramener au couvent, je me demande si je ne devrais pas faire une tournée chez mes pratiques de Margal, de Colombières, du Mas-de-l'Église...

— On vous préviendra à propos, Cambotte, interrompit Frédéric avec une sorte de violence.

— Bon! bon!... Et même, s'il vous plaisait de retenir Mademoiselle ici, ce n'est pas moi, je vous en réponds, qui me mettrais contre.

Le père de Riquette, dont on venait de flairer la pensée intime, eut un tressaut sur sa chaise. Il regarda la vieille servante et dit:

— Il est de fait que l'hiver, à Figuerolles, sera bien triste sans notre fillette.

— Gardons-la, alors! appuya Jérôme.

— Cela n'est pas possible, intervint Madeleine : Riquette n'a pas fini ses études.

— Peut-être, au point où elle en est, les leçons de notre oncle Alype lui suffiraient-elles... bredouilla timidement Frédéric qui, depuis la ruine de ses affaires, avait perdu l'habitude de commander.

— Les leçons de mon oncle Alype ne lui suffiraient pas, affirma-t-elle, d'autorité : elle doit rester aux Ursulines un ou deux ans encore. D'ailleurs, j'ai promis à mon amie Julie Simard de passer quelques jours chez elle, en ramenant Frédérique au couvent. M. Simard nous a rendu d'assez grands services pour que nous nous montrions au moins polis... Et pourquoi ne l'avouerais-je pas, à la fin? je commence à mourir dans ce désert de l'Espinouze.

Madeleine, avec ces récriminations ardentes, où se trouvait enveloppée je ne sais quelle obscure vengeance de femme déçue, allongea vers son mari, que soudain elle ne redoutait plus, un long regard pour le défier. Mais Frédéric, ayant courbé la tête au nom de Simard, ne remarqua pas la provocation. Il était là, les mains crispées sur ses genoux, ne voyant rien, entendant à peine, assommé. De seconde en seconde, des pensées aiguës lui déchiraient le cerveau :

« Pourquoi tardait-il à avouer son désastre?... Le secret qu'il retenait enfoui pesait trop lourd à sa franchise, à sa probité, à son cœur, et, il le sentait, il ne le garderait pas longtemps... Pourquoi Madeleine, jusqu'ici sa complice pour éviter à son vieux père un coup capable de le tuer, semblait-elle désormais ne plus vouloir comprendre leur situation?... Pourvu qu'elle n'eût pas déjà mis l'oncle Alype dans la confidence de leur malheur!... Oh! cette femme qui, après avoir vécu avec la simplicité d'une paysanne, quand la ruine allait les confiner définitivement au village, aspirait aux relations de la ville, aux toilettes de la ville, aux distractions de la ville, laissait s'éveiller en elle des rêves étranges de coquetterie! Madame Simard n'avait-elle pas, avant-hier, expédié à Figuerolles deux robes et un chapeau confectionnés à Saint-Pons!... »

Tout un côté de la table se souleva, les assiettes frémirent, un verre et deux bouteilles roulèrent sur la nappe, de là sur le plancher.

— Eh bien?... demanda Jérôme.

— Excusez, c'est moi, dit Frédéric, debout, les cheveux hérissés, le visage tragique.

— Mon ami!... hasarda Madeleine, épouvantée.

— Pourquoi me parlez-vous de Saint-Pons, vous qui savez ce qui nous est arrivé là-bas? s'écria-t-il, portant à sa poitrine ses deux mains recourbées en griffes de bête et se labourant la peau, d'où le sang jaillit.

— Mon fils! mon fils!... se complaignait le vieux Jérôme, enveloppant Frédéric, le serrant de tout le demeurant de ses forces.

— Mon père!... se lamentait Riquette.

— Notre maître! notre bon maître!... répétait Taillevent, qui s'était emparé de ses deux bras.

Frédéric, guidé par son père et par Luc, était venu jusqu'au perron du foyer flambant des premiers feux de l'automne. Là, il dut s'asseoir. L'explosion de sa machine, depuis longtemps minée, le laissait sans ressort, sans énergie. Sauf Madeleine, restée seule près de la table, tout le monde l'entourait en une extrême anxiété. Nulle bouche ne s'entr'ouvrait pour hasarder un mot. Dans la Salle silencieuse, on n'entendait que la pluie chassée par la rafale contre les vitres, où les grosses gouttes, lancées de vigueur, produisaient des résonances de tambour. Mais Frédéric, d'un effort violent, se campa sur ses jarrets redevenus fermes.

— Mon père, dit-il, il faut que je vous découvre une mauvaise nouvelle; si je la gardais en moi, elle me crèverait : tout l'argent que vous m'avez donné pour mes entreprises de Saint-Pons est perdu.

— Perdu! clama Jérôme, chancelant.

— J'ai eu affaire à un voleur de grand chemin... Pardon devant Dieu! pardon!...

Il retomba sur sa chaise. Ses traits apparurent si décomposés, si livides, si noirs par places, qu'on put le croire mort. La Cambotte atteignit sur la table la burette au vinaigre et la lui fit respirer longuement. Il rouvrit les yeux, les tint attachés sur son père. Quelle prière dans ces yeux troubles, égarés, agonisants!

— Quand je pense que... c'est moi... qui vous dépouille!... bégaya-t-il enfin.

Le vieux paysan l'embrassa, le rembrassa; puis, avec simplicité, il prononça ces courtes paroles :

— La terre nous avait donné cet argent, mon Frédéric, la terre nous le rendra.

La porte de la Salle s'étale sous une rude poussée

et un mendiant hâve, sordide, dont les haillons ruissellent, entre en coup de vent.

— La pluie m'a surpris dans la montagne, et je vous demande, monsieur Servières, l'hospitalité pour une nuit, mâchonne l'homme humblement.

— Mais vous êtes Venancio Noguerra! s'écrie Madeleine, qui a fait trois pas vers l'intrus.

— Je suis en effet, Venancio Noguerra.

— Puissiez-vous, Noguerra, nous apporter la bénédiction du ciel dont nous avons tant besoin! articule Jérôme avec un signe de croix... Approchez-vous du feu. Vous trouverez chez nous un morceau de pain et un lit.

TROISIÈME PARTIE

I

« MEA CULPA! MEA MAXIMA CULPA!... »

Le lendemain, de bonne heure, Venancio Noguerra se montra dans la Salle pour remercier, faire ses adieux. On aurait cru un autre homme, tant une nuit tranquille, à l'abri de l'orage, l'avait rajeuni, comme transfiguré. Sa cape de laine grossière rejetée sur l'épaule droite laissait entrevoir son étroite veste de velours, où pendillaient encore de rares grelots dorés. Il était bien posé, dans une attitude théâtrale, mais qui, chez lui paraissait naturelle. Peut-être cet air vainqueur de matamore lui venait-il des habitudes qu'il avait dû contracter en paradant devant le public.

— Alors, vous voulez nous quitter? lui demanda Madeleine.

Il s'inclina. Puis, de sa belle voix sympathique :

— Madame, c'est surtout pour les exilés qu'ont été écrites, aux Livres Saints, ces paroles : « Nous n'avons pas ici-bas de demeure permanente. » J'avouerai toutefois, qu'en remontant à Figuerolles, je n'y remontais pas pour rien...

— Et pourquoi y remontiez-vous? interrompit Frédéric.

— Monsieur Servières, depuis des années que je mène, par les malheurs de ma patrie, l'existence d'un vagabond, une famille, en France, s'est montrée touchée de mon infortune : la vôtre. Aussi, lorsque Martos m'a quitté pour rentrer en Espagne y faire sa soumission, que je me suis trouvé seul sur la terre étrangère, l'idée m'est revenue de vos bienfaits, et j'ai repris le chemin de l'Espinouze presque sans m'en apercevoir. Une reconnaissance, dont je n'étais pas maître, me poussait...

— Si encore vous vous entendiez aux chiens!... s'écria Jérôme, pensant aux tarrines.

— Les chiens!... On a donc oublié qu'autrefois, Moreno, Martos et moi, nous sommes arrivés à La Fresnaye avec des chiens d'une race plus vigoureuse que les races cévenoles, et que, si les ressources ne nous eussent manqué, nous aurions créé, à Tirebosc, un chenil d'où seraient sorties des bêtes admirables?

— Voyons, Noguerra, reprit Frédéric d'un ton de cordialité brusque, consentiriez-vous à remplacer Rascol?

— Lui, remplacer Rascol! lui! beugla la Cambotte, qui ne fit qu'un bond du perron du foyer, où elle dépêchait sa soupe du matin, jusqu'à l'Espagnol.

— Annette, ne criez pas si fort! commanda Madeleine. Vous n'êtes pas la maîtresse ici.

La servante, maugréant, regagna sa place. Noguerra fit un pas vers elle et, d'un accent d'extrême pitié :

— Pauvre Cambotte! vous dites vrai, je ne saurais remplacer Rascol. Qui le remplacerait dans l'étendue de l'Espinouze? Je l'ai vu à l'œuvre, moi, et je sais qu'il possédait cette vertu si rare parmi vos campagnes françaises, la vertu d'aimer le bien de ses maîtres avant son propre bien.

Et, s'adressant au vieux Servières :

— Monsieur Jérôme, puisque Rascol est mort, je prierai afin que le Dieu de miséricorde lui ouvre la porte de son saint Paradis ; mais je me garderai d'occuper sa place, car je n'aurais ni son zèle, ni son dévouement, ni...

L'entrée d'Alype, tenant Riquette par la main, coupa cette phrase déroulée avec complaisance, qui menaçait d'être longue encore.

— O Révérendissime Père !... balbutia l'Espagnol de la même intonation pieuse qu'à Saint-Pons, quand il avait abordé le desservant sur la place de la Cathédrale.

L'abbé contemplait ahuri, ayant l'air de ne pas comprendre. Alors Madeleine, ses yeux ordinairement timides et voilés portant désormais bien droit devant elle, sa langue déliée comme si l'on venait de lui couper un second fil qui l'aurait entravée jusqu'ici, dans la sympathie de tous, — sauf de la Cambotte et de Luc, — raconta l'arrivée du « proscrit » Noguerra à Figuerolles et les efforts qu'on faisait pour l'y retenir.

— Restez donc, mon ami ! insista Alype.

— Révérendissime Père, c'est impossible...

Arrêtant des prunelles humides tour à tour sur la Cambotte et sur Taillevent, cet homme navré bredouilla :

— Une chose me rendrait la vie trop difficile ici : un affreux péché mortel dont le remords, depuis deux ans, ne me laisse pas de repos.

— Un péché mortel ?... gémit le curé de Roquefixade.

— Je fus pour peu de chose dans l'aventure de Saint-

Pons. C'est Martos, aidé d'un de ses valets, qui captura votre chien et le fit battre avec mon ours. Je n'en fus pas moins coupable, très coupable, quand Luc Taillevent se présenta pour sauver Fitou, d'essayer de le repousser.

Il plia les genoux et tomba aux pieds d'Annette. Il répétait en se frappant la poitrine :

— « C'est ma faute, c'est ma très grande faute!... »

— Pardonnez-lui, Cambotte, supplia Madeleine, à qui l'humiliation de Noguerra paraissait fort pénible.

Ni son mari, ni son beau-père, ni son oncle, ni la Cambotte, hébétés de surprise, ne bougeant, ne soufflant, elle allongea sa main jusqu'à l'épaule de l'Espagnol et lui dit :

— Une posture pareille ne saurait convenir à un homme, cela fait mal. Relevez-vous!..

— Et tâchez, acheva Jérôme, d'arrêter vos courses à Figuerolles, qui réclame un bon serviteur.

— Cambotte, ordonna Frédéric, des verres, et buvons au retour de Noguerra!

Figuerolles avait trouvé son maître. Jadis, à sa première apparition à Roquefixade, Noguerra, l'appétit aiguisé par une longue famine, avait entrevu, à travers l'accueil de Mme Servières, un séjour paisible en une maison grasse, où la richesse se montrait partout. Mais sans parler de l'embarras de ses compagnons, Martos et Moreno, gens de rapine, gens de sac et de corde, qui bien qu'en France, se croyaient encore dans les broussailles du Guipuzcoa, il avait flairé des résistances insurmontables du côté de Rascol, de la Cambotte, chiens de garde toujours prêts à mordre, surtout du côté de Frédéric, jaloux, capable de l'abattre comme un loup de Tirebosc s'il s'avisait de venir gratter trop fort à la porte de la métairie. D'ailleurs, n'était-il pas la proie d'une illusion lorsqu'il pensait que Mme Servières, jolie, fléchissante de langueur, suprêmement enviable, faisait cas de lui, l'avait remarqué au fond de sa misère, de son abjection? Des doutes l'accablèrent, et, un découragement où se mêlait je ne sais quel dégoût de soi lui étant venu, sa vie d'aventure un beau matin l'avait repris.

Il reparaissait à Figuerolles quand les désastres de Saint-Pons couchaient Frédéric sur le flanc, quand la Cambotte râlait de la mort de son mari, quand nul ne pouvait barrer le chemin à son ambition. La volonté de Jérôme, un vieillard de quatre-vingts ans, tenterait-elle de s'opposer à la sienne, qu'il sentait se démener en lui-même pareille à une bête hurlante, prête à bondir, à dévorer?... Quelle paix il goûterait ici, après une vie ouverte à toutes les hontes, à toutes les faims!... Puis il y avait Madeleine!... Puis il y avait Riquette!...

Dès les premiers jours, Frédéric avait préposé Noguerra à la direction des bergeries de Figuerolles, des parcs sur le Louvart et sur le Roudil. Mais l'activité de l'Espagnol, qui d'ailleurs parlait de culture à en remontrer aux plus habiles, ne put être contenue dans le cadre étroit où on l'avait confinée. Au bout de six mois, rien ne se faisait à la métairie que par son conseil, autant dire par son ordre. Après un premier séjour des tarrines qui, sous sa surveillance immédiate, furent mieux nourries, montèrent mieux en chair, cet homme extraordinaire, cet homme, auquel personne, pas même Madeleine ivre de curiosité, n'était parvenu à arracher rien de précis sur ses origines, sa famille, sa situation durant la guerre carliste, s'était emparé de tout et de tous. La main mise avait été douce, patiente, comme insensible, mais tenace, résolue, âpre et dure à l'occasion. Sous prétexte que le domaine, aménagé plus intelligemment, avec ses herbages, ses grains, ses châtaigneraies, devait rapporter de meilleurs revenus, Noguerra, à certaines heures, se laissait aller à des regrets, parfois à des colères.

— Ah! récriminait-il un jour dans un transport amer où sa raison, bien tenue en bride, semblait pourtant s'affoler, ah! si j'étais le maître!...

— Soyez-le! lui dit vivement Madeleine.

— Oui, soyez-le! répéta Alype, présent à la scène.

— En moins de cinq ans... continua-t-il, en proie à une exaltation prophétique.

Sa voix, montée trop haut, s'arrêta, brisée par un de ces hoquets qui devaient la rendre si pénétrante, quand, à travers les Cévennes, elle détaillait les angoisses de Jésus, à Gethsémani.

— En moins de cinq ans?... interrogea Frédéric.

Il ne répondit pas, occupé à essuyer son front inondé de sueur.

— En moins de cinq ans?... questionna Jérôme.

— En moins de cinq ans, reprit-il, tout l'argent perdu à Saint-Pons serait retrouvé...

— Près de deux cent mille francs? clama Frédéric.

— Oui, maître. Il faudrait, pour ce résultat magnifique, ne pas se contenter de gratter la terre à fleur de peau, mais la défoncer profondément. Dans les pays de la plaine, au domaine de Castelsec, je m'arrêtai un jour, comme je me suis arrêté à Figuerolles; je donnai des conseils, et les revenus doublèrent. La terre me connaît, j'en fais ce que je veux s'il m'est permis de la gouverner à mon idée.

— Gouvernez-la! gouvernez-la! crièrent, grisés du même enthousiasme, Madeleine, Alype, Jérôme, Frédéric.

— Merci, murmura-t-il.

Il redressa la tête et, dévisageant la Cambotte d'un regard luisant déjà d'autorité :

— Vous ne desserrez pas les dents, vous. Est-ce que, par hasard, vous n'approuveriez pas ce qui se passe?

Annette, interpellée avec cette audace, se souleva d'un banc où elle se tenait accroupie entre Riquette et Luc.

— J'ai toujours eu mon franc parler à la métairie, riposta-t-elle, et ce n'est pas vous, Noguerra, qui me fermerez la bouche. Mon mari et moi, nous usions nos membres à Figuerolles, que vous arpentiez les grands chemins. Vous n'êtes qu'un étranger sans sou ni maille, et je vous défends de me regarder avec ce front.

Son infortune n'avait pas éteint l'ardeur de son sang et elle courut sus à l'Espagnol. Celui-ci rompit de trois semelles.

— Madame, gronda-t-il, s'adressant à Madeleine, éloignez cette femme, car ma tête s'égare et je...

Ne se contenant plus, sortant de son personnage dans un coup de fureur, il menace la paysanne de son poing fermé. Mais Taillevent, gardien de sa marraine, se rue, enlève l'homme comme une plume, le lance hors de la Salle, dont il referme la porte avec fracas.

— C'est horrible! crie Madeleine.

— C'est horrible! crie Alype.

Frédéric s'est précipité dans le corridor. Il ramène Noguerra, lequel, ayant fait ses réflexions en une seconde, balbutie :

— Je comprends la vivacité de Luc... Je demande pardon d'un scandale qui est tout à fait de ma faute...

La Cambotte saisit la main de son fillot et s'achemine avec lui vers la porte. Mais Riquette les arrête.

— Où allez-vous? demande-t-elle.

— Chez nous, à La Fresnaye, répond la vieille servante.

Riquette, ainsi qu'un oiseau atteint à la cime d'une branche et qui tombe, bec sous l'aile, plumes ébouriffées, s'abat sur le plancher, ses beaux cheveux noirs répandus, ses bras mignons étalés, ses petits pieds tremblants au bord de ses jupons.

— Ma fille ! hurle Frédéric, ma fille !...

Il la relève, la serre âprement contre sa poitrine, la ranime à la fin, la couvre de baisers.

— Annette, Luc, je vous défends de sortir d'ici, sanglote-t-il. Je préfère la ruine totale à la mort de mon enfant.

II

LA CALOTTE DE CUIR BOUILLI

Noguerra n'avait pas prévu cette tempête ; il en demeura ébranlé. Il fut une longue semaine à se demander s'il n'allait pas fausser compagnie aux gens de Figuerolles et se rejeter dans sa vie libre d'autrefois.

Il réfléchit, réfléchit encore...

Son observation sagace le convainquit qu'il n'avait pas perdu un pouce de terrain et qu'il y aurait folie à lâcher pied devant la Cambotte et devant Luc. Annette, par ses services et ceux de son mari, Taillevent, par l'affection assez étrange de Riquette, étaient solidement attachés à la maison, comme incrustés à ses murailles ; ils pouvaient, le cas échéant, devenir dangereux pour lui. Mais il réduirait, materait et la Cambotte et son « fillot », s'il savait réprimer certains emportements et s'évertuer à se concilier de plus en plus Jérôme, Frédéric, Madeleine, surtout Alype qui, par le fait de l'abattement de tous, était passé première puissance à la métairie.

Tandis que Noguerra allait et venait à travers le domaine, chassant le loup à Tirebosc, dirigeant les équipes des bouviers, la voix haute, impérieuse, l'allure dégagée des contraintes de ses débuts, il était une autre personne qui ne parlait pas moins haut que lui, ne marchait pas d'un pas moins relevé que lui : Madeleine. Après dix-huit ans d'oppression, de servitude dans le mariage sous la gouverne d'un maître absolu, cette femme, jeune encore, redressait tout à coup son front humilié, affirmait tout à coup sa volonté de secouer le joug. A Saint-Pons, les caquetages de Julie Simard avaient fait naître en elle des idées de révolte que, rendue à l'isolement de l'Espinouze, toute sa religion n'avait pas réprimées sans peine. Mais un événement énorme était survenu depuis : l'arrivée de Venancio Noguerra, et des pensées mauvaises, comme un tourbillon, lui emportaient la tête et le cœur. Ç'avait été d'abord une grosse épouvante. Puis l'assoupissement de son mari, qui se réveillait uniquement soit aux caresses de Riquette, soit aux projets intéressant son avarice, la dégagea des liens où son âme et sa chair s'étaient trouvées meurtries. Un matin, elle avait donné des ordres sans s'en apercevoir, et chacun, à sa grande surprise, s'était hâté de lui obéir.

— Enfin, te voilà maîtresse ! lui dit une après-midi d'hiver l'oncle Alype, se rôtissant les mollets aux tisons de la Salle. La Providence a conduit les choses par des voies où tu devais rencontrer la récompense de ta résignation et de ta vertu.

— Oh ! ma résignation !... ma vertu ! soupira-t-elle.

Elle ajouta :

— Qui sait, mon oncle, si je ne suis pas en train de compromettre l'une et l'autre !

— Eh ! eh ! fit-il avec une malice souriante. Pour ta résignation, je te trouve, en effet, moins résignée qu'autrefois; pour ta vertu, elle est mon ouvrage, et j'en réponds...

— Répondez de la vôtre, c'est plus sûr.

— Admire le ciel. Tant que ton mari, valide du corps et de l'esprit, a pu vaquer à ses nombreuses affaires, tu n'as jamais songé à commander. Un grand malheur écrase Frédéric, le met pour ainsi dire en morceaux; aussitôt, Dieu, qui ne veut pas voir les terres de Figuerolles dépérir, tomber en friche, disparaître, te suscite pour tout conduire et tout sauver.

Elle n'eut pas une parole.

— Eh bien !... lui demanda-t-il.

— Eh bien, vous vous trompez, mon oncle.

— Que veux-tu dire ?

— Je veux dire que la force qui vous étonne en moi ne me vient pas de Dieu...

Elle s'arrêta. Sa pâleur était extrême.

— Du courage, ma fille bien-aimée...

— Elle me vient toute de cet homme... qui, un soir...

— De Noguerra ?

— Oui, de Noguerra.

— Tant mieux ! tant mieux !

— Comment, vous approuveriez ?...

— Plus je verrai Noguerra s'attacher à Figuerolles, plus je remercierai le Tout-Puissant.

— Et si cet Espagnol convoitait une femme ?...

Alype rit d'un tel élan, d'une abondance telle, que sa calotte de cuir bouilli, se détachant de sa tête, roula sur le plancher jusqu'au mur.

— Mon oncle !... s'écria Madeleine, offensée, debout.

Alors, le pauvre abbé :

— Je sais tout, ma chère enfant, ou plutôt je devine tout. Naturellement, je ne te dévoilerai pas les secrets de Noguerra en ses fréquentes confessions, — ces secrets appartiennent à Dieu seul. Mais rien ne s'oppose à ce que je te découvre ce qu'à travers des conversations journalières, il m'a été permis de démêler de son cœur. Ce noble exilé, pieux comme un ange, malgré mille occupations absorbantes, trouve le temps de venir me servir la messe chaque matin, et je tâche d'apprendre...

— Qu'avez-vous appris ?

— Oh ! des choses peu précises, peu nettes... Si Noguerra en veut à quelqu'un ici, sois tranquille, ce n'est pas à toi.

— A qui donc, s'il vous plaît ? fit-elle, trouant son oncle d'un regard effilé comme une lame.

— Voyons, Madeleine, ne l'exalte pas ainsi... et d'autant plus que je ne suis sûr de rien...

— Enfin, qu'y a-t-il ?

— Il y a, — à moins que je ne me trompe, — que Noguerra a remarqué notre Riquette...

— Ma fille !... Vous êtes fou, mon oncle.

— C'est, ma foi, bien possible.

— Une enfant !

— Elle marche sur ses dix-sept ans...

— ... Et point jolie...

Alype, atteint à fond, s'était levé à son tour.

— Madeleine, gémit-il, tes lèvres viennent de laisser échapper des paroles épouvantables. Par un privilège où s'enveloppe le mystère de la perpétuité des hommes, Dieu a voulu que la femme trouvât les enfants de ses entrailles plus beaux que tous les autres enfants, et toi tu trouves ta fille laide ! Ce blasphème me chasse de ta maison. Je n'y reparaîtrai que lorsqu'il me sera démontré que tu as fait pénitence et obtenu miséricorde.

Avec un courage dont on aurait pu le croire incapable, ce prêtre, si faible à sa nièce, si faible à tous, s'achemina vers la porte sans regarder derrière lui.

— Mon oncle! mon oncle!... clama Madeleine, ses deux mains accrochées à la soutane de l'abbé.

— Non!

— Si vous m'abandonnez, je suis perdue!

Il ne sut se priver de l'étreindre longuement.

Ils se rassirent. Leurs faces étaient noyées de larmes.

Sous la pluie tombée de son cœur, les yeux de Madeleine, tout à l'heure d'un gris très brillant et très froid, reprenaient leur bleu délicat, transparent, céleste. Ses lèvres entr'ouvertes balbutiaient des mots, des phrases entières ; mais, soit trouble, soit dureté d'oreille, Alype ne percevait rien de franc, rien de distinct.

— Que dis-tu?... que dis-tu?... répétait-il.

Madeleine demeura muette, comme recueillant ses esprits. Mis aux abois, le desservant de Roquefixade, qui partageait les préjugés, les superstitions des paysans au milieu desquels il vivait, allongea sa main droite vers sa nièce et, du bout du pouce, dessina une croix sur son front.

— Que signifie?... demanda-t-elle, effrayée.

— Saint Jérôme, dans une de ses *Lettres*, nous raconte qu'une nuit, en sa grotte à Bethléem, il fut en proie au Démon, et qu'un signe de croix le délivra de l'ennemi de son salut. Je ne saurais m'y méprendre : comme saint Jérôme, tu es en proie au Démon... J'essaye de te délivrer... Quelqu'un t'a donc « jeté un sort » ?

Rendue à sa foi naïve du couvent, elle s'était reprécipitée aux pieds de son oncle. Celui-ci, grave, sacerdotal, après lui avoir touché le front, lui toucha les yeux, puis la bouche en murmurant :

« Seigneur, ouvrez-moi les lèvres, *Domine, labia mea aperies.* »

— Je vous le jure, mon oncle, je suis pure encore, prononça-t-elle clairement, « les lèvres ouvertes », en effet... Je redeviendrai la femme d'autrefois, humble, résignée, aimante aussi... Oui, je me reprendrai à aimer mon mari, dont « quelque sort », comme vous le dites, voudrait m'éloigner... Pour Riquette...

Une douleur cuisante la contraignit au silence.

— N'est-ce pas que tu la trouveras belle, notre Frédérique, plus légère, plus vive, plus reluisante dans ses envolées qu'une bergeronnette de l'Aiguetorte ou du Bidourlat ?...

— Oui, oui, plus belle...

A leur insu, ils s'étaient éloignés du foyer. Ils s'en rapprochèrent. Ils demeuraient absorbés, attentifs aux charbons incandescents qui se détachaient des bûches, roulaient à leurs pieds.

— Quel froid ! hasarda l'abbé.

Madeleine quitta le coin du feu, recueillit la calotte de son oncle échouée par là, la lui posa sur la tête.

— C'est curieux, dit-il, nous sommes à la mi-novembre, et il gèle. L'hiver sera rude, cette année.

Elle continuait à ne pas desserrer les dents. Lui, déterminé à l'arracher à son mutisme :

— Frédéric aurait dû ne pas se mettre en route par un temps pareil.

— L'effet de dix mille francs, souscrit à M. Simard, vient à échéance demain, et mon mari aurait craint un protêt, dit-elle... Du reste, ce n'est pas le froid qui l'a jamais arrêté.

— Oui, quand il avait sa santé magnifique. Il s'en

faut qu'il soit ce qu'il a été... Et, à ce propos, la Cambotte t'a-t-elle rapporté que, l'autre jour, elle a avisé Frédéric caché dans un trou du Louvart, et que, s'étant approchée sans bruit, elle l'a entendu se désoler?

— Bien que je la découvre sans cesse sur mes talons, comme si quelqu'un l'avait chargée de m'espionner, la Cambotte ne m'a soufflé mot de cela.

— Il y a autre chose : Luc me contait hier que, la semaine dernière, rentrant vers minuit de Colombières, où il était allé porter de la toile, il avisa Frédéric sur la route, à cinquante pas environ de Castanet. Il parlait à haute voix et faisait de grands gestes désordonnés. Luc écouta et entendit : « Oh ! ma fabrique du Jaur ! ma fabrique !... »

— Luc, pas plus que la Cambotte, ne m'a ouvert la bouche de cette histoire. Ces gens-là ne sont bons qu'à mettre leurs pas dans les miens ; ils me parlent rarement...

— Peut-être les intimides-tu, en les traitant avec trop de superbe.

— Je serai franche, mon oncle : je les déteste. Puisque vous désirez me voir maîtresse à Figuerolles, apprenez ceci : je ne serai maîtresse que le jour où la Cambotte et Taillevent m'auront débarrassé le plancher...

— Tu les renverrais ?

— Ils ont leur maison de La Fresnaye.

Sa voix, si tendre auparavant, était devenue rauque. Alype tisonnait, tisonnait, tisonnait... Tout à coup, d'un accent assourdi, d'un accent de souffrance :

— Et si Annette et Luc, que je porte dans mon cœur quand tu les as chassés du tien, étaient indispensables à la vie de ton beau-père, à celle de ton mari, à celle de la fille, car enfin où trouveras-tu des serviteurs qui les vaillent ?

— J'en trouverai.

— Où ?

— Vous avez confiance en Noguerra ?

— Certes !

— Ce gentilhomme espagnol, que le ciel nous a dépêché quand la ruine nous serrait à la gorge, me disait ce matin même : « Lorsqu'il vous faudra des gens pour se dévouer à votre personne ou à votre bien, faites un signe, et dix hommes de mon pays, proscrits comme moi, répondront à mon appel... » Vous voyez, mon oncle.

— Je vois parfaitement. Mais ces étrangers pourraient ne pas convenir à Jérôme, à Frédéric, à Riquette, habitués à la Cambotte et à Luc.

— Vous oubliez que mon beau-père est un homme de quatre jours et que mon mari a reçu, à Saint-Pons, presque le coup de la mort, articula-t-elle avec un détachement dont la cruauté, en glaçant l'abbé jusqu'aux os, lui fit tomber les pincettes des mains.

— Et Riquette ? mâchonna-t-il, et Riquette ?...

— On la mariera tout simplement.

— A qui la mariera-t-on ?

— A Adolphe Albagnac, de la Bouleaunière.

— C'est toi qui as conçu ce beau projet ?

— La Cambotte y pensa, jadis.

— Tiens ! elle est donc bonne à quelque chose, la Cambotte !... Eh bien, j'en suis fâché, l'une et l'autre vous en serez pour vos frais d'imagination... Oh ! si la fabrique du Jaur eût réussi, rien n'aurait été plus aisé qu'une alliance des Servières avec les Albagnac... Dans l'état de vos affaires, et malgré le relèvement de la métairie, jamais Grégoire Albagnac ne vous accordera son fils. Songe que ce garçon a fait son droit à Toulouse...

— Riquette aussi a fait son éducation dans une ville.

— Faut-il te répéter ce que nous contait, à la dernière *Conférence* du canton, mon confrère, l'abbé Turel, curé de Douch? La Bouleaunière est sur sa paroisse, et on n'y donne pas un dîner que M. Turel ne soit de la fête. Le mois passé, il y avait grand festin pour célébrer le succès d'Adolphe, reçu avocat.

« — Et que va-t-on faire de cet avocat sans cause? demanda notre doyen de Saint-Gervais.

« — Il part pour Saint-Pons, répondit M. Turel. Un riche mariage est arrangé pour lui, là-bas. Il dirigera quelque temps l'étude de M. Simard, un notaire fort achalandé, puis il épousera sa fille... »

— Théodora?

— Théodora, l'amie de Riquette.

— Nous verrons bien!... Frédéric, en retournant de Saint-Pons, doit passer par la Bouleaunière.

— Si j'avais été consulté, ton mari ne serait pas allé chez les Albagnac.

— Alors, on ne mariera pas Riquette?

— Pas à Adolphe Albagnac, très certainement... Mais, si ton projet échoue, j'ai le mien.

— Le vôtre?

— Serais-tu fâchée de l'aventure si, un jour, Frédérique Servières venait à s'appeler gros comme le bras « marquise de Campo-Viejo?... »

— Je ne comprends pas, interrompit-elle d'un ton blessé qui prouvait qu'elle avait compris.

— Alors, Noguerra ne t'a jamais avoué ses noms et ses titres?

— Dès les premiers jours de son arrivée, le langage, l'attitude de cet inconnu trahirent à mes yeux une origine distinguée ; mais j'aurais craint de l'offenser en essayant de pénétrer le secret dont il s'enveloppait.

— Cependant, vous ne vous gênez guère pour babiller ensemble, et tout le long de l'aune...

— Est-ce la Cambotte qui vous a conté ces sornettes ?

— Hier, en retournant de faire ma partie de bête hombrée chez mon confrère Turel, j'ai pris par Tirebosc, et j'ai suivi, pour raccourcir, le cours de l'Aiguetorte. Je n'étais pas au bas du Roudil, que je t'aperçois te promenant sous les arbres au bras de Noguerra. Tu jabotais, jabotais !...

— Il fallait nous rejoindre, si vous nous soupçonniez.

— Vous soupçonner !... Et de quoi ? Je me suis bien gardé de vous rejoindre. J'ai pensé que les choses intimes, très intimes, que Noguerra m'a confiées à propos de Riquette, il te les confiait à présent, et j'ai gagné le presbytère par un détour.

Elle eut un effort pour parler ; mais ses lèvres, d'une lourdeur, d'une dureté de pierre, refusèrent de s'entr'ouvrir.

— Noguerra t'a-t-il édifiée sur ses intentions ?

— Oui...

— T'a-t-il dit qu'il s'appelle Don Venancio Noguerra, marquis de Campo-Viejo, comte d'Arujar... qu'il possède un château en Catalogne ?...

— Oui...

— Qu'il aime, qu'il adore notre Frédérique ?

Madeleine prit le chapeau de son oncle sur une chaise et, le lui tendant :

— Il fait nuit... A demain, n'est-ce pas ?

Elle regarda l'abbé traverser la cour de la métairie. Puis ces mots jaillirent de sa bouche soudain débridée :

« Quel bonheur ! il n'a pas compris que c'est moi qu'il aime ! que c'est moi !... »

III

PEAUX DE FOUINE ET PEAUX DE RENARD

Aux premiers temps de son séjour à Figuerolles, Noguerra, ainsi que l'avait fait Rascol, vaquait aux œuvres diverses de la métairie : aux travaux des champs et des étables, à la nourriture des hommes et des chiens. Il était au Louvart, il était au Roudil, il était matin et soir dans l'immense pièce où les journaliers dépêchaient leur repas, et le plus naturellement du monde s'asseyait au milieu d'eux, mordait à la soupe aux choux, aux châtaignes, au lard de la maison.

Tout changea, le jour où l'abbé Alype, qui avait accueilli avec transport un commencement de confidences de l'exilé, eut révélé aux gens de Figuerolles le vrai rang de Noguerra dans son pays, son grade de colonel dans l'armée du roi d'Espagne, Don Carlos. Non seulement Madeleine, Jérôme, sur l'heure, exigèrent que ce nouveau venu glorieux désertât des besognes grossières, auxquelles suffiraient Pipette et Taillevent, mais ils l'invitèrent à prendre place à la table de famille dans la Salle, à se considérer désormais, non comme le remplaçant de Rascol, mais comme une manière d'intendant des biens que les Servières montraient au soleil. Madeleine, en proie à une émotion très vive, avait trouvé ce titre superbe d' « intendant ».

Lui ne parut pas surpris de ces égards. Après une résistance de bon goût, qu'il sut traduire par de courtes paroles, par un geste empreint tout ensemble de réserve et d'excuse, il eut une gracieuse inclination de tête qui équivalait à un acquiescement, et, comme l'excellent

Alype lui tendait un bras, il s'y accrocha et marcha sans plus de façon vers le repas servi.

Depuis cette époque, Noguerra avait mangé avec ceux qu'il appelait ses « bons maîtres », s'initiant à leurs moindres affaires, donnant son avis. On l'écoutait avec une faveur mêlée de crainte, Madeleine surtout, suspendue à ses lèvres, buvant avec délices chacun de ses mots. Un soir, la Cambotte ne tint pas à tant de condescendance, d'abaissement.

— Ah çà ! cria-t-elle, à entendre parler ce godelureau, on croirait, en vérité, qu'on se croisait les bras à Figuerolles, avant sa venue. Qu'a-t-il fait de si extraordinaire depuis qu'il est ici ? Il a tué quelques loups à Tirebosc, quelques perdrix dans les garrigues du Louvart, et voilà. Mon Rascol n'avait pas toujours le fusil aux doigts, il savait manœuvrer le fouet pour corriger les chiens des larrines...

— Annette !... interrompit Madeleine.

— Je sais bien que notre homme de la Catalogne est de trop fine pâte pour besogner comme nous. Au temps jadis pourtant, il eut souvent l'estomac vide ; en ces temps-là, il faisait battre des chiens avec son ours...

Taillevent, que Riquette n'avait pas laissé chez les journaliers, qu'elle avait appelé dans la Salle quand on y avait introduit l'Espagnol, Taillevent jugea à propos d'intervenir. Il n'enleva pas la Cambotte d'une brassée, ainsi que l'avait fait une fois Rascol, il l'étreignit doucement et l'entraîna, lui répétant :

— O marraine !... O ma marraine chérie !...

Après le départ de son oncle, dont elle avait suivi le tricorne parmi les brumes blanches de l'Aiguetorte, Madeleine était montée dans sa chambre. Là, elle s'affaissa sur une chaise et y demeura de longues minutes, le regard fixe, presque privée de sentiment...

Soudain, les voix de Riquette et de la Cambotte résonnèrent dans le corridor. Elle sortit de sa torpeur, courut à sa porte, en ferma la serrure à double tour. D'une illumination subite, elle avait acquis la pleine conscience de ses torts, et elle ne voulait pas être surprise dans le désarroi moral où elle se trouvait... Le bruit s'était éloigné. Rassurée, elle se rassit.

Le silence, la nuit enveloppaient la métairie, et Madeleine gardait une rigidité de pierre. Dans la pièce sans feu, où tremblait à peine un dernier reflet du jour, elle apparaissait comme un bloc dur et noir que l'ombre, en s'épaississant, allait tout à l'heure effacer. Elle eut un sursaut; puis, d'un mouvement galvanique, se remit sur pieds. Elle alla, courbée, se soutenant mal, jusqu'à l'une des fenêtres en vue de l'Aiguetorte, et là, bien droite, dans la demi-obscurité, elle porta deux doigts à ses lèvres et envoya vers le clocher de Roquefixade un baiser, puis un autre, puis un troisième.

— O mon oncle, sanglota-t-elle, pardon...

— Maman! maman! appela Riquette, heurtant à la porte de la chambre.

— Eh bien?

— Le souper est servi. Hâte-toi, car Noguerra est pressé; il va aux loups, ce soir.

Un court instant suffit à Madeleine pour restituer à ses traits bouleversés leur caractère habituel de placidité et de douceur. Elle descendit aussitôt. Le vieux Jérôme, Riquette, l'Espagnol attendaient près du feu.

— Voici notre maîtresse! annonça la Cambotte.

Elle parut. A la voir svelte, déliée, rajeunie, se glisser avec une grâce féline parmi ses hôtes habituels, on eût cru une autre femme absolument. Noguerra, qui affectait les façons de la bonne compagnie, offrit son bras à madame Servières. Il la conduisit à la table, aujourd'hui, du même pas un peu raide, très lent de la veille, puis lui présenta un siège. Alors, Jérôme, ayant Riquette à sa droite, tandis que chacun se tenait encore debout, tira son épaisse barrette de laine, dénuda sa noble tête embellie d'une quenouille diffuse de cheveux blancs, fit un signe de croix solennel, auquel l'exilé carliste, front penché, se hâta de répondre par un murmurement pieux, et récita le Bénédicité.

En s'asseyant, l'Espagnol frôla Madeleine d'un grelot de sa veste de velours.

— Vous allez donc aux loups, cette nuit, que vous avez mis ce vêtement fripé? lui dit-elle.

— Oui, madame, je vais aux loups, répondit-il. Pour mon vêtement, qui n'est pas de la première fraîcheur, j'y tiens : il a été fait dans mon pays et à la mode de mon pays. Si vous saviez, court comme il est, la liberté qu'il laisse à mes bras pour le maniement du fusil !

— Vous avez donc juré d'abattre toutes les méchantes bêtes de Tirebosc? interrogea narquoisement Servières.

— Toutes... avec le temps.

— Mais vous ne découvrirez ni assez de poudre ni assez de plomb à Saint-Gervais, maugréa la Cambotte.

Elle déposa sur la table un superbe lièvre rôti, tué par Pipette aux environs de La Fresnaye.

Noguerra, esclave du bon ton, en maintes circonstances, avait fait observer à Madeleine, ravie du renseignement, l'inconvenance qu'il y avait à voir les domestiques se mêler aux conversations des maîtres, les interrompre, d'aventure pousser l'audace jusqu'à les contredire. Madeleine était venue à bout de la langue de Taillevent, d'ailleurs, peu prolixe; mais des tentatives réitérées n'avaient rien pu sur Annette Rascol, entêtée dans cette riposte : « Vous aurez beau me prêcher, notre maîtresse ; je ne couperai pas la mèche à mon fouet. »

L'Espagnol n'eut pas l'air d'entendre la Cambotte.

— Avec le temps ! ne cessait de grommeler celle-ci, avec le temps !...

— Oui, prononça nettement l'exilé, son couteau immobile sur la bête qu'il découpait, oui... Avec le temps, si M. Jérôme et M. Frédéric me continuent leur confiance, on remarquera bien des changements ici.

— Alors, votre Roi, dont vous avez la bouche pleine, ne vous réclamera jamais dans sa cour ?

— Le Roi, mon auguste maître, « me réclamera dans sa cour » dès qu'il aura repris possession de son royaume.

— Et quand reprendra-t-il cette possession ? hasarda Luc, planté derrière Riquette pour la servir, selon son habitude.

— Allons, voilà Taillevent qui m'interroge ! fit-il avec un haussement d'épaules.

Et il acheva sur le lièvre la besogne commencée.

On mangeait en un silence pénible. Les convives avaient des regards furtifs. Jérôme, voyant sa petite-fille bouder son morceau, lui glissait de temps à autre un mot d'encouragement, et Noguerra se comportait de même auprès de sa voisine Madeleine, hérissée, impatiente, ne mangeant pas. Soudain, Riquette, lassée des tendres insistances de son grand-père, s'échappa à lui dire :

— Si vous voulez que je morde au lièvre, rappelez Luc. Je n'ai aucun appétit quand Luc n'est pas là.

— Au fait, pourquoi est-il parti ? s'informa le vieillard.

— C'est moi qui lui ai fait un geste, et il a compris, répondit Madeleine.

— Et vous avez également renvoyé la Cambotte ?

— Il est insupportable de voir sans cesse les domestiques autour de soi. Leur place est à la cuisine.

Jérôme parut atterré du coup. Nul, à Figuerolles, ne lui avait jamais parlé de ce ton absolu. Très friand de lièvre, il acheva lentement sa bouchée ; puis, avec une dignité où se trouvait enveloppé un grave reproche :

— Ma bru, ni Annette ni Luc ne sont des domestiques chez moi. Annette est l'amie, la meilleure amie de la maison, et Luc est l'ami, le meilleur ami de Frédérique, — presque son frère. Rappelez-les tous deux.

— Rappelez-les vous-même, puisque vous êtes le maître.

— Vous avez raison, je suis le maître.

Comme si, pour donner à sa voix, appauvrie par les ans, l'ampleur nécessaire, il avait besoin d'être debout, il se dressa de toute sa haute taille de chêne encore robuste et cria du mieux qu'il put :

— Cambotte !... Taillevent !...

Mais la porte de la cuisine demeurait close.

— Cambotte !... Taillevent !... répéta-t-il, essoufflé.

— Ils ont trop peur de maman, ils ne viendront pas, murmura Riquette.

Des larmes sillonnèrent son gracieux visage pâle et triste.

L'Espagnol, atteint par ce désespoir de jeune fille, n'eut qu'un bond de la table à la cuisine. Il rentra dans la salle avec Annette et Luc.

— O Noguerra, que c'est bien cela ! lui dit Jérôme. Vous aussi, vous êtes un ami de la maison.

— Oui, un ami, un ami, répéta Riquette... — Tu es là, mon Lucou ? badina-t-elle, se retournant à plusieurs reprises.

Tandis que la Cambotte, aidée de son fillot, vaquait

aux détails du repas, enlevait les reliefs du lièvre, renouvelait les assiettes, déposait sur la table une rutilante galette aux grattons, puis un paillasson farci de châtaignes grillées, crépitantes des flammes, Madeleine adressait très bas à Noguerra des paroles vives, qu'on aurait crues irritées à maints gestes qui les accompagnaient. L'Espagnol lui souriait, ne cessait de lui sourire le plus aimablement du monde ; mais elle, mordue par des soupçons cruels, lui montrait des traits durs, implacables, et, une fois, relevant sa tête blonde, belle vraiment dans une expression farouche qu'on ne lui connaissait pas, elle eut l'air de se reculer et l'enveloppa d'un regard de furie.

— Encore ! encore !... lui soupira-t-il, en se penchant pour ramasser sa serviette tombée à terre.

Jérôme s'était attribué un copieux morceau de galette et le dépêchait du même entrain qu'il avait fait du gibier.

— Grand-père !... lui murmurait Riquette alarmée.

— Sois tranquille, enfant, répondait-il : ça me connaît ces gourmandises du pays, et ça passe sans me toucher la luette.

S'adressant à l'Espagnol :

— Si c'est votre idée de traquer les loups cette nuit, savez-vous ce que vous devriez faire, Noguerra ?

— Quoi donc ?

— Vous tailler une mâle tranche de cette galette aux grattons et l'emporter dans votre carnier. L'espère peut être longue et vous aurez besoin de vous soutenir dans le clocher du Parc... Vous avez une gourde, sans doute ?

L'Espagnol souleva sa gibecière au repos à ses pieds, la déposa sur la table, l'ouvrit et en retira une gourde mauresque, tatouée de dessins bizarres.

— Est-elle jolie !... exclama Taillevent.

— Moreno me la passait durant la guerre.

— Et ça ? insista Luc, glissant un doigt dans le havresac.

— Ce sont deux peaux de renard et deux peaux de fouine.

— Des peaux de renard? des peaux de fouine?... interrogea Riquette.

— Mademoiselle, le loup est doué d'une ouïe très fine ; mais son odorat est encore plus fin que son ouïe. Cette bête infatigable, sans cesse en campagne pour manger, dépiste l'homme, son ennemi, dans le moindre vent, le moindre souffle. Il faut des précautions extraordinaires pour approcher le loup, et je ne le chasse jamais que les semelles de mes bottes enveloppées de peaux de fouine ou de renard.

— Nous n'y regardons pas de si près, dit Jérôme.

On croquait des châtaignes à la ronde. Bien qu'un peu somnolent, le vieux Servières réussit à se planter sur ses jambes, à s'appuyer sur le bras de Luc, qui le conduisit vers la planchette de frêne, sous le manteau de la cheminée, où il avait l'habitude de roupiller un instant avant de gagner le lit. En passant derrière sa bru, il la toucha tendrement à l'épaule et lui dit :

— Je vous recommande le carnier de Noguerra, mettez-y de la galette et des châtaignes, surtout remplissez la gourde de notre ratafia au genièvre, car il aura besoin de se remonter les intérieurs dans le clocher du Parc-aux-Loups.

Riquette, voyant son grand-père endormi, se sentit fort isolée ; elle appela la Cambotte, qui alla la coucher comme tous les soirs.

Cependant, Madeleine versait le ratafia au genièvre. Les mains lui tremblaient, et le plancher absorba plus d'une goutte de la liqueur. Noguerra tenait la gourde sans mot dire, se contentant de contempler la jeune femme, de jouir de son trouble. La besogne achevée, ce fut elle qui voulut boucher la gourde et l'enfouir parmi les peaux de fouine et de renard, au fond de la gibecière entr'ouverte. A ce moment, un ronflement ébranla la Salle.

— Luc, dit-elle, conduis ton maître à sa chambre. Il pourrait tomber dans le feu.

IV

LA CLÉ DE FIGUEROLLES

Taillevent, d'une embrassade affectueuse, souleva le vieillard et, le portant à demi, l'emmena.

Jérôme et Taillevent n'avaient pas quitté la Salle, que Noguerra s'emparait de la main de Madeleine, occupée encore à farfouiller dans le carnier, la pressait fortement, puis la portait à ses lèvres.

— Laissez-moi! dit-elle.

Mais lui, qui s'était attendu à quelque éclat terrible, devant ce simple dépit, lui passa un bras à la taille, chuchotant :

— Je vous aime!... Oh! comme je vous aime!...

Cette fois, elle se dégagea d'un redressement de révolte, car la bouche du jeune homme avait frôlé ses cheveux. Elle se trouva au milieu de la pièce, vibrante, courroucée, ses grands yeux bleus étincelants dans la radieuse matité de son visage comme deux étoiles dans la pureté d'une belle nuit.

— Madeleine! soupira-t-il, Madeleine!...

— Où prenez-vous le droit de m'appeler ainsi?

— Là! là! répéta-t-il en se frappant de grands coups sur le cœur.

Elle avait reculé. Il voulut aller à elle.

— Un pas de plus, et je me sauve.

— Je vous suivrai.

— Si vous m'infligez l'affront de me suivre, j'appelle...

— Taillevent sans doute?

— Oui, Taillevent, capable de vous plier sur son genou comme un osier.

— Vous avez raison, madame, appelez-le; qu'il vienne, le fillot de la Cambotte, qu'il vienne, et me plie, et me tue! Aussi bien, il est temps que mon supplice s'achève. Voici des années que je vous vis pour la première fois, et voici des années que je vous aime. Qui peut dire si, sans vous, à l'exemple de Martos, je n'aurais pas fait ma soumission, touché mon pays?...

Et, avec égarement:

— Un jour, à travers une vie ouverte à des soucis poignants, à des misères honteuses, dans la montagne de l'Espinouze, — ma patrie désormais, — il me fut accordé de contempler une femme adorable. Je m'éloignai; mais je n'allai jamais bien loin, tournant sans cesse autour de cette métairie où vous m'étiez apparue. Enfin, la torture de vivre sans vous voir devint intolérable. Un soir, j'aperçus votre maison et j'y entrai hardiment.

Madeleine, qui tenait le loquet de la porte, prête à s'échapper, laissa retomber sa main.

— Je vous l'atteste sur mon salut éternel, poursuivit-il, je ne traînerai plus l'existence abjecte qui a été la mienne jusqu'ici. Mon amour m'a monté trop haut, je ne veux plus descendre.

Il se précipita à ses pieds et, dans un élan de prière :

— Je vous en supplie, appelez Taillevent pour qu'il en finisse avec moi.

— Si vous m'aimiez véritablement !...

— Que puis-je tenter pour vous prouver mon amour ? Voulez-vous que, cette nuit, quand trois ou quatre loups seront réunis dans le Parc, au lieu de les abattre, je me précipite du haut du clocher et me fasse dévorer pour vous ?

Comme déterminé à s'élancer sur l'heure vers Tirebosc, d'un geste violent il passe à son épaule la bretelle du carnier, happe son fusil.

— Adieu ! dit-il d'une voix altérée, adieu à jamais !

Madeleine lui saute au cou.

— Restez, je vous aime !

Il dépose le fusil pour la soutenir, car elle fuit de ses bras, inerte, pâmée. Il lui présente le goulot de sa gourde, vivement retrouvée et débouchée.

— Ah ! murmure-t-elle, il est d'heureux moments !...

Il recueille au coin de ses lèvres deux gouttes de la liqueur qui y brillent pareilles à des perles, puis il la couvre de baisers furieux.

— Oui, répète-t-elle, il est d'heureux moments !... C'est bien vrai au moins ? c'est bien vrai ?...

— Quoi donc ? quoi ?

— Que vous n'aimez pas Riquette ?

— Riquette !...

Il va vers la table, y ressaisit son havresac.

— C'est trop de cruauté, madame. Il vaut mieux que je parte, puisque vous ne sentez rien, n'éprouvez rien de ce que je sens et j'éprouve.

Il allonge une main vers son fusil ; mais elle le tient déjà.

— Prenez garde ! crie-t-il.

— Je n'ai pas peur de la mort, riposte-t-elle, arrivée au comble de la détresse morale.

Il lui arrache l'arme par des attouchements plus doux que des caresses.

— C'est mon oncle Alype... balbutie-t-elle avec une timidité qui vaut une excuse.

— Votre oncle Alype vous a dit que j'aime votre fille ?

— Il me l'a insinué...

Pour se donner une minute de réflexion, car tant de secousses successives l'ébranlaient à la fin, il la reconduit vers sa chaise et se pose sur le perron du foyer, bien devant elle, le dos au feu à peu près éteint. Elle ne songe pas à lui refuser ses mains.

— Mon Dieu ! mon Dieu !... gémit-il, gagnant du temps.

— Mon oncle Alype est persuadé...

— Et que pouvais-je faire, épris de vous à en mourir, sinon tromper votre oncle, le jeter sur une fausse piste pour le détourner de nous ? Il était capable de découvrir mon secret, et, dès les premiers jours, je m'appliquai à le bercer d'histoires ridicules. Le prêtre le plus naïf a des pénétrations redoutables...

— O mon ami !...

— Songez à ce qui nous arriverait de funeste si votre mari, qui ne me marque que de l'éloignement, qui ne me supporte ici que par avarice, pouvait se douter...

— Oui, oui...

— Vous avez assez souffert de sa brutalité pour savoir à quoi vous en tenir sur son caractère. Il fallait éviter une lutte entre lui et moi, et, je le dis la rougeur au front, j'ai menti, j'ai menti encore, j'ai menti toujours...

— Alors, Riquette ne sera jamais « marquise de Campo-Viejo ? comtesse de ?... »

— Toi ! toi !...

Elle lui ferme la bouche d'une de ses mains, puis articule tristement :

— Moi, j'ai mon mari.

— Le médecin de Castanet croit...

— Qu'il vive ! s'écrie-t-elle, courant se cacher au coin le plus obscur de la Salle.

Noguerra la rejoint d'un saut.

— Allez tuer vos loups ! lui dit-elle, s'arrachant de ses bras.

— Et si je renonçais à ma chasse pour ?..

— Non ! non !

— Madeleine !

— Allez aux loups !

La porte a un frémissement.

— Quelqu'un ! soupire-t-elle.

La porte s'entr'ouvre.

— Noguerra, dit Taillevent, je vous attendais dans le corridor; mais, comme vous tardez, je vous apporte la clé de la métairie pour rentrer.

— Est-ce que Riquette est couchée? demande Madeleine, allant à Luc d'un pas de somnambule.

— Oui, notre maîtresse, Mademoiselle est couchée.

— Je vais faire comme elle... — Noguerra, vos récits de la guerre carliste m'ont fort intéressée...

Elle se coule dans l'entre-bâillement de la porte, — s'éclipse.

L'Espagnol ne profère pas une syllabe; il prend la clé, le carnier, le fusil, et part.

V

UN BON CHIEN DE GARDE

Dès son enfance, Luc avait été dressé par son parrain à la garde de la métairie. Maîtres et valets endormis, Rascol donnait un coup d'œil aux étables, tournait autour des bâtiments avant de se coucher. Son fillot, l'oreille dressée, le suivait comme un jeune basset sous bois. Ces précautions, ces sauvegardes en un pays écarté, infesté de loups très audacieux, traversé par des malheureux sans gîte, Taillevent ne les avait pas oubliées, et, chaque soir, il passait cette manière d'inspection nocturne, un bâton noueux au poing. Gare s'il eût fait quelque rencontre suspecte! ce bâton noueux, qu'il maniait aussi légèrement qu'un brin d'osier, était un surgeon de rouvre, arrondi du bout en forme de massue, et, moyennant cette défense, le combat n'eût pas été long entre son adversaire et lui.

Taillevent, peu capable de s'analyser, tout d'instinct, ignorait assurément pourquoi, depuis l'arrivée de l'Espagnol, il avait redoublé de vigilance ; pourquoi ses promenades hors de la métairie, étaient plus longues, plus minutieuses. Le fait est qu'il les avait redoublées sans presque s'en apercevoir. Une voix intime et profonde, cette voix qu'entendent seules les grandes innocences, l'avait prévenu que la présence de Noguerra constituait un danger pour les gens de Figuerolles, et il ne cessait de suivre l'Espagnol de ses yeux perpétuellement allumés de haine et de soupçon. Il éprouvait contre cet étranger les mouvements de rage que le chien, cette bête généreuse et noble, ressent pour le loup, cet animal abject, méprisable, tout de lâcheté et de trahison... Si jamais une occasion lui était offerte de se ruer...

La nuit était idéalement belle, Luc, accoudé à la fenêtre du premier étage, à l'extrémité du spacieux corridor de la métairie, portait au loin ses regards vers le Roudil. Une fois, dans la clarté égale et transparente qui baignait les monts s'étageant à l'infini, pareil à une étoile tombée du ciel, un point vif éclata dans la campagne. — Le fusil de Noguerra sans doute.

Féroce et enfantin, il articula, les mâchoires serrées :

« Si tout de même quelque loup, plus affamé qu'un autre, venait manger cet Espagnol ! »

Il descendit au rez-de-chaussée, où se trouvait le logement des Rascol. Il entra dans sa chambre, l'ancienne chambre de Guillaume Servières, et s'assit sur une escabelle. A intervalles réguliers, un souffle transpirait. Il écouta.

« Le bon sommeil ! dit-il ; je suis content. »

La Cambotte dormait paisiblement dans la pièce à côté.

Renseigné sur sa marraine, Luc décrocha une épaisse limousine, se la campa sur les épaules et sortit. Au moment de remonter l'escalier, il fit halte devant une porte à clous d'acier dont un rayon de lune perdu allumait les têtes énormes.

« Quand je songe, grommela-t-il, qu'au lieu de laisser ce brigand d'Espagnol avec les journaliers, on le loge où logea jadis Pierre Servières ! »

Dix ouvertures crevaient les murailles du large couloir; c'étaient des portes arrondies vers le haut, solides, un peu noires, fermées la plupart au loquet seulement, — à la *cadole*. L'architecte de cette allée qu'on aurait pu prendre pour le corridor d'un cloître avec ses cellules alignées, l'ancêtre Jacques Servières, fort économe, avait jugé que des cadoles suffisaient en l'intérieur de la maison. — Qu'avait-on besoin de se protéger davantage quand on était entre soi! — Il avait fallu l'arrivée de Madeleine pour river une serrure par-ci, par-là.

Luc marcha sur la pointe des pieds, et d'un repliement des jarrets, souple, sans bruit, se coucha en travers de la quatrième porte, la porte de Riquette. Enveloppé dans sa limousine, il demeurait étendu de tout son long. Ses yeux ouverts suivaient sur les murailles les jeux de la lune entrant par la fenêtre du fond et dessinant de vagues ombres tremblotantes, — sans doute les branches des ormes de la cour qui dépassaient en hauteur le premier étage de la métairie. Sa pensée toutefois était moins à ces combinaisons bizarres de la lumière nocturne qu'à Riquette. Il se préoccupait d'elle, toujours d'elle, obstinément. Certes, quand le maître de Figuerolles, M. Frédéric, était à la maison, il ne lui fût jamais venu à l'idée de veiller aussi étroitement sur Riquette. Le père était absent, et, tout de suite, il avait eu l'intuition que le devoir lui incombait de protéger Riquette contre il ne savait quelles attaques possibles, et, après l'avoir suivie de l'œil le jour, il la gardait jalousement la nuit.

Alors, il aimait Riquette?

Luc de Lucas, incapable de se pénétrer, partant de se connaître, ignorait s'il aimait Riquette. Il sentait que, pour elle, il tenterait des efforts au-dessus des efforts humains; que, sur un signe d'elle, il répandrait son sang jusqu'à la dernière goutte, mourrait avec joie. Mais cet abandon de soi, ces mouvements héroïques de sa nature qui le poussaient sans cesse à se sacrifier pour sa « sœur », n'avaient rien de commun avec les ardeurs des jeunes gens pour les filles, qui l'avaient frappé d'étonnement aux fêtes votives des paroisses de l'Espinouze et du Marcou. A son jugement, Riquette était un être adorable, hors de sa portée, baignant en pleine lumière entre terre et ciel. Elle ne marchait pas, elle volait comme un ange dans les tableaux de l'église de Roquefixade; elle ne parlait pas, elle chantait comme une fauvette dans le Roudil. Quel homme serait digne d'elle? Un monsieur bien éduqué et bien riche de la ville, qui volerait en marchant comme elle, chanterait en parlant comme elle. Pour lui, il demeurerait le chien couchant, le chien timide de sa jeune maîtresse, trop heureux si on lui permettait de la voir toujours, de la suivre toujours, d'aboyer toujours sur ses talons...

Un craquement...! Des pas...! Une ombre droite et haute marche sur le mur parmi les ormes de la cour, aux environs de la chambre de Madame... Un élan suffit à Luc, et, tandis qu'une de ses griffes s'abat sur une main qui tâte un loquet, son autre griffe serre à la gorge quelqu'un en chair et en os qui s'affaisse sous l'étreinte en gémissant :

— Mais vous m'étran...glez...

Luc charge l'homme et l'emporte.

— J'ai bu... toute la gour...de, marmotte l'Espagnol.

Le poids de Noguerra pèse autant qu'une plume aux épaules de notre Hercule cévenol. Il dégringole l'escalier.

— Il faisait froid à Tirebosc... Quel ratafia!...

Comme l'ivrogne bredouille ces mots, il est lancé à travers sa chambre.

— Ah! il en veut à Madame!... Ah! il en veut à Madame!... répète Luc.

Il passe le reste de la nuit à la porte de l'Espagnol, résolu à l'écharper s'il sort de chez lui.

VI

LA MASSUE D'HERCULE

Frédéric rentra le lendemain. Il était méconnaissable, tant quelques jours l'avaient vieilli, détendu de la tête aux pieds. Le creux de ses joues, le vague de ses yeux, la pâleur de son visage, ne parurent pas émouvoir beaucoup Madeleine, harcelée d'inquiétudes inimies déchirantes; mais ils bouleversèrent Jérôme, Riquette, Alype, Taillevent, — la Cambotte surtout, qui ne put s'empêcher de pleurer.

— O mon fils, que t'est-il arrivé? lui demanda le vieillard.

— O mon père !... s'écria Frédérique, s'emparant de ses deux mains, les mangeant de baisers.

— Voyons, mon neveu, lui dit l'abbé, ne nous laissez pas croire que Dieu vous a complètement abandonné.

— O mon maître! mon maître! répétait Luc... Si quelqu'un, ici ou ailleurs, vous a porté tort, parlez!

— Oui, parlez! insista la Cambotte, s'associant aux menaces anonymes de son fillot.

— Personne autre qu'Aubrespy ne m'a porté tort, balbutia-t-il.

Et, relevant son front, dont une flamme rouge venait d'effacer les rides aussi profondes que des entailles, il articula :

— C'est égal, je ne m'attendais pas à ça... Moi qui avais compté sur les Albagnac... Vous savez la nouvelle? Adolphe Albagnac épouse Théodora Simard...

— Eh bien, voilà tout, interrompit Alype.

Il se pencha à son oreille et lui murmura :

— Je tiens en réserve pour notre fillette un mariage autrement avantageux que celui qu'elle eût fait avec Adolphe Albagnac. Je vous parlerai de ça...

— Je vais me reposer, souffla-t-il, excédé de fatigue.

Il gagna sa chambre.

— Paysan qui se couche, paysan bien malade, opina Jérôme, branlant la tête tristement.

Madeleine vivait en des appréhensions de plus en plus cuisantes. Le maître ayant reparu au logis, cette femme, abaissée par une longue servitude, tremblait à la pensée que son mari allait tout découvrir, tout apprendre de la bouche de Taillevent. La liberté veut un apprentissage, et elle s'était précipitée d'un élan trop brusque vers la liberté. Aussi, sur ce terrain nouveau où rien ne la protégerait plus, ni son mariage, ni sa religion, ni sa maternité, n'avançait-elle que d'un pas embarrassé, incertain, entravée à toute minute par des idées, des doutes qui la poignaient à la faire mourir. Elle avait des soulèvements de passion qui l'auraient jetée aux bras de Noguerra, l'auraient mise à sa merci ; puis, dans un éclair, elle voyait son mari écrasé, sa fille abandonnée sans mère, car elle ne serait plus la mère de Riquette si elle désertait son devoir, et elle reculait au bord du gouffre ouvert, vaincue dans ses ardeurs, dans sa folie.

Mais elle devait se hâter de prendre un parti, et un parti résolu pour éviter une catastrophe. Noguerra, en homme très déterminé, n'attendrait pas longtemps sa conquête. A quelles extrémités, si elle persistait à se dérober, n'était pas capable de s'emporter cet Espagnol, ce gentilhomme, le marquis de Campo-Viejo, exaspéré ! Déjà, une nuit, n'avait-il pas tâté le loquet de sa porte ! Que serait-il arrivé si Taillevent ne se fût trouvé là ?...

A ces réflexions terrifiantes, Madeleine eut un frémissement. Elle aimait, et la perte possible, l'effondrement possible de sa vie d'épouse et de mère, pour dire vrai, lui procuraient un débordement de joie malsaine qui, par instants, lui voilait tout, lui dissimulait tout, ne lui permettait de rien voir... Elle aimait! elle aimait! Mais aussi comme elle était aimée! Dans cette nuit où, sans l'intervention de Taillevent, c'en eût été fait d'elle, Noguerra n'était pas allé aux loups comme elle l'avait cru, surtout ne s'était pas grisé comme le croyait Luc; après cinquante pas hors de la métairie, il était rentré furtivement et avait attendu l'heure propice de la surprendre, de l'entretenir de son amour... Elle avait été bien coupable dans la Salle de lui sauter au cou. Ce mouvement irrésistible l'avait sans doute décidé, lui... Par bonheur, ce Luc de la Cambotte veillait... De quelle haine elle se sentait soulevée contre ce Taillevent, qui se permettait de la protéger, de la garder!...

Si Taillevent lui traversait l'esprit, il n'en fallait pas davantage à Madeleine pour être reprise de ses terreurs. Luc certainement avait déjà raconté à sa marraine la scène à la porte de sa chambre, Noguerra gris, Noguerra enlevé, et il était bien probable que, si le fillot, peu parleur, se taisait, la Cambotte, la langue toujours en train, se plairait à divulguer l'aventure... Qui sait si déjà son mari, son beau-père, son oncle n'avaient pas été informés, n'avaient pas recueilli quelque bruit adroitement semé dans la métairie? Bourrelée de doutes lancinants, elle leur trouvait à tous une figure si étrange, si suspecte! Oh! alors elle redevenait lâche, honnête, et volontiers, pour retrouver son repos, même dans les humiliations anciennes, elle eût consenti à l'éloignement de Noguerra, peut-être se fût-elle résignée à cette extrémité monstrueuse : voir l'homme qu'elle aimait épouser sa fille. Il ne partirait pas au moins, et elle goûterait la consolation amère de le garder à la maison.

Une après-midi que maîtres et journaliers, l'Espagnol en tête de la caravane, étaient montés vers le Louvart, Madeleine demeurait seule à Figuerolles. Riquette était, depuis la veille, à Roquefixade, chez l'oncle Alype. Dans la solitude de sa chambre, Madeleine s'abandonnait à des pensées sinistres. Tout à coup, Taillevent traverse la cour; elle l'aperçoit de sa fenêtre et, sans réflexion, poussée par les idées qui la travaillent, elle fait jouer l'espagnolette et, d'une voix de détresse singulière :

— Luc! Luc!
— Madame! répond l'autre.
— Monte tout de suite!

Il entre.

— Luc, j'ai besoin... de te parler...

Elle chancelle et se laisse glisser sur le canapé.

— Oui, j'ai besoin de te parler...
— Notre maîtresse, quoi que vous ayez à me dire, vous pouvez vous expliquer. Moi, simple et sans instruction, je ne suis pas capable de vous conseiller; mais je suis capable de vous servir. Commandez!
— Il s'agit... de Noguerra, dit Madeleine.

Taillevent ne sourcille pas.

— Tu es sûr, bien sûr... que Noguerra était ivre, l'autre nuit, dans le corridor?...
— J'en suis sûr.
— Et que faisait-il là?
— Il farfouillait votre serrure.
— Penses-tu qu'étant gris, il eût confondu ma porte avec la sienne?
— Une fois, Pipette, qui avait trop levé le coude à la foire de Saint-Gervais, ne retrouva plus sa chambre en

rentrant à Figuerolles et coucha dans l'écurie. La même chose est arrivée à Noguerra à son retour du Parc-aux-Loups, où il avait tari sa gourde...

— C'est cela, la même chose lui sera arrivée... Que j'ai été imprudente de remplir sa gourde de ratafia!... Je ne connaissais pas les défauts de cet homme, moi...

Elle n'en pouvait plus de l'effort, car, elle le savait, la griserie de Noguerra avait été une feinte.

Comme sa maîtresse, dont l'angoisse augmente, n'a plus un mot, Taillevent fait mine de se retirer.

— Attends!... A propos, quelqu'un connaît-il ce qui s'est passé... en l'absence de mon mari?

— Personne...

— Pas même ta marraine?

— Personne, répète-t-il fermement. J'aurais pu parler de ça à ma marraine. Puis, j'ai pensé que ma marraine vous aime autant qu'elle déteste l'Espagnol, qu'elle ne croirait pas, ne l'ayant pas vue, à l'ivrognerie de l'Espagnol, et qu'elle laisserait courir sa langue peut-être...

— Oh! que tu as raison!

Il poursuit, ses grands yeux calmes s'animant tout à coup :

— Ni M. Frédéric, qui ne l'avait pas vue, n'aurait cru à la griserie de Noguerra. Vous devinez alors jusqu'où sa colère aurait pu se porter, en apprenant que cet homme, arrivé ici plus démuni qu'un mendiant, avait essayé de s'insinuer dans votre chambre!

— Oh! que tu as raison!

— Puis j'ai réfléchi que, dans le fond de moi, personne ne me fait peur, et qu'il n'était pas nécessaire de prévenir mon maître des manœuvres de Noguerra, puisque je suffisais à leur couper court. On ne sait pas jusqu'où peut aller ma force. Quand vous le voudrez, je ferai place nette, ici, tant de l'Espagnol que de tous ceux qui vous gêneraient...

— Mais, Luc, je ne te demande pas...

— Puisque le bon Dieu m'a donné la force, il faut bien que je la dépense.

— Je t'en prie, Luc, pas de scandale...

Luc relève la manche très large de sa veste et met à nu un bras magnifique, sans nulle saillie apparente des muscles, gracieusement modelé, rond comme un bras de femme, avec des blancheurs argentées de bouleau, et, le portant en avant, le poing fermé, serré en boule :

— Madame, il ne travaillera que si vous l'ordonnez.

— Oui, oui, mon Lucou... lui dit-elle tremblante, employant le diminutif affectueux de son nom pour le congédier plus facilement.

Lorsque Taillevent fut sorti, Madeleine songea qu'elle avait en lui un protecteur bien redoutable. Enfin, il s'était tu sur sa prise avec Noguerra. Pour le moment, cela seul importait; dans l'avenir, elle s'évertuerait à mener habilement en laisse cette bête de Luc, très douce à l'ordinaire, mais capable de devenir féroce, le cas échéant.

Dans le crépuscule qui estompait sa chambre peu à peu, cette femme, partagée par mille sentiments contraires, — ses appétits la poussant tantôt à la passion, tantôt au devoir, — se morfondait, se débattait, se déchirait. Soudain, au milieu des ténèbres épaissies, une blancheur apparut vers le fond de la pièce. Dieu! le bras formidable de Luc, terminé par un nœud de massue. Dans une épouvante horrible, elle courba la tête et sentit fléchir ses genoux. Elle crut qu'elle allait tomber.

VII

LES COUDERC, DE LA ROUVRERIE

Dans le bouleversement de son être diminué, à moitié détruit, une idée persistait chez Frédéric. Cette idée fixe était comme un clou planté dans son cerveau douloureux, et il en souffrait au point qu'on le surprenait sans cesse la tête dans ses deux mains. Le coup reçu aux rives du Jaur l'avait atteint au sources de la vie, « il n'userait plus guère de chemises en ce bas monde », comme il l'avait dit un jour à son vieux père, et il aurait voulu, avant de « s'en aller », connaître la suprême joie d'établir Riquette, de passer le bras de Riquette au bras d'un homme qui la choierait, la dorloterait, l'aimerait.

Nous le savons, le mariage de sa fille avait été la préoccupation exclusive de ce paysan dur au travail, hanté par un orgueil immense. Riquette n'avait pas hasardé son premier pas que, lui découvrant toutes les gentillesses, toutes les beautés, il la voyait déjà dans une ville des environs, adulée, admirée, reine de l'endroit. Mais, pour descendre avec sa fille de l'Espinouze vers Béziers, Lodève, Saint-Pons, il fallait qu'il fût riche, très riche, et il avait aussitôt déserté son étroit commerce de nourrissage, de toiles, de serges, pour des entreprises plus vastes, d'un résultat plus ample, plus fructueux. Moyennant les inventions d'Aubrespy, moyennant les améliorations introduites dans la foulerie du Jaur, vers dix-huit ans, Riquette, élevée comme une demoiselle, ravissante de grâce, épouserait...

Hélas ! hélas !...

Maintenant, le pauvre père, terrassé, râlant, comprenait la folie de ses rêves glorieux et tentait de se reprendre pour donner satisfaction à l'envie cuisante de fixer la destinée de sa fille avant de mourir, à des projets jadis méprisés, en quelque sorte repoussés du pied. Quelques années auparavant, les Albagnac, de la Bouleaunière, auraient été flattés d'une alliance avec les Servières, de Figerolles, et aujourd'hui!... De l'affront souffert à la Bouleaunière, lui venaient aux yeux des larmes de sang.

Mais, au fond de sa déconvenue, de son abaissement, de sa honte, Frédéric, qui, un matin, seul, à la dérobée, avait parcouru son domaine, éprouva une fierté qui le redressa d'un cran. Tout n'était pas perdu. Tandis qu'il agonisait, Noguerra, « cet homme providentiel », selon l'expression d'Alype, avait tenu l'œil aux terres, aux bestiaux, aux gens, et il retrouvait son bien tel qu'il l'avait connu du temps de ses oncles défunts, reluisant de promesses et de santé.

Alors, dans un véritable transport, la pensée maîtresse de sa vie le ressaisissant, il se demanda pourquoi il n'essaierait pas de nouvelles démarches pour découvrir, dans la contrée, un mari à Frédérique. S'il avait échoué auprès des Albagnac, de la Bouleaunière, il réussirait sans nul doute auprès des Couderc, de la Rouvrerie. Assurément le parti eût été plus avantageux du côté de Grégoire Albagnac, possesseur d'un héritier unique, Adolphe, tandis que Cyprien Couderc avait deux enfants, Édouard et Félix. Mais, en sa pérégrination matinale, Frédéric, le cœur gonflé d'un espoir nouveau, reconnut que le mariage de sa fille avec l'un des fils Couderc, — avec Édouard, par exemple, réputé pour sa vaillance et sa bonne conduite, — aurait l'avantage inappréciable de fixer à la métairie un homme capable d'en maintenir la prospérité, qui sait? de l'augmenter peut-être. En admettant qu'Adolphe Albagnac eût renoncé à aller parader dans le notariat d'une ville, il eût été condamné à faire perpétuellement la navette entre la Bouleaunière et Figuerolles; Édouard Couderc, qui aurait abandonné l'exploitation de la Rouvrerie à son frère Félix, appartiendrait tout entier à Figuerolles, dont il serait le maitre, qu'il mènerait tout à fait à sa façon.

Frédéric avait descendu le cours du Bidourlat. Là-bas, les toits de Castanet-le-Haut, noyés de rosée, reluisaient et fumaient. La bouche de notre homme s'entr'ouvrit et ces mots s'en échappèrent :

« Si Edouard Couderc demeurait chez nous, mon père et moi nous pourrions mourir en paix. »

Cependant, l'hiver, le gros hiver, commençait à sévir, et la vie de l'Espinouze, vie si active, si laborieuse, si déterminée contre un sol rebelle, s'était réfugiée en l'intérieur des bordes, des fermes, des métairies, où les bras s'occupaient à mille raccoutrages rustiques. A Figuerolles, tandis que la neige protégeait les herbages de la gelée, on préparait toutes choses pour la réception des tarrines. Dans la cour, aux étables, dans les granges, Noguerra ordonnait, exigeait. Une fois, Jérôme, ébahi des connaissances de l'Espagnol, tant en ce qui touchait à la culture qu'au nourrissage, lui dit à brûle-pourpoint :

— On croirait que vous avez fait ça toute votre vie.

Le colonel carliste se rembrunit.

— Un bon officier doit être renseigné sur tout, riposta-t-il. Il ignore où les circonstances l'obligeront à conduire son armée et s'il n'aura pas à se préoccuper de la nourrir.

Au milieu des intrigues que cet homme souple, patient, sournois, rusé, ourdissait dans l'ombre, non en réalité pour prendre dans ses rets Madeleine, mais pour s'emparer, un jour, du domaine de Figuerolles, le faire sien, au milieu de ses intrigues tenaces, il arriva d'aventure à Noguerra d'être harcelé de frayeurs terribles. Il ne s'appelait pas *Don* Venancio Noguerra, il n'était pas *marquis de Campo-Viejo, comte d'Arujar;* il s'appelait tout uniment Venancio Noguerra, et le château de ses pères, en Catalogne, était une ferme assez piètre dans le pays d'Andorre, à Vicolo, non loin d'Urgel. Sorti vers 1835, à vingt ans, du grand séminaire de cette ville épiscopale pour aller faire le coup de feu dans les bandes carlistes, la trahison de Maroto l'avait trouvé, non point colonel dans l'armée royale, mais simple lieutenant. A Figuerolles, où nous savons quel fil conducteur l'avait ramené, — le souvenir ancien d'un regard pitoyable de femme, — il s'était fait vite à sa situation nouvelle, et n'avait éprouvé ni peine ni humiliation à se couler dans la peau de Rascol. Du reste, les travaux champêtres, auxquels il s'était livré chez ses parents durant son enfance et sa prime jeunesse, par des notions acquises de bonne heure, lui avaient rendu faciles ses succès au Louvart, au Roudil, à Tirebosc.

Lui pourtant avait l'œil à tout mouvement, l'oreille à toute parole dans la métairie et au presbytère de Roquefixade, dont sa dévotion manifeste lui avait ouvert la porte à deux battants. Flairant une place honorable à conquérir au soleil, une place qui l'arracherait à des misères avilissantes, il avait menti, n'avait cessé de mentir, comme il l'avait avoué. Son séjour au séminaire d'Urgel lui ayant permis de pénétrer le caractère du prêtre, très attaché aux distinctions sociales, plus épris du noble que du vilain, il mentit d'abord à l'abbé

Alype en s'affublant de titres capables de le tenter, puis il mentit à Madeleine en simulant un amour qu'il ne ressentait pas, qui ne pouvait être qu'un acheminement habile vers la réalisation d'un plan caché.

Ce plan, dont il s'était discrètement ouvert au curé de Roquefixade en des épanchements libres, surtout en ses confessions hebdomadaires, prenant un plaisir sacrilège à troubler le pauvre homme par des confidences qui s'adressaient tantôt à lui, tantôt à Dieu, ce plan était de conquérir Frédérique Servières, de devenir par elle souverain du Louvart, de Tirebosc et du Roudil. — Riquette lui plaisait-elle? Riquette était-elle jolie? Il n'en avait cure. — Abreuvé d'ennuis, saturé d'amertume, glacé d'ailleurs de tempérament, il jetait son dévolu sur Figuerolles, qui le dédommagerait des affronts subis, le ferait homme, lui jusqu'à cette heure triste jouet des circonstances, valet de tous les hasards.

A certains instants, l'Espagnol, la tête troublée par le souvenir cruel de ses vagabondages, sentait se soulever au fond de son âme aux abois des forces irrésistibles qui l'aideraient à triompher. Ainsi qu'il l'avait fait jadis, il ne serait pas assez sot pour battre en retraite une seconde fois. Avant de déserter l'Espinouze, mains vides, bissac au dos, il aurait été l'instrument de choses effroyables par ici. Espionné par la Cambotte, traqué par Taillevent, délaissé par Madeleine, que l'épouvante avait rejetée à la pratique du devoir, il était temps que l'abbé, chargé de ses intérêts intimes, se hâtât d'intervenir, car...

Il se hâtait, l'excellent Alype. Par malheur, c'était toujours au moment décisif que le courage lui faisait défaut, et il fallait patienter avec lui, beaucoup patienter... « J'agirai, j'agirai! » se répétait-il chaque matin, réconforté par sa messe quotidienne que lui servait fidèlement Noguerra. Et puis, sa tasse de racahout avalée, au lieu d'agir, il écrivait d'interminables pages dans son Registre... Il arrivait que sa plume demeurait entravée au milieu d'une ligne. Le saint prêtre alors rougissait, penchait la tête, troublé par une componction douloureuse. Quelque entêtement qu'il eût mis à croire Madeleine à l'abri de la tentation des hommes, il finissait par voir clair dans les agitations de sa nièce, dans ses craintes, dans certaines paroles articulées entre deux sanglots. De toute évidence, elle avait été tentée. Certes, Noguerra n'était coupable en nulle façon. Lui, aimait Riquette, il l'aimait de cet amour pur, de cet amour que le ciel autorise, qu'il bénit, qu'il sanctifie... Mais, elle? mais Madeleine? Emportée à cette fureur d'amour humain qui, selon le mot de saint Ambroise, « permet à la femme de mâcher du feu sans le sentir », ne pouvait-elle pas, en son délire, tendre les bras vers le noble exilé, le prendre dans ses filets? Il est écrit aux Livres Saints : « Les bras de la femme sont semblables au filet des chasseurs, *laqueus venatorum*... »

Un jour, Alype referma son Registre et sauta dans le sentier de Figuerolles.

— Où courez-vous si vite? lui cria Naniche.

— Je cours où Dieu m'appelle.

— Mais vous n'avez pas besoin de détaler de ce pas de levraut surpris au gîte... Surtout souvenez-vous que M. Frédéric a passé l'hiver à geindre, à tousser, et n'allez pas faire des ravages avec votre langue, par là-haut.

VIII

« MARQUIS DE CAMPO-VIEJO, COMTE D'ARUJAR... »

Frédéric était malade, en effet. Dans les premiers jours de décembre, après une discussion orageuse avec sa femme au sujet de la Cambotte et de Luc, « trop maîtres, disait-elle, à la maison », il avait été pris d'un étourdissement et, soudain, s'était abattu sur le plancher. Grâce aux soins dévoués de tous, particulièrement de Madeleine, torturée par des remords atroces, deux mois après l'alerte, notre homme se retrouvait debout. Nous étions en février, et la sève, qui sourdement travaillait les choses et les êtres, remontait au cœur de Frédéric.

En pénétrant dans la Salle, Alype, essoufflé par la course, beaucoup aussi par la préoccupation de l'effort à tenter, ne put que s'asseoir.

— Qu'avez-vous? lui demanda Madeleine.

— Vous n'allez pas devenir mal portant, vous aussi, j'espère! lui dit Frédéric, occupé à boucler une valise, — la valise de ses voyages à Saint-Pons.

— Vous partez? interrogea l'abbé.

L'espérance de pouvoir ajourner les propositions qu'il apportait dans un pli de sa soutane venait de lui restituer la voix.

— Le médecin de Castanet me conseille de me distraire, répondit Frédéric. Depuis longtemps, la Cambotte, trop embesognée à la métairie, n'a pu visiter nos dépôts de la vallée d'Orb. Demain je donnerai un coup d'œil par là.

— Vous n'allez pas vous aventurer seul par les chemins, je suppose ?

— Voulez-vous voyager avec moi, mon oncle ?

— Moi, non : la paroisse me retient... Mais vous pourriez emmener Luc.

— En effet, tu pourrais emmener Luc, qui conduirait le tilbury et soignerait le cheval, intervint Jérôme.

Frédéric, grave, un doigt à sa bouche, d'un air de mystère, souffla ce monosyllabe :

— Chut !

— Eh, bon Dieu !... s'écria le desservant, intrigué.

— Puisque nous voilà réunis, reprit Frédéric, causons... Oui, je tiens à me rendre compte de l'état de nos dépôts. Aussi bien ces courses aux monts Garrigues dans l'Espinouze, au Marcou, achèveront de me ravigoter, de me remettre dans les veines le sang perdu dans les chagrins. Mais nos toiles et nos serges ne sont pas le but unique de mon voyage : j'en ai un autre plus important, et cet autre but, je tiens à le poursuivre à mon aise, sans témoins. Je m'en irai donc seul, demain.

— Mon ami... hasarda Madeleine.

Il la regarda et, la tutoyant, ce qui ne lui arrivait guère :

— Avec quelle amitié tu m'as soigné durant près d'un long mois d'agonie ! Ne redoute rien. Je me sens en jeunesse et en santé. Mais il pourrait m'arriver de recevoir un nouveau coup, et je désire tout de suite essayer de marier Riquette.

Chacun le considérait, abasourdi.

— Je voulais, continua-t-il, tenter une première démarche sans vous en parler, décidé à garder pour moi les ennuis d'un refus, si je devais en essuyer un second à la Rouvrerie, comme j'en ai essuyé un premier à la Bouleaunière ; puis j'ai pensé que ce serait vous faire affront, et...

— La Rouvrerie est la ferme la mieux peignée du Marcou, interrompit Jérôme, dont le visage, craquelé de rides comme une motte au soleil, s'épanouit sous un sourire charmé.

Alors, Frédéric détailla les richesses de la Rouvrerie, dénombra les sacs d'écus mis de côté par Cyprien Couderc, surtout vanta la qualité des terres, sises dans la partie grasse du Marcou, terres qui, si un malheur arrivait jamais, — Félix, frère d'Edouard, fort chétif, pouvait mourir, — viendraient s'ajouter à Figuerolles, un jour. Il parla d'élan, comme tenant déjà la Rouvrerie dans sa main.

— Es-tu sûr que Couderc consente ? balbutia Jérôme.

— Je ne suis pas sûr ; mais j'ai confiance, car notre poulette vaut bien son coq, même un peu plus.

— Malheureusement, il a couru de mauvais bruits sur notre métairie, que l'on croit à moitié hypothéquée, à la veille d'être vendue, et peut-être...

— J'inviterai Couderc à venir ici à l'époque des tarrines. Quand il aura parcouru le domaine, qu'il aura appris qu'il est liquide de toute charge, il se prononcera.

— Je lui dirai la vérité, articula le vieillard,

Puis il ajouta solennellement, religieusement :

— Je ne me souviens pas d'avoir jamais menti.

Alype et Madeleine demeuraient muets sur leurs chaises, l'oncle garrotté par des timidités insurmontables, la nièce immobilisée par des épouvantes tragiques. Elle tentait des efforts désespérés pour s'arracher des griffes de Noguerra, où, malgré qu'elle en eût, elle se sentait retenue, et elle tremblait des quatre membres par l'effroi de voir l'Espagnol la presser toujours davantage, finalement la dévorer, si Riquette, qu'il convoitait secrètement, — elle le savait, hélas ! — lui était refusée.

Cependant, le silence obstiné de sa femme finissait par agacer Frédéric, encore faible et, par le fait de sa faiblesse même, facile aux emportements.

— Parlez donc, Madeleine, s'écria-t-il. Vous ne bougez ni pied ni langue... Est-ce que ce projet de mariage ne vous conviendrait pas ?

— Si la chose ne vous convenait pas, il faudrait le dire, ma mignonne, insista Jérôme affectueusement.

— Mon oncle Alype avait... une autre idée, balbutia-t-elle, près de défaillir.

— Votre oncle Alype ! ricana Frédéric. Eh bien ! qu'attend-il pour s'expliquer ?

Le malheureux desservant, mis au pied du mur, se hissa sur ses longues jambes flageolantes et bredouilla :

— J'avais un autre parti... Pourtant, si vous êtes décidé...

— Quel parti ?

— Noguer... ra, bégaya-t-il.

— L'Espagnol d'ici ?

— Don Venancio Noguerra, marquis de Campo-Viejo, comte d'Arujar...

— Ta, ra, ta, ta ! chantonna Frédéric. Si vous croyez, mon oncle, à de pareilles sornettes !... Je les connais, ces Espagnols, depuis qu'à la suite des guerres de leur pays ils sont tombés sur nous comme la misère sur les pauvres. Tenez ! à la fabrique, nous avons occupé bon nombre de ces gens-là ; il n'en était pas un qui ne fût noble...

— Mais, mon neveu, vous ne sauriez comparer Noguerra à vos ouvriers de Saint-Pons. Regardez-le, écoutez-le, et vous serez vite convaincu qu'il est de grande naissance...

— A-t-il du bien ?

— A-t-il du bien ? répéta Jérôme.

— Et son château de Campo-Viejo, en Catalogne ?... Et ses trois fermes remplies de bétail, en Catalogne ?...

— Il a des bêtes ? demanda le vieux Servières, ébranlé.

— Il en a par milliers, qui se nourrissent dans les pacages de ses domaines.

— Ma foi, mon oncle, à vous entendre, on dirait que vous avez vu ces richesses, que vous les avez palpées de la main, dit Frédéric, atteint à son tour.

— C'est comme si je les avais touchées, affirma-t-il. Et, s'enhardissant :

— Mon neveu, la parole de cet homme me donne plus de certitude que ne m'en donneraient mes yeux. Il m'a confié qu'il est comte, marquis, qu'il possède une immense fortune, surtout qu'il aime, qu'il adore Frédérique Servières, et je l'ai cru, et je le crois...

— Vous a-t-il montré des papiers ?

— Il ne m'a montré nuls papiers. Seulement, un jour, comme, sans paraître le moins du monde douter de lui, j'avais peut-être l'air de me défier, il me dit tout à coup qu'il éprouvait le besoin de me parler devant Dieu. Nous nous trouvions juste en face de l'église. Nous y entrons. Alors, Noguerra marche vers le chœur, se prosterne au bas du maître-autel, prie une longue minute ; puis, hardiment, gravit les marches vers le tabernacle.

— Que va-t-il faire ? — Il lève les deux bras, et ces paroles coupées par des sanglots montent aux voûtes, jusqu'au ciel : « Seigneur, sur la terre d'exil, je n'ai que vous pour me défendre. Faites qu'on me croie. Vous m'avez jeté nu dans ce pays. Marquez-moi de votre doigt quand tout me manque, afin qu'on me reconnaisse dans l'immense troupeau des hommes, où vous avez désigné son rang à chacun, qu'on ne refuse pas de m'accueillir à Figuerolles et d'y combler mon amour... »

— Cette prière est sublime ! s'écria Madeleine.

— Alors, vous aussi, vous accorderiez Riquette à Noguerra? lui demanda son mari.

— Je la lui... accorde...rais, soupira-t-elle, pantelante, le cœur transpercé par la pointe d'un glaive.

Frédéric pâlissait depuis un instant. L'invocation de Noguerra l'avait troublé. Il se sentait redevenir faible et des doutes assiégeaient son esprit. Il parut réfléchir. Dans le fond il se reposait, harassé.

— D'ailleurs, lui dit son père, on n'est pas sûr que Couderc...

— Oui, qui sait ?... murmura-t-il.

Mais, reprenant son aplomb moral par un brusque afflux de pensées et de sang :

— Je ne prétends pas, mon oncle, que votre Espagnol ne soit un bon sujet. Il nous a rendu et nous rend encore de grands services. Malgré ça, — il faut savoir avouer ses torts, — moi, je ne l'aime pas plus que ne l'aiment la Cambotte et Luc, toujours en train de grogner après lui. Pourquoi Noguerra ne me revient-il point? Sans doute son air un peu en dessous. Puis il est noble et je suis paysan...

— Frédérique sera marquise de Campo-Viejo...

— Donc, tu n'iras pas à la Rouvrerie?

Cette question de son père refroidit instantanément Frédéric. Son bon sens, un moment aboli, lui revenait, le dégrisait, le rendait à lui-même tout entier.

— Avant d'être malade, en décembre, j'ai écrit à Couderc que j'avais à m'aboucher avec lui, murmura-t-il.

— Eh bien! tu lui récriras, mon fils...

— Vous lui récrirez, se hâta d'ajouter Alype.

Frédéric, comme enveloppé d'un nuage humide qui délayait sa volonté, était à bout de résistance. Soudain, il pensa à sa fille. Le père reçut un coup qui le redressa.

— Ah çà! dit-il, si nous consultions un brin Riquette? Au bout du compte, c'est toute la vie de Riquette que nous méditons d'engager, et Dieu, me semble-t-il, exige que nous sondions son cœur.

Alype salua le nom de Dieu d'une inclination profonde.

— Dieu exige, en effet, que nous sondions le cœur de Frédérique, soupira-t-il pieusement.

Le maître de Figuerolles ouvrit la porte de la Salle et emplit le corridor de ce cri :

— Riquette! Riquette!

— Tout à l'heure, répondit une voix claire, qui eut, le long des vieux murs, des vibrations de cristal.

— Viens! viens!

— Tout à l'heure, répéta cette enfant gâtée.

— A l'instant!... Je le veux!

Elle se montra dans le cadre de la porte, le visage enflammé, les cheveux blanchis, on aurait cru poudrés à frimas.

— Quelle est cette masque? se récria son père.

— Pardi! dit-elle avec une moue ravissante, tu as bien besoin de me déranger, quand j'enfourne mes macarons et mes biscotins. Si tu penses que c'est commode d'enfourner!... On m'a annoncé que tu partais en voyage; tout de suite, l'idée m'est venue de te faire une surprise, et nous nous sommes mis à l'œuvre, la Cambotte, Luc et moi. La Cambotte a battu la pâte, Luc pilé les amandes, moi j'enfournais...

— Je mangerai tes gourmandises... Mais, avant, je tiens à t'apprendre une nouvelle...

— Quelle nouvelle?

— Tu sais, Théodora Simard?...

— Eh bien?

— Eh bien, elle se mariera... bientôt.

— Qu'elle se marie, si ça l'amuse... Moi, rien ne m'amuse comme d'enfourner des biscotins...

— Frédérique, ce n'est pas pour entendre des extravagances que ton père t'a appelée, interrompit sévèrement Alype.

— Mais, mon oncle... balbutia-t-elle, perdant contenance.

— N'aie pas peur au moins, ma fillette, lui dit son grand-père, qui avait vu les flammes vives de son visage s'effacer sous une pâleur envahissante.

— Je voudrais bien que quelqu'un essayât de lui faire peur! s'écria Frédéric.

Alors enveloppant Riquette de ses bras jaloux :

— Ma mignonne chérie, personne ne songe à te causer de la peine. Tu es notre vie, et nous t'aimons tous, moi le premier qui t'embrasse tendrement.

Il couvrit de baisers ses cheveux enfarinés.

— O mon bon père!... soupirait-elle.

— Tu comprends, ma Riquette, bientôt tu seras en âge de te marier, toi aussi, comme Théodora Simard, et je voulais te demander si, le cas échéant, tu accepterais le mari que je te donnerais?

— Alors, tu ne me laisseras pas choisir mon mari?

— Pour l'ordinaire, ce sont les parents qui...

— Ce sont de bien mauvais parents, ceux-là.

La respiration lui manquait. Le père, pour ne pas prolonger sa torture, brusqua les choses.

— Nous avons à la métairie, dit-il, palpant de ses dix doigts sa fille debout devant lui... nous avons à la métairie un étranger d'une grande intelligence et d'un grand cœur. Il est noble, il est riche, et ton oncle, ta mère...

— Noguerra? interrompit-elle... Je le déteste!

Elle s'était jetée au cou de son père, et, sanglotant :

— Je t'en supplie! je t'en supplie!...

Frédéric la serrait étroitement. Il l'enleva et disparut avec elle dans le corridor.

Les témoins de cette scène se dévisageaient, abasourdis.

Frédéric reparut.

— Je l'ai laissée à la Cambotte et à Luc, qui la consoleront. Vous êtes convaincus, je suppose, qu'il n'y a pas à songer pour elle à Noguerra. Bien entendu, Édouard Couderc m'accorderait-il, Riquette ne l'épousera que s'il lui convient... Maintenant, je vous demande, durant mon absence qui sera de plusieurs jours, de préparer cet Espagnol à faire son paquet. Dès mon retour, je lui mettrai quelques pièces blanches dans la main et le congédierai. Il ne peut plus rester ici.

IX

LE JARDIN DE LA CURE

Les premières haleines du printemps avaient traversé les vents aigres de l'hiver, les avaient assouplis, et l'Espinouze se réveillait d'un long sommeil. Les ruisseaux, enchaînés par les gelées, recommençaient à couler, à bondir, et avec une certaine violence, car les neiges, déboulant des hauteurs à moitié fondues, les encombraient par delà leurs rives débordées. Puis les étables muettes laissaient passer à travers les portes entre-bâillées les voix tendres des agneaux nouveau-nés, sensibles à l'air tiède du renouveau. Après les tétins épuisés de la mère, ils auraient la pâture fraîche, la liberté sur le Roudil et sur le Louvart reverdis. Et les gens, de quel pas joyeux ils allaient par les sentiers entre les murs d'aubépines noires, où pointaient des touffettes transparentes comme des gouttes d'eau !

Mais la baguette de la fée, qui ressuscitait jour à jour la nature morte, semblait avoir préludé à son travail divin en touchant tout d'abord le jardinet du presbytère de Roquefixade, situé au fond du village, à trente mètres de l'Aiguetorte, à la chaude exposition du midi. Là, trois figuiers, abrités par les hauts bâtiments de la cure, montraient des folioles charnues, gommeuses, sorties toutes brillantes de leurs capsules ; et cinq amandiers, apportés jadis de Villemagne par Alype, plantés par lui sous ses fenêtres en souvenir du pays natal, s'offraient couronnés de fleurs blanches, très délicates, d'un incomparable éclat.

Une après-midi que des espaces bleus s'étaient démesurément élargis au ciel, car le soleil reprenait son empire, Madeleine et son oncle, assis sur un banc dans le jardin, en un coin familier où l'abbé lisait son bréviaire, faisait parfois la sieste et qu'il appelait « mon cagnard », Madeleine et son oncle penchés l'un vers l'autre, causaient à mi-voix. A une portée de fusil, Riquette et Luc, armés chacun d'une latte au bout de laquelle était accroché un filet en forme de poche, s'amusaient à pêcher dans l'Aiguetorte grossie, dont les flots pressés, rougeâtres, battaient les rives avec fureur. Du cagnard, nos causeurs entendaient les éclats de rire des jeunes gens, quand, ayant relevé leurs filets obstinément tendus, ils n'y trouvaient que des bûchettes, du gravier et pas le plus mince goujon.

— ...Quel heureux temps, la jeunesse ! dit Alype, silencieux depuis une minute et renouant l'entretien.

— Je ne sais, murmura Madeleine.

Puis, d'un ton où filtra l'amertume de son âme :

— Je ne l'ai pas connue, la jeunesse, moi.

L'abbé feignit d'être attentif aux enfants.

— Si Riquette et Taillevent vous intéressent, mon oncle, nous ferions mieux de les rejoindre que de parler ici pour ne rien dire, insista-t-elle, la voix encore couverte, mais provocante et plus aiguë.

Elle fit mine de lui fausser compagnie ; il la retint d'un geste sur le banc.

— Ma fille, lui dit-il, j'ai la folie de t'aimer au point que, s'il s'agit de te déplaire, je manque tout de suite de courage et parle, en effet, pour ne rien dire. Dieu ne veut pas ma perte ; il a eu tort pourtant de me faire un cœur tout à toi, rien qu'à toi et à ton enfant. L'ordination sainte n'a pas supprimé chez moi l'humanité, et il y a quelque chose d'affreux à penser qu'un prêtre est sujet à toutes les faiblesses des autres hommes. Quoi qu'il en soit, tu vas m'écouter, m'écouter jusqu'au bout.

— Je vous écoute, soupira-t-elle, vaincue, dominée par l'immense tendresse dont brusquement elle se sentit enveloppée comme d'une force, comme d'un lien.

— En quittant Figuerolles ce matin, ton mari, préoccupé de la scène si pénible d'hier dans la Salle, m'a chargé de préparer les voies au départ d'une personne... La chose n'est pas commode, j'en conviens. Mais j'en conviens aussi, les sentiments de Noguerra pour Frédérique ayant été dénoncés, et Frédérique ne les partageant pas, Noguerra ne saurait prolonger son séjour à la métairie... Bien que de simples égards, de simples amabilités, comme les gens bien nés sont coutumiers d'en prodiguer aux femmes, aient semblé plus d'une fois te causer quelque alarme, — je te l'ai dit déjà, — je n'ai jamais tremblé pour ta vertu. Je te connais à fond, Madeleine, et je redoute si peu les entreprises de mon noble ami à ton endroit que, sans hésiter, je fais appel à ton bon sens d'abord, puis à ton cœur pour m'aider dans l'accomplissement d'une tâche trop lourde pour moi seul...

— Que puis-je ?

— Mon Dieu! nous avons le temps de nous retourner. C'est aujourd'hui samedi, et Frédéric ne sera pas de retour avant mercredi ou jeudi de la semaine prochaine. Il ne s'agit donc pas de signifier tout de suite son congé à Noguerra, de le lui lancer à la tête comme une pierre. En ce moment, l'un et l'autre, associés dans la même idée... nous recherchons...

— Que puis-je ? répéta-t-elle, non sans dureté.

— Tu peux soutenir ma parole, appuyer mes avis. Mère de Frédérique, le devoir t'incombe, plus qu'à moi, d'écarter de ton seuil l'homme dont la présence ici ne manquerait pas à la longue de compromettre ta fille...

— Cela regarde mon mari, qui est tout ; non moi, qui ne suis rien.

— Tu t'emportes toujours.

— Je voudrais vous voir à ma place !...

— A ta place, je me résignerais à la volonté de Dieu.

— Mon mari, avant d'aller à la Rouvrerie, m'a-t-il consultée sur ses projets ? Demain peut-être il mariera ma fille à Edouard Couderc, un paysan, et je n'aurai pas à m'en mêler. Trouvez-vous que cela soit juste? et ce mariage conclu sans moi, n'est-ce pas le calice que j'avalerai jusqu'à la lie ?

— Hier au soir, il t'a prévenue de ses desseins...

— C'est cela ; devant tout le monde, il a daigné articuler trois paroles... Non ! Non !

Et, d'un ton sourd, comme obstrué de dépit, elle gémit ce mot unique:

— Aussi !...

— Aussi ?

— Ne me questionnez pas.

— Pourtant, tu devrais m'avouer... si tu m'aimes...

— Que vous importent, à vous qui tenez à peine à la terre, à vous qui êtes un saint, les idées de vengeance qui, dès longtemps, me traversèrent l'esprit, quand, à Figuerolles, au milieu de soucis d'une vulgarité révoltante, je me vis refoulée, dédaignée, supprimée !... Oh ! quel ennui ! quel écrasant et mortel ennui !... Un homme passa, et toute mon âme, dès sa première vue, vola à lui comme au salut... Mais vous m'aviez faite plus honnête, plus attachée à ma fille et à mon mari que je ne l'avais cru, et Noguerra, rebuté par ma froideur, qui n'était en réalité qu'un manque de courage, déserta le pays avec ses compagnons...

— Eh quoi, ma fille !...

— Un jour, je le revis à Saint-Pons, et un regard que je ne sus retenir lui dit tout ce que je souffrais... Il reparut à la métairie...

— Madeleine !... Madeleine !...

— Nul mot ne vous exprimerait les délices que me procurèrent les premiers jours de Noguerra chez nous. C'était divin... Tandis qu'il se renseignait sur le domaine, courait en vingt endroits, animait tout du mouvement de sa vie, moi, tapie dans un coin, je l'admirais, je l'aimais... Je m'en souviens, mon cœur avait de tels soubresauts que, plus d'une fois, je dus porter les deux mains à ma poitrine pour l'y retenir. Dans cette possession d'amour, une véritable folie me faisait craindre que ce pauvre cœur, meurtri de coups, saignant sous la plus dure chaîne, ne rompît ses entraves pour aller s'offrir de lui-même, et je le serrais, je le comprimais...

— Mon enfant chérie, « que le Seigneur vienne à notre secours, *Auxilium a Domino !...* »

Avec cet appel, Alype était tombé à genoux sur le sol, et, les mains tendues au ciel, il priait. Madeleine demeurait rivée au banc, immobile, plus blanche que la fleur des amandiers du jardin ; les regards indifférents que, par intervalles, elle dirigeait vers son oncle prosterné prouvaient que son oncle ne la préoccupait guère. L'abbé se releva. Des larmes inondaient son visage, labouré de sillons brillants.

— Que deviendrons-nous au fond de notre abîme, Seigneur ? murmura-t-il.

Madeleine tressaillit.

— Mon oncle... soupira-t-elle.

Elle avait glissé aux pieds de l'abbé. Celui-ci répéta, égaré :

— Quoi ? Quoi ?...

— Je suis encore une honnête femme... Pourtant, il faut au plus vite chasser d'ici cet Espagnol, car devant lui nulle de mes résolutions ne peut tenir... Je ne me suis pas livrée, mais en réalité il me possède... Horreur !... Une nuit, si le hasard ne m'eût préservée, je devenais sa proie... D'ailleurs, sa conduite envers moi n'a été qu'une lâche hypocrisie, une trahison infâme. A Figuerolles, il me jurait un amour qui me ravissait en me brûlant ; à Roquefixade, il préparait son mariage avec ma fille...

— Si j'ai consenti à le patronner, c'est que j'ignorais...

— Et moi aussi j'avais fini par m'abaisser jusqu'à ce mariage. Quand l'homme que j'aimais serait à Frédérique, ma blessure, me semblait-il, guérirait par la force même des choses, par un dégoût qui serait versé dans mon âme goutte à goutte, à chaque heure de la journée... Mais ce qui est plus sage, c'est que Noguerra s'en aille bien loin, dans son pays, au bout du monde... J'ai souvent maudit Annette et Luc de leur surveillance acharnée. Je les bénis, à présent... C'est égal, mon oncle, si je pouvais mourir, cela vaudrait mieux...

L'abbé la souleva doucement. Les jambes rigides de Madeleine eurent beaucoup de peine à se plier, quand elle essaya de se rasseoir. Sa colère, sa rage l'avaient faite toute d'une pièce. Il lui échappa de menues phrases incohérentes :

— Je comprends son abandon : je suis une vieille femme... J'ai été jeune pourtant et plus jolie que Julie Simard, qui se fait aduler à Saint-Pons... Quelle destinée a été la mienne !... Mon mari à peine monté dans son tilbury, Noguerra m'a glissé à l'oreille : « Ce soir, nous causerons librement. Nous serons seuls... » Qu'il ne m'attende pas... je ne veux plus le revoir... je me barricaderai dans ma chambre...

Ce fut son tour de pleurer.

Riquette et Luc continuaient à pêcher dans les eaux troubles de l'Aiguetorte.

— Quand je songe que tu m'avais promis des truites, lui dit-elle, relevant son filet vide pour la centième fois.

— Il y en a, Mademoiselle.

— C'est possible, mais il n'y en a pas pour nous.

— Nous ne sommes pas aussi adroits que Pipette.

— Il en a donc pris, des truites, Pipette?

— Deux, hier, dans le Bidourlat, et Dieu sait si le Bidourlat est gros en ce moment!

— Pipette avait sans doute des filets meilleurs que les nôtres.

— C'est justement avec le vôtre qu'il a capturé ses deux truites, — d'une livre environ chacune. Du reste, ma marraine doit vous les servir ce soir.

— Et tu te figures que je remonterai, ce soir, à Figuerolles pour y retrouver cet Espagnol, qui me fait peur?

— Ecoutez, notre petite maîtresse : vous reviendrez à la métairie, vous y mangerez votre morceau, puis je vous ramènerai chez M. le curé si vous tenez à coucher ici.

— Je ne reparaîtrai à Figuerolles que lorsque Noguerra n'y sera plus... Cet homme, inconnu de tout le monde, qui ose demander ma main!... Je n'ai su que pleurnicher à cette nouvelle; mais j'étais furieuse, et, si j'avais été forte comme toi...

— Qu'auriez-vous fait?

— Je l'aurais giflé pour lui apprendre à vivre.

Taillevent, son filet hors de l'eau, la contemplait, ébahi.

— Donc, lui dit-il, vous ne vous marierez jamais?

— Pas avec Noguerra toujours.

— Avec qui?

— Avec toi, si tu veux, mon chien.

— Oh! que c'est gentil de m'appeler comme ça « mon chien... » Il ne faudrait pas, en vraie vérité d'Évangile, que ce sacripant de Noguerra vous effleurât tant seulement du bout de l'ongle, car vous verriez alors si votre chien a des griffes et des dents.

Il avait renfoncé son filet et regardait l'Aiguetorte d'un air féroce. Riquette eut un éclat de rire perlé qui fit croire au retour des rossignols dans le jardinet de la cure. Luc rit lui aussi d'une voix non moins claire, mais plus forte, celle d'un loriot dans nos châtaigneraies, à la saison des nids.

— Il est sûr, chantonna-t-elle entre deux trilles, que, si moi je voulais de toi, toi tu ne voudrais pas de moi...

— Vous avez bien raison, par exemple!

— C'est ça, toi, avec tes cheveux blonds, « tu es beau comme le soleil », selon les mots de la Cambotte; tandis que moi, avec mes cheveux noirs, je ressemble à une taupe du Roudil.

Elle rejeta sa perche dans le jardin, s'adossa au tronc lisse d'un figuier. Une ombre de bouderie avait glissé sur ses traits. Il craignit de lui avoir causé du chagrin, et la rejoignit. Elle se reprit à rire follement, puis s'échappa à travers les allées.

— Mon chien! mon chien! criait-elle.

Lui, sa latte en main, ne bougeait pas de dessous le figuier. Il redoutait de s'élancer, de la poursuivre; il sentait, à ce moment même, des forces inconnues déborder son être et il avait peur, s'il venait à l'atteindre, de la briser presque en la touchant. Mais tout de même, en dépit des appréhensions qui l'enchaînaient à sa place, il jouissait des courses, des folâtreries de Riquette, plus légères que des envolées de bergeronnette-lavandière sur le ruisseau. Soudain elle tomba près de lui.

— Alors, tu refuses de m'obéir quand je t'appelle?

— Je n'ai pas entendu, Mademoiselle...

— Eh bien, entends à présent.

Et, repartant, ailes déployées :

— Mon chien ! mon chien !

Luc la suivit lentement, fort lentement. Aussi bien l'Aiguetorte s'effaçait dans la brume, et les fleurs blanches des amandiers, pareilles aux lumières d'un lustre après une fête, s'éteignaient une à une dans le crépuscule. Il fallait rentrer.

Malgré les truites du Bidourlat que la Cambotte, prévenue à temps, avait envoyées au presbytère, le souper manqua d'entrain. Riquette eut beau se montrer gaie, spirituelle, capricieuse, exigeante, — n'exigea-t-elle pas que son ami Luc s'assît à côté d'elle et goûtât à la pêche de Pipette ! — ni sa mère, ni son oncle, absorbés dans leurs pensées, ne hasardèrent une observation, un geste. Naniche seule protesta.

— Oh ! Mademoiselle !... gloussa-t-elle, hérissée de toutes ses jupes comme une grosse poule de toutes ses plumes.

Puis, allongeant une tape à Taillevent :

— Et lui qui, sans façon, se met à la table de M. le curé !

— Vous permettez, n'est-ce pas, mon oncle ? demanda Riquette.

— Certainement... bredouilla-t-il, ne sachant trop ce qu'on réclamait de lui.

— Vous permettez, n'est-ce pas, maman ? insista-t-elle.

— Certainement.

Madeleine avait répété ce mot d'un ton détaché d'écho. Son esprit, son âme, ses forces étaient à Noguerra qu'elle avait maudit sur le banc, à Noguerra qu'elle exécrait, dont le souvenir tenace lui ouvrait vingt blessures ensemble, lui vidait le cœur de tout son sang. Une fois, à l'idée que cet homme l'attendait à Figuerolles, qu'elle-même avait accepté le rendez-vous, elle manqua défaillir, et sa tête encore charmante, dans une pâleur de morte qui lui imprima un rayonnement surnaturel, s'abandonna sur l'épaule de l'abbé. C'était toute la branche d'un amandier du jardin qui s'affaissait doucement.

— Maman est souffrante! s'écria Riquette.

— Non, non, soupira-t-elle... je ne suis qu'un peu fatiguée.

Et, repoussant sa chaise :

— Luc, partons... J'ai besoin de rentrer à la métairie...

— Naniche, ma nièce couche ici, arrangez vite sa chambre, ordonna l'abbé.

— Je ne puis, mon oncle... je ne puis, vous le savez bien.

— Tu m'as promis...

— Il vaut mieux que je m'explique... là-haut... Il ne faut pas pousser ce caractère à bout...

— Quel caractère, maman chérie? interrogea Riquette.

— Reste, Madeleine; au nom de Dieu, reste! suppliait Alype.

Alors Luc, qui, intimement renseigné, avait tout compris, jugea opportun d'intervenir.

— Monsieur le curé, dit-il, paisible jusqu'à la froideur, soyez tranquille, il n'arrivera rien à Madame. Si vous me la confiez, ce soir, je ne la quitte pas d'une seconde, et, je vous le jure, elle se trouvera aussi bien en sûreté à Figuerolles qu'à la cure... Que Noguerra, capable de toutes les mauvaisetés, se montre tant seulement, et on apprendra dans la montagne ce que je puis contre un brigand, quand le Démon le pousse sur mon chemin.

Madeleine, atterrée par la perspective d'une lutte effroyable, s'affaissa sur une chaise.

— Tu restes, n'est-ce pas? tu restes? répétait sans repos le malheureux Alype, mis en croix véritablement.

— Oui... oui... souffla-t-elle, ses yeux agrandis et fixes arrêtés sur les solives du plafond, où venait de passer la blancheur tragique du bras de Taillevent.

X

DU SANG, PARTOUT DU SANG

Luc rentra à Figuerolles au moment où il avait l'habitude d'aider Jérôme à se coucher. Il trouva le vieillard assis sur la planchette de frêne, dans l'encoignure de la cheminée, non pas endormi, mais les paupières mi-closes. L'Espagnol était là accroupi sur un escabeau, les coudes aux genoux, les poings aux tempes; apercevant Taillevent, il se dressa d'un bond.

— Et Madame?... demanda-t-il.

— Madame est fatiguée et couche chez son oncle.

— Elle est malade? s'informa Jérôme.

— Elle est un peu fatiguée, répéta Luc.

— Notre maître, je cours à la cure et vous rapporterai des nouvelles fraîches, dit Noguerra.

— Vos nouvelles ne sauraient être plus fraîches que les miennes, puisque je reviens de Roquefixade.

— N'importe! j'y vais.

— Vous irez pour rien, car tout le monde dort là-bas.

— Je frapperai, et Naniche m'ouvrira.

— Naniche ne pourra vous ouvrir, pour la bonne raison que j'ai fermé la porte moi-même et en ai pris la clé. La voici.

Il avait saisi un gros morceau de fer dans sa poche, dont il effleura le nez à son ennemi. Celui-ci rompit jusqu'à son escabeau, tête baissée, maugréant des paroles sourdes, pareilles à des grognements de bête. Le fillot de la Cambotte enleva le vieux Servières et sortit avec lui.

Onze heures venaient de sonner à la haute pendule de Figuerolles. Noguerra demeurait vissé à son escabeau, ne songeant pas le moins du monde à gagner sa chambre. Le feu s'étant éteint branchette à branchette, braise à braise, le *carel* — lampe de cuivre à trois becs, de forme antique, en usage aux Cévennes — menaçait de s'éteindre à son tour au bout de sa crémaillère, et lui ne bougeait non plus que le granit du foyer. Enfin il se planta droit, se secoua de toute sa personne, mordu par le froid se frotta les mains à s'entamer l'épiderme, puis se mit à arpenter la Salle, bousculant chaises et escabeaux devant lui, menaçant du poing les portes, les murailles, à chaque bruit qu'un objet faisait en roulant sur le plancher. Des lueurs fumeuses du carel, sa figure, dont les muscles apparaissaient tendus comme des cordes, recevait des reflets tantôt noirâtres, tantôt cuivrés, tantôt sanglants. Après un élan d'affilée, il marchait tout à coup par saccades, sautillant, sursautant, et non sans quelque effort de sa machine raidie, empêchée... Il s'arrêta... A la même seconde, des syllabes, puis de petites phrases hachées, furibondes, coulèrent de ses lèvres, qu'un dernier et vigoureux éclat du carel expirant avait faites de feu.

« Ce Taillevent et cette Cambotte ne mourront que de

ma main, gronda-t-il. Sans eux, je tiendrais Madeleine et, par elle, toute le monde ici... même Riquette. Si je ne me débarrasse de Taillevent et de la Cambotte, il ne me reste qu'à partir... Partir?... Tiens! un homme, là-bas, contre la porte à claire-voie de la cour... »

Il écarte les rideaux.

« C'est lui! Il a étendu le vieux Servières entre ses draps, il a donné un coup d'œil à la Cambotte endormie, et s'en va. — Où va-t-il? — Il prend le sentier vers Roquefixade. Est-ce qu'il couchera à la cure, lui aussi?... Si je profitais de cette lune resplendissante pour l'abattre au détour d'un sentier? Justement mon fusil est bourré de chevrotines à loups... »

Cinq secondes après, à pas muets de chasseur sur la piste du gibier entrevu, il suivait les traces de Luc descendant vers le presbytère de son allure ordinaire, lente, mesurée. Aux environs de la *roche fixe*, l'Espagnol épaula. Au même instant, le fillot de la Cambotte tourna le bloc, se perdit dans les roseaux de l'Aiguetorte... Condamné à veiller à ses pieds pour éviter un caillou qui aurait fait du bruit, une racine de saule qui l'aurait fait trébucher, Noguerra avançait difficilement. Soudain, dans la nuit claire, sonore, il perçut un grincement aigre et dur. Il se hissa au bout des orteils, et, là-bas, — trop loin, hélas! pour le viser, — il entrevit Luc ouvrant la porte de la cure et la refermant.

Cette promenade armée, en mettant notre homme en contact avec l'air extérieur, le dégrisa de sa folie meurtrière. Comme, dans sa chambre, il accrochait son fusil, il ne sut se défendre d'un haussement d'épaules. Redevenu calme, de sens rassis, il mesurait l'aberration à laquelle il avait failli succomber et en éprouvait pour lui-même une pitié mêlée de je ne sais quelle révolte, quel amer dégoût. Flambant de tout son être, car ses artères charriaient du feu, il ne pouvait songer à dormir. Il s'assit, les deux mains enfouies dans ses cheveux hérissés de haine, de fureur.

Noguerra, la machine détendue, laissa aller ses bras sur le plateau de la table. Il les étirait, les étirait, et ses ongles résistants grattaient le bois à l'écorcher. Il regarda partout à la ronde curieusement ; puis, le dos renflé, il eut un sourire farouche, quelque chose de bas et de formidable qui lui communiqua l'apparence d'un fauve prêt à se ruer. Ne pouvant tenir en place sous l'aiguillon des pensées qui le poussaient hors de sa retraite sous bois, l'animal féroce qu'était cet Espagnol parcourut sa chambre comme il avait parcouru la Salle, gesticulant, grommelant des imprécations atroces, des paroles d'où découlait du sang.

« Mon ennemi, mon seul, c'est Frédéric, prononça-t-il entre deux hoquets de rage. Voilà celui qu'il faut dépêcher. Frédéric mort, j'ai la mère et la fille, à mon choix. Pour cet imbécile d'Alype, pour ce pauvre Jérôme, Frédéric disparu, je ferai d'eux ce que je voudrai... Oui, mais la Cambotte ? mais Taillevent ?... Que je sois le maître, et il me suffira d'un signe pour que la Cambotte et son fillot prennent le chemin de La Fresnaye. Oh ! alors !... »

Son extrême joie le fit chanceler. Il comprima sa tête fortement. Plus il la serrait, plus l'idée brûlante du crime s'affirmait dans son esprit, et, chose effroyable ! plus la réalisation du crime lui paraissait facile, mise à sa portée.

Il recommença :

« Frédéric retournera-t-il de la Rouvrerie, de jour ou de nuit ? Ah ! si c'était de nuit ?... Je le guette et lui envoie du plomb... Il faut des précautions pourtant... Le fusil est brutal... on l'entend... »

Il se déchira le front d'un coup de griffe. A ce rude appel, une lumière vive et prompte illumina son cerveau.

« C'est cela, ricana-t-il : l'eau ! l'eau !... Justement, le Bidourlat a débordé comme l'Aiguetorte. Frédéric est obligé de traverser le pont de La Fresnaye en remontant de la vallée d'Orb. Je me tiendrai à l'espère, si c'est la nuit ; je lui parlerai ; je l'inviterai à descendre du tilbury, et... nous verrons. Il est faible d'ailleurs, pas plus résistant qu'une paille... L'eau ! l'eau !... »

Après un silence qui renoua le fil de ses idées, cassé de temps à autre par des lueurs de froide raison, il reprit :

« Frédéric peut rentrer en plein jour ; dès lors, l'exécution de mon plan devient impossible... Dans ce cas, il faudra attendre l'occasion... Et si on ne me donne pas le temps d'attendre ? Ici, on se retire de moi. Cet embarras subit de tous ne m'a dit rien de bon. Il se pourrait que, dès son retour, Servières me chassât... Madeleine, effarée, ne m'a balbutié que trois mots ce matin ; mais, dans ces trois mots, un m'est resté : *séparation*. Je dois ne pas lâcher pied, quelque répulsion qu'on me marque... Un moyen de m'imposer à ces gens-là, s'ils s'entêtent à me repousser ? Je n'en ai qu'un capable de me retenir à la métairie assez de jours pour y flairer l'heure et le moment. Ces paysans sont encore plus avares qu'honnêtes. Dès son arrivée, je préviendrai Frédéric qu'il ait à pourvoir à mon remplacement. « — Je ne veux pas vous laisser en peine, maître, lui dirai-je, et j'achèverai, avec M. Jérôme, l'installation des parcs sur le Louvart et sur le Roudil. J'ai commencé ce travail, j'entends l'achever. Mais, les tarrines montées de la plaine, je partirai... » Jérôme m'appuiera, Alype aussi, que sait-on ? peut-être Madeleine, et j'aurai deux mois pour me retourner... A la fin, je ne vois que du sang, il me semble que j'en ai plein les yeux, plein la gorge... J'étouffe... »

Les acolytes de la paroisse, libres de l'école et des champs, assistaient, le dimanche, M. le curé à l'autel. Noguerra entendit la messe, mais ne la servit point. Après l'office, il demeura posté à la porte de l'église dans le but de saisir Alype au passage et de l'entretenir. Madeleine, Riquette, Jérôme, la Cambotte, Taillevent le frôlèrent; il eut l'air de ne pas les voir. Alype parut enfin.

— Vous, mon cher Noguerra ! dit-il.

— Moi, Révérendissime Père... Depuis que le ciel m'a envoyé ici, vous n'avez cessé de me témoigner une affection...

— Mon ami... balbutia-t-il, un peu contraint.

— Oui, je sais, vous m'aimez, vous... Aussi, au moment de vous apprendre une nouvelle...

— Une nouvelle ?

— Je pars.

— Vous partez ?

— Encore un mois, et mes travaux pour le relèvement de Figuerolles seront chose accomplie...

— Et vous nous quitterez ?

— Je... vous suis si tendrement attaché, Révérendissime Père... que je souffre... de...

Ses lèvres n'en articulèrent pas davantage. Alype sentait toute l'âme lui trembler.

— Entrons à la cure, nous causerons plus à notre aise.

— C'est inutile... Je n'ai pas autre chose à vous dire.

— Mais je voudrais vous parler, moi.

— J'ai pris mon parti. Le jour de l'arrivée des tarrines, je disparaîtrai par le premier sentier venu... Tous les chemins sont bons à l'exilé.

Avec ces dernières paroles obscurcies d'un double sanglot, il étreignit l'abbé à lui faire craquer les côtes et se sauva.

Le lundi matin, l'Espagnol ne parut pas à Roquefixade, et ce fut Taillevent qui, vaille que vaille, donna les répons à M. le curé. Alype, assiégé d'inquiétudes, ne dit pas sa messe habituelle sans un grand trouble. Après son racahout, après le café au lait de Madeleine et de Riquette, après le quartier de miche de Luc, il proposa une excursion à Figuerolles pour s'informer de Jérôme, un peu abandonné là-haut. La visite à Jérôme n'était qu'un prétexte ; dans le fond, l'abbé voulait s'enquérir de son ami Don Noguerra. — Si, par hasard, il avait quitté le pays ! — Le pauvre homme ressentait une sorte d'allégement à cette pensée ; puis son cœur se serrait et un nuage lui obscurcissait les yeux. Il aimait tant ce colonel carliste, le marquis de Campo-Viejo, attaché à son Dieu comme à son Roi !

Le temps, très refroidi depuis la veille, était limpide, beau. Tout à coup, au milieu de la cour de la métairie, Madeleine, qui avait cheminé morne, taciturne, poussa un cri.

— Eh bien ? lui demanda son oncle.

— Noguerra ne déjeune pas avec mon beau-père.

— Tu crois ?

— Regardez !

Elle lui montrait une fenêtre de la Salle, dont les rideaux, relevés devant le joyeux soleil, laissaient voir le vieux Servières seul à table, mangeant son assiettée quotidienne de *farinettes*, — une bouillie de maïs. Ils s'empressèrent d'autant plus, oubliant loin derrière eux Riquette et Luc, occupés aux bergeronnettes de l'Aiguetorte en train de picorer des pailles, des fétus quelconques pour bâtir leurs nids. Le printemps les touchait, les ravissantes bestioles.

— Alors, Noguerra est parti? demanda Alype au vieillard.

— Pas si vite ! dit l'autre.

— Où est-il ? insista Madeleine.

— Je ne comprends pas cette fantaisie : hier au soir, il a voulu prendre son repas avec les journaliers. « — Ma place n'est plus ici », m'a-t-il dit. Puis il m'a annoncé qu'une fois ses travaux finis dans les terres, il nous tournerait les talons... C'est un homme qui a besoin de voyager, paraît-il. A cette heure, il est au Louvart... Pourquoi a-t-il pensé à Riquette ?...

Ayant échangé de menues phrases embarrassées avec son beau-père, trois mots fort secs avec la Cambotte, Madeleine voulut rentrer à la cure. Elle se déclarait souffrante. La vérité est que, sans Noguerra, Figuerolles lui semblait un désert et qu'elle avait hâte d'en sortir.

— Donc, vous nous délaissez tout à fait ? lui dit Jérôme, indulgent et triste.

— Je me trouve on ne peut mieux à la cure... D'ailleurs, mon oncle se connaît en médecine, et il me soigne...

Le jeudi, à la pointe du jour, des coups retentissants ébranlaient la porte du presbytère.

— Venez ! venez vite ! hurlait-on au dehors.

Taillevent, couché dans sa limousine en un réduit du vestibule, saute à la serrure, aux verrous, ouvre. La Cambotte est là, le visage bouleversé, ses cheveux gris hérissés sur son front comme une poignée de ronces.

— Pacha est arrivé, crie-t-elle. Mais M. Frédéric n'est pas dans le tilbury... Où est-il ? Venez tous !...

Tandis que l'abbé, qui ne découvre si sa culotte courte, ni sa soutane, ni ses souliers, s'habille tout de travers; que Madeleine et Riquette, glacées, quittent leur lit. Luc suit sa marraine, sacrant, jurant, menaçant...

XI

LE TILBURY VIDE

La cour de la métairie était en rumeur. Les journaliers, tirés du lit par les cris aigus de la Cambotte qu'un long hennissement de Pacha avait réveillée en sursaut, à moitié vêtus, se tenaient autour du tilbury de Figuerolles, vide de leur maître, crotté à ne laisser voir ni la couleur de la caisse, ni la couleur des brancards. Et les langues allaient leur train.

— Il faut que M. Frédéric soit passé par de bien mauvais chemins ! disait l'un.

— Oui, mais où est-il resté, M. Frédéric, ajoutait l'autre.

— Eh, ciel du bon Dieu! les guides de Pacha qui sont cassées ! observa Justine.

— C'est vrai tout de même, c'est vrai, répéta Pipette, dételant le cheval... A l'écart! commanda-t-il, la bête menaçant de ruer au milieu du brouhaha.

A cette même minute, surgirent au seuil de la métairie Jérôme et Noguerra. Le vieillard, blême, penché comme un grand arbre sous un coup de vent, s'appuyait au bras de l'Espagnol. Celui-ci, d'ailleurs, paraissait consterné.

— Enfin, qu'y-a-t-il? interrogea Jérôme.

Nos gens ne répondaient pas. Noguerra allongea un regard vers la Cambotte et vers Taillevent, qui entraient par la porte à claire-voie de la cour, et articula :

— J'ignore si Annette et Luc, mieux renseignés que moi sur les habitudes de M. Frédéric, partagent mon avis : je pense que notre maître ne peut tarder à revenir. Voici ce qui s'est passé probablement : M. Frédéric, pour traiter quelque affaire de toile ou de nourrissage, se sera arrêté soit à la Rouvrerie, soit à Colombières, soit au Bousquet-d'Orb, après avoir attaché son cheval n'importe à quoi. Pacha s'est impatienté à la longue, a tiré sur ses guides, qui se sont rompues, et a filé droit vers l'écurie.

— Mais un cheval seul galopant sur les routes, quelqu'un l'aurait arrêté, objecta Taillevent.

— Le jour, oui ; mais la nuit !...

L'Espagnol, cet argument lancé, s'était précipité vers Alype, qui arrivait suivi de Madeleine, de Riquette, de Naniche. Il les entraîna aussitôt vers la métairie, et, s'impatronisant maître de céans, les introduisit dans la Salle. Accablés de pressentiments sinistres, ils s'étaient laissé conduire comme un troupeau. Maintenant, affalés sur des chaises, ils regardaient dans le vide, attendant des nouvelles, n'osant en demander. Les larmes que Riquette, interdite, blanche de saisissement, ne sut retenir, délièrent la langue paresseuse de Taillevent.

— Je crois, avec Noguerra, dit-il, que M. Frédéric ne peut tarder à rentrer. S'il n'arrivait pas bientôt, par exemple, je me chargerais d'aller le découvrir, moi, sur les chemins qu'il a traversés... Il aura bien parlé à quelqu'un durant son voyage, quelqu'un l'aura bien aperçu... Voyons, Mademoiselle, vous comprenez que le ciel est juste et qu'il n'a pas permis qu'on fît du mal à votre père.

Il lui avait pris une main et la lui tapotait enfantinement.

— Oui, mon Lucou, toi, tu trouveras mon père, sanglota-t-elle, pleine de confiance, rassurée par ce contact fraternel.

— Et si tu partais tout de suite, fillot? hasarda la Cambotte.

— Partir pour où? questionna Madeleine, livide, se levant de son siège comme par la détente brusque d'un ressort d'acier.

— Ma fille, espère, balbutia l'abbé... Dieu va te rendre ton mari... Au fait, si nous récitions le saint rosaire?

Comme il ployait déjà les genoux, elle le redressa sur pieds d'un geste violent.

— Nous n'avons pas le temps de prier, mon oncle; il faut agir... Luc, cours à la Rouvrerie; Cyprien Couderc te dira...

— Excusez, maîtresse, intervint Annette, vous vous trompez. Quand Pacha a crié, et que, seule, je l'ai entendu, Pacha ne revenait pas de la Rouvrerie, à notre droite, dans le Marcou; il revenait pour sûr de Colombières, peut-être du Bousquet, à notre gauche, dans la vallée d'Orb... Vous entendez bien que, malgré le petit jour, j'ai remarqué la direction des brancards et le creux des roues dans le sol, avant d'ouvrir la porte à notre bête. Ses poils se tenaient debout, elle soufflait plus fort qu'un soufflet de forge... Ce n'est pas à la Rouvrerie, mais à Colombières, mais au Bousquet qu'il faut envoyer Luc.

Madeleine, que des voix intérieures prévenaient peut-être d'une catastrophe, vibrait d'une fureur singulière. Elle haussa les épaules et, apostrophant Annette :

— Quand finirez-vous de commander à la métairie?

Je suis lasse de vous entendre sans cesse. Gardez votre fillot ; on n'a pas besoin de lui.

— Madame ! Madame !... implora la Cambotte, cinglée trop cruellement.

— Madame !... répéta Luc, qui avait senti le fouet dont saignait sa marraine.

— Je ne t'écouterai pas, cria Madeleine. Vous avez toujours cru, Annette et toi, qu'on ne pouvait se passer de vous ; je vous prouverai le contraire.

— Ma fille !... mâchonna l'abbé.

— Je sais ce que j'ai à faire, mon oncle.

Elle souleva le rideau d'une des fenêtres à le déchirer.

— Mon mari ne paraît pas toujours... Est-il mort ? Est-il vivant ?...

Elle s'interrompit, perça de nouveau les vitres de la Salle de ses regards aigus, et, résolument :

— Noguerra !

— Madame, répondit l'Espagnol, s'inclinant.

— Vous connaissez le chemin de la Rouvrerie ?

— Je connais les chemins de toutes les métairies de l'Espinouze.

— Allez à la Rouvrerie, et rapportez-moi des nouvelles...

— Je pars.

Noguerra sorti, Madeleine eut vers la Cambotte un geste droit comme pour lui asséner un coup, puis ses lèvres serrées laissèrent filtrer ce mot unique :

— Voilà.

— Soyez tranquille, riposta la vieille servante, quand tout ceci sera passé, nous ne mangerons plus votre pain, ni Luc ni moi...

— En attendant de quitter Figuerolles, marraine, interrompit Taillevent, il faut nous occuper de M. Frédéric. Tandis que Noguerra chemine vers la Rouvrerie, moi je vole à Colombières, au Bousquet...

Madeleine, assaillie de pensées obscures, de pensées mauvaises, se cabra de nouveau.

— Toi, dit-elle, je t'invite à demeurer en repos. On ne te demande rien. Noguerra reviendra ce soir, et je l'enverrai, si c'est nécessaire, fouiller les villages de la vallée d'Orb.

— Viens, Luc! marmotta la Cambotte.

Elle prit le bras de son fillot; mais celui-ci ne bougea aucunement.

— Je ne quitterai pas la métairie, affirma-t-il, avant le retour de mon maître... D'ailleurs, une personne seule a le pouvoir de me renvoyer de Figuerolles, M. Jérôme.

— Comment, tu oses!... glapit Madeleine.

Son exaspération lui hachant les mots, ils ne furent guère qu'un bredouillement inintelligible.

— Maman! maman!... balbutia Riquette.

Elle voulut se jeter au cou de sa mère, qui la repoussa.

— Grand-père! ô grand-père!... gémit-elle.

Celui-ci la reçut dans ses bras. Il n'eut pas une parole. Il regardait fixement devant lui, égaré, ne comprenant pas. La pensée de son fils peut-être mort, cette pensée harcelante qui lui martelait le cerveau, avait fini par le rendre sourd à ce que l'on disait dans la Salle, aveugle à ce que l'on y faisait.

— Qu'as-tu, mignonne? bredouilla-t-il.

— Maman chasse Annette et Luc...

— Elle les chasse?...

— Moi, d'abord, je m'en vais aussi s'ils s'en vont...

— Mais non, Mademoiselle, nous ne nous en allons pas, protestèrent ensemble la Cambotte et Taillevent.

Jérôme, s'appuyant d'une main à l'épaule de Riquette, de l'autre au dossier d'une chaise, était parvenu à se mettre sur pieds. Les traits de son beau visage, creusés de longues rides perpendiculaires aussi profondes que des entailles, de pâles qu'ils étaient le matin, apparaissaient maintenant plombés, presque noirs. Chaque muscle entrevu à travers le nuage vaporeux de sa chevelure blanche soulevée par les émotions de son âme, tremblait imperceptiblement.

Il prononça ces mots :

— Je vous défends, Annette, je te défends, Luc, de sortir d'ici sans mon ordre.

Le vieillard montra Madeleine, la face couverte de ses deux mains. Un dépit enragé lui avait arraché des larmes subites, qui filtraient brillantes à travers ses doigts.

— Annette, Luc, plaignez ma bru, reprit-il douloureusement, surtout gardez-vous de lui en vouloir. Le chagrin a troublé sa raison, car jamais l'idée de vous renvoyer de Figuerolles ne lui viendra...

Il fit trois pas et atteignit Madeleine, plantée entre la table et l'une des fenêtres. Le pauvre homme voulut lui décoller les mains du visage ; mais elle eut un bondissement en arrière, montra son visage nu tout ruisselant, s'élança vers la porte de la Salle, disparut.

— Ma fille ! ma fille !... se lamentait Alype, jusqu'ici muet, stupide sur son siège.

Il voulut se précipiter. Jérôme l'arrêta.

— Elle a besoin de pleurer, et je vous prie, Monsieur le curé, de la laisser seule... Maintenant, ajouta-t-il, songeons à Frédéric et faisons l'impossible pour le découvrir. En y pensant bien tout à l'heure, cette idée m'est venue : Frédéric a l'habitude d'aller comme le vent, et il se pourrait que Pacha eût bronché, se fut abattu et que mon fils eût été projeté contre un mur, un arbre, un rocher...

— Comme aussi, opina la Cambotte, il se pourrait que M. Frédéric se fût endormi, fût tombé du tilbury...

— D'autant plus qu'il était fort sujet à des étourdissements depuis ses malheurs, insinua l'abbé.

Luc saisit un bâton dans un coin.

— Je pars, dit-il, et, je vous le jure, vous ne serez pas longtemps sans revoir M. Frédéric. Je passe en premier à La Fresnaye, puis à à Tirebosc, puis à Douch, et je descends dans la vallée d'Orb par le raccourci d'Héric...

S'adressant à Riquette éperdue :

— Tranquillisez-vous, notre demoiselle, je serai bientôt de retour avec votre père.

XII

LE PONT TRAGIQUE

Taillevent, ses yeux attachés au sol, gravissait les lacets escarpés qui mènent au Louvart. Pacha, rentrant à Figuerolles à bride abattue, était passé par là, et Luc n'avait aucune peine à suivre, tantôt sur le gazon encore mal essuyé, tantôt dans la boue encore épaisse malgré la bise glaciale, le sillage du tilbury. Une chose le frappait : les paraboles bizarres décrites à travers le sentier par le cheval allant à fond de train, que nulle main ne dirigeait. Les roues ici filaient droit; plus loin, elles envahissaient sur les talus, et c'était miracle si le véhicule n'avait pas versé dans un fossé, ne s'était pas brisé contre la paroi d'un roc.

Taillevent avançait lentement, d'un pas circonspect, parmi les hautes plaines, scrutant le pays à la ronde, croyant toujours que, derrière ce paquet de broussailles, ces touffes de châtaigniers sauvages, ces chênes verts, il découvrirait son maître abattu. Quelle joie pour Riquette, si, ce soir, il lui ramenait son père ! Il pensait sans cesse à Riquette, et sa vue, en explorant le plateau, acquérait, par la persistance de cette pensée unique, plus d'acuité, plus de force, plus d'étendue. Mais rien, rien, à travers la lande rase, pelée, où les herbages pour les tarrines pointaient à peine... De temps à autre, il demeurait planté, écoutant. — N'allait-il pas entendre une plainte, un gémissement, un cri? Qui sait si Frédéric, blessé, n'appelait pas au secours de quelque coin perdu? — Rien encore. Dans le lointain, le fracas du Bidourlat précipitant ses eaux vers la rivière de Mare, et, parmi les châtaigniers, les chênes verts éparpillés, les sifflements aigres du vent du nord, saccageant tout comme si l'hiver allait recommencer... Un lièvre détale à ses pieds. Il lui lance un caillou. La bête fait un crochet, s'efface dans un pli du terrain.

« Si l'Espagnol se fût trouvé à ma place, il ne l'aurait pas manqué avec son fusil », murmura-t-il, furieux.

Noguerra, qu'on avait envoyé à la Rouvrerie en dépit des protestations de sa marraine, le préoccupait tout à coup. Avec quel épanouissement de son être, sa haine mêlait cet étranger à la disparition de M. Frédéric ! De quel élan il eût fondu sur son ennemi ! Oh ! écharper l'homme qui l'avait autrefois livré à l'ours de Saint-Pons, qui surtout s'était permis d'aspirer à la main de Riquette !... Hélas ! s'il était arrivé malheur à son maître, il serait impossible d'impliquer Noguerra dans l'affaire, car, depuis le printemps, les loups ayant à peu près déserté Tirebosc, l'Espagnol ne sortait plus pour ses espères de la nuit. Pipette lui avait certifié ça...

« Par exemple, voici du nouveau ! » dit-il, en bondissant en avant.

Les ornières des roues, fortement creusées dans le sol détrempé par les pluies des derniers jours, ne venaient pas du pont sur le Bidourlat, mais d'un massif de frênes, à quelques enjambées du parapet de ce pont... Qu'allait donc chercher Pacha sous des arbres nus, où pas une feuille ne pouvait le tenter ? Une autre voiture avait-elle cheminé par là ? Non : le pont, construit jadis par les Servières, leur appartenait exclusivement, et nulle carriole du pays ne s'y engageait, car il ne conduisait qu'à Figuerolles.

« Des guides !... » cria-t-il d'une force à être entendu de La Fresnaye, sur la rive opposée du ruisseau.

Il tenait, en effet, les deux extrémités des guides de Pacha, nouées au tronc d'un frêne, solidement.

« Mon Dieu !... » balbutiait-il en enroulant les longes de cuir, que ses doigts raidis d'une frayeur subite, laissèrent par deux fois tomber à terre.

« Mon maître ! mon maître ! » ne cessait-il de répéter.

Il ne bougeait, pétrifié, considérant le sol battu, où les fers de Pacha demeuraient imprimés profondément.

« Cyprien Couderc, bredouilla-t-il, à l'égal de Grégoire Albagnac, lui aura donné une mauvaise réponse quant au mariage de Riquette... Il a mis en ordre ses affaires dans la vallée d'Orb, puis il s'est détruit... Il a attaché sa bête à ce frêne et s'est noyé dans le Bidourlat... Il n'a pas osé rentrer à la maison... »

Luc sanglotait comme un enfant.

Ses lamentations dans le désert du Louvart durèrent

longtemps. Il eût voulu aviser quelqu'un du côté de La Fresnaye, du côté de Tirebosc, consulter quelqu'un, car, une douleur atroce faisait la nuit dans son cerveau. Mais les journaliers, ce jour-là, travaillaient aux extrêmes limites du Roudil, et nul paysan des hameaux voisins ne paraissait aux bords du Bidourlat... Les yeux de notre Hercule cévenol, peu habitués aux larmes, cessèrent de couler, se desséchèrent au souffle d'une violente colère.

« Il aurait dû penser à sa fille au moins avant de se désespérer, articula-t-il... Et c'est moi qui devrai annoncer à Riquette la mort de son père? Plutôt me jeter à l'eau à mon tour que de porter un tel coup à cet ange du ciel... »

De son œil redevenu clair, il suivait obstinément la double raie des roues du tilbury. Le pont traversé, Pacha, au lieu de poursuivre vers la métairie, s'était dirigé vers les frênes. Là, M. Frédéric, déterminé à en finir, avait laissé son cheval, sa voiture et était revenu vers le ruisseau.

A quel point précis du courant s'était-il précipité?...

Des pas, nettement marqués sur la terre déjà durcie par le refroidissement subit, lui apparaissent. Il examine, il croit deviner le pied de son maître. Il s'engage sur cette piste, juge chaque trace, celle-ci très enfoncée, celle-là à peine visible, presque à fleur de peau de la boue. — Ciel! au fond d'un trou, deux lettres lui sautent aux yeux: F. S. — M. Frédéric avait mis ses souliers neufs pour aller à la Rouvrerie, ses souliers neufs décorés de ses initiales par le cordonnier de Roquefixade, un artiste du cru qui, avec de gros clous, a l'habitude de relever les semelles de ses clients... Mais voilà que, dès l'entrée du pont, les pas de M. Frédéric se mêlent à d'autres pas, plus longs, ces derniers, plus minces, plus fins. Taillevent se trouble.

« Alors, quelqu'un était avec lui? » murmure-t-il.

Arrivé au milieu du pont, il ne bouge plus. Ici, non seulement quatre pieds se confondent; mais, à chaque instants, les quatre semelles s'effacent en de longues glissades qui ne laissent apercevoir ni lettres, ni forme, rien. Le sol est noir, glaiseux, on dirait du cambouis de charrette. Il ne peut subsister de doute : là, deux hommes se sont harponnés, se sont battus. — Quels hommes?—Frédéric Servières, d'abord; pour l'autre?...

« L'autre aura été plus fort que mon maître, affaibli par ses souffrances... » dit Luc, qui maintenant parle ses réflexions.

Sa chevelure se dresse droite et chasse son feutre derrière lui.

« Si je découvre le brigand qui a noyé le père de Riquette!... »

Il se penche pour recueillir son chapeau; mais, aveuglé de rage, il voit mal, et sa main ramasse une loque immonde, un détritus bourbeux, souple, très mou, laissant passer comme des poils à travers les fanges qui le recouvrent à demi.

Encore que le Bidourlat, par ce froid glacial, ait subi une baisse, Luc n'a nulle peine, après trois pas parmi des broussailles, à tremper dans l'eau le chiffon sordide qu'il tient accroché aux doigts. Il le promène, l'agite, le tord. Une peau fauve avec de longues traînées noirâtres; aux prolongements des pattes sont cousus des cordons de fil vaguement nuancés de rouge... Tonnerre! l'une des peaux de renard dont Noguerra enveloppe les talons de ses bottes quand il chasse le loup.

« Il est donc allé au Parc, la nuit dernière? Peut-être les bêtes de Tirebosc, un moment disparues, se sont-elles remontrées par ce rude temps?... »

Il tourne, retourne la peau révélatrice, la flaire, la transperce de ses ongles à force de la serrer. Tiens ! deux des cordons sont cassés à leur point d'attache. C'est cela : dans l'effroyable lutte, au milieu des piétinements, des coups de pieds, des crocs-en-jambe, les ficelles ont cédé...

« Et Pipette qui m'assurait que l'Espagnol ne touchait plus à son fusil ! hurle-t-il, tordant encore, retordant la peau pour l'égoutter, la sécher.

Il enfouit l'objet en une de ses poches et remonte vers le pont.

La reprise du froid ayant arrêté la fonte des neiges aux crêtes de l'Espinouze, le Bidourlat ne fait plus autant des siennes. Les rochers des bords reparaissent émaillés de givre, embellis de légères dentelles de glace qui marquent la décroissance des eaux. Luc, ses deux yeux sur le courant, cherche à deviner en quelle anse, en quel détour, le corps de son maître peut avoir été retenu, soit par les têtards fort nombreux sur l'une et l'autre rive, soit par les touffes entremêlées de saules et d'osiers poussés fort avant dans le lit du ruisseau.

« Ah ! Riquette ! Riquette !... » répète-t-il sans s'en apercevoir.

Puis il lève un bras et, comme s'il montrait à quelqu'un un point connu du Bidourlat, il ajoute :

« C'est là que j'ai passé avec Riquette sur mes épaules... Il y a des années de ça... Nous allions manger du caillé à La Fresnaye... »

Exalté par ce souvenir, il dépouille sa veste, son gilet, les roule, lie le paquet avec les guides de Pacha, cache le tout sous un buisson et s'élance dans le ruisseau.

Il va, il va, ici avec de l'eau jusqu'aux genoux, plus loin jusqu'à la ceinture. Bien que le soleil soit brouillé, bien qu'il flotte dans l'air des vapeurs de neige, la face congestionnée de Taillevent affiche des rougeurs de brasier. Il avance avec des précautions infinies, tantôt de son bâton fourrageant dans les remous, tantôt de ses mains explorant les coins enfouis des bords. Une fois, croyant avoir effleuré un objet suspect du pied, il laisse son bâton à la fourche d'un têtard et plonge les deux bras jusqu'aux aisselles. L'eau lui baigne le menton, lui inonde la bouche. Il a touché des mousses accumulées, rien de plus. Sa déconvenue lui arrache un rugissement.

« J'irai jusqu'à la rivière de Mare, s'il le faut, » bégaye-t-il.

Au point où il est parvenu, le Bidourlat fait un saut de dix mètres environs. Le courant, fort encaissé, gagne de la force par son étranglement même et se précipite en cascade sur un lit de roches granitiques déchiquetées, évidées au courant des siècles, aiguisées, luisantes comme des socs de charrues.

« Si mon pauvre maître est tombé là-bas...! » pense-t-il.

Il poursuit, tâtant à droite, tâtant à gauche, sondant toujours. Il va vers la chute du ruisseau, très nourrie, capable de l'entraîner... Il se cramponne aux souches des saules, des osiers, des tamaris. Le courant est trop fort décidément. Il se sent soulevé... Il se résout à tourner la cascade et sort de l'eau d'un vigoureux élan. Dieu de Dieu ! ses pieds n'ont pas abordé la grève, que, là, parmi les racines d'un peuplier, à moitié recouvert de sable, d'herbes, de brindilles, de limon, d'ordures, lui apparaît un cadavre de tout son long étendu.

« Monsieur Frédéric ! monsieur Frédéric !... » beugle-t-il désespérément, comme une bête blessée à mort.

Il le soulève, le serre contre sa poitrine d'une force terrible. Il veut le ranimer de son souffle, de sa propre vie, et colle ses lèvres ardentes contre les lèvres du père de Riquette, refroidies, souillées à toutes les vases, à toutes les pourritures du ruisseau. Vains efforts ! le corps, raide comme une planche de châtaignier, demeure insensible, et menace de lui glisser des mains par l'effet des enduits gras qui le tapissent de la tête aux pieds... S'il parvenait du moins à l'adosser contre le tronc du peuplier ! Il essaye et ne peut. La rigidité cadavérique résiste à ses tentatives acharnées : *il casserait son maître en deux avant de le plier.* Fou de douleur, il le porte à quelques pas et le couche sur un lit d'amarines, dont les branchettes, assouplies par la première montée de la sève, s'étendent pareilles à un joli tapis verdoyant au ras du sol.

« Monsieur Frédéric ! monsieur Frédéric !... » appelle-t-il encore.

Puis, dans l'égarement de sa tête :

« Vous me répondriez si vous pensiez à Riquette... Oh ! vivez pour votre Riquette... »

Ses objurgations, ses plaintes se perdent à travers le Louvart, dont les lointains s'obscurcissent de plus en plus.

« Si je le chargeais sur mon dos et m'encourais à Figuerolles ? se demande-t-il... Je n'oserai jamais le montrer à Riquette tel qu'il est. Il faut que je le nettoie... »

Il fait un saut, remonte le sentier, reprend ses hardes, et redescend d'une vitesse à se casser le cou.

Il a retiré son mouchoir, propre pour le voyage, le trempe dans le ruisseau et, par des attouchements répétés et très doux, débarrasse les traits de son maître de toute immondice. Le visage franc, ouvert, délibéré de Frédéric apparaît. Les yeux sont ouverts, et les prunelles noires enchâssées dans le blanc brillent d'un merveilleux éclat. Du reste, sauf au cou, où l'on démêle des égratignures et des plaques brunâtres, pas une goutte de sang ne se montre au front, au menton, aux joues. Peut-être une racine, peut-être le coupant d'un rocher...

« N'est-il pas vrai, monsieur Frédéric, que vous n'êtes pas mort tout à fait ?... mâchonne-t-il, entêté dans l'espoir.

Il dégage les bras pour laver les mains... — Dieu du ciel ! que veut dire ceci ? — Tandis que les doigts de la main gauche s'offrent simplement repliés, gardent à peine des bouts de saule, ceux de la main droite, crispés, semblent retenir quelque chose qu'ils serrent énergiquement, qu'ils ne veulent point lâcher. Luc s'efforce contre ces phalanges rebelles, ces phalanges de pierre, nettes et blanches... L'angoisse lui inondant les tempes de sueur, il redresse le pouce, puis l'index, et saisit un chiffon avec deux petits grelots luisants cousus en bordure... Il recule, au comble de l'épouvante... Il ricane :

« La veste de Noguerra !... »

Subitement attendri, il revient à son maître, et ces paroles coulent de son âme mise en lambeaux :

« Vous vous êtes défendu, mon bon maître, mais cet assassin d'Espagnol, est venu à bout de votre courage... Il a eu peur que le Bidourlat ne vous rendît et il vous a étranglé avant de vous précipiter du haut du pont. Vos marques noires du cou disent ça. Je le jure, vous serez vengé... »

Ce couplet traverse l'air, où la nuit se délaye peu à peu :

Les soldats d'Afrique
N'ont pas froid aux yeux :
Ils aiment la chique,
Cela pique mieux.

— Pipette ! Pipette ! s'égosille Taillevent.

Des sabots dégringolent le sentier. Prosper Batifol surgit enveloppé d'une escouade de journaliers.

— Vous voyez, vous autres, leur dit-il, M. Frédéric s'est noyé... Voilà ce que l'on fait quand on est trop malheureux.,. J'étais parti pour aller le chercher dans la vallée d'Orb et je le découvre dans le Bidourlat...

— Comment ça ? comment ça ? demandent Pipette et ses gens, consternés.

— Je n'étais pas au pont de La Fresnaye que, laissant mes yeux faire la quête de cent côtés, j'avise les guides de Pacha qui flottent nouées au long d'un frêne. Cette idée me traverse les esprits : mon maître a attaché là son cheval, puis il a enjambé le parapet du pont... Mon idée ne m'avait pas trompé.,.

— Portons-le à la métairie, interrompit Pipette... D'ailleurs, il faut que tu changes d'habillement, toi : tu es mouillé comme un rat d'eau.

— Écoutez ! pas de bruit au moins à cause de Mademoiselle... Nous entrerons à pas menus de fourmis... Allons !

Vingt bras soulèvent le cadavre, et Luc, tâtant de ses pieds nus les endroits les moins raboteux du sentier pour éviter les cahots, marche en tête du funèbre cortège. De temps à autre, il se retourne vers les porteurs, qui ne retiennent pas leurs langues suffisamment, et leur répète :

— Chut ! chut !...

La nuit est froide. La lune, encore qu'étroite, mince,

27.

pareille à une faucille perdue dans les champs infinis du ciel, met à découvert les crêtes de l'Espinouze toujours encombrées de neige, malgré les premières fontes du printemps.

XIII

L'AGNEAU « JACQUET »

Figuerolles était en deuil. La vie, si active en ce coin de l'Espinouze, se trouvait suspendue. Le maître, en partant, avait emporté le courage de tous. Pour la première fois, à la métairie, devant la terre vorace qui demandait de grandes appropriations à la suite de l'hiver, on demeurait les bras croisés. Ce fut à peine si, après un désœuvrement absolu de trois jours, désœuvrement ahuri, Pipette pensa enfin à rallier ses journaliers, dont plus d'un avait fui vers son endroit.

Cependant, Venancio Noguerra, au milieu d'un accablement qui, du vieux Jérôme à l'abbé Alype, courbait tout le monde au sol, conservait la clarté de sa tête, le jeu de sa langue on ne peut plus fertile à répandre la consolation.

— Dieu avait donné un trop grand cœur à M. Frédéric, gémissait-il un jour, la voix mouillée de larmes, et ce cœur, plein de sa fille, n'a pu résister... A la Rouvrerie, où je suis allé, je ne prévoyais certes pas la catastrophe qui nous écrase. Toutefois, lorsque Cyprien Couderc m'a rapporté son entretien avec M. Frédéric, certaines paroles sans ménagements qu'il lui avait adressées, je n'ai pu m'empêcher de dire à ce paysan grossier : « Plaise au ciel que vous ne soyez pas la cause de quelque malheur ! »

— C'est ça qui l'a tué, ajouta Jérôme, c'est ça...

Taillevent, dissimulé derrière le corps très en saillie du vaisselier, écoutait avec une avidité farouche. Connaissant le meurtrier de son maître, il redoutait de ne pouvoir résister à l'envie de le saisir à la gorge. Les peurs que Luc avait de lui-même le retenaient abrité contre ses soulèvements intimes, derrière un rempart de chaises et d'escabeaux. Quand les mensonges de l'Espagnol lui irritaient trop les nerfs, il cessait de palper la peau de renard et les grelots de la veste du bandit qu'il portait toujours sur lui.

« Va, va, misérable, grondait-il sourdement, ton heure viendra ; je te guette mieux que tu n'as jamais guetté loup à Tirebosc. »

Dans cette crise effroyable, le vieux Servières faisait pitié. Ses larmes n'avaient ni l'abondance ni la rondeur pleine des larmes de Riquette, pareilles à d'énormes gouttes de pluie ; c'étaient de microscopiques têtes d'épingle perpétuellement arrêtées au bord de ses cils, trop petites pour tomber. La machine épuisée de ce paysan, à la veille d'entamer sa quatre-vingt-quatrième année, encore que mise au pressoir, ne pouvait fournir davantage à sa douleur. Il vaguait à travers la salle, à travers les corridors, balbutiant à haleine continue :

« Un Servières se noyer comme un pouilleux, comme un malhonnête homme !... Puis ce n'est pas chrétien, ça... »

Madeleine, plus raide que jamais sur sa chaise, étonnée plutôt qu'émue du coup qui la frappait, promenait dans l'espace ses yeux d'un bleu d'acier, où ne se montrait nulle trace de pleurs. Le jour des funérailles de son mari, devant la population de l'Espinouze accourue à Roquefixade, elle avait paru troublée, et deux ou trois fois on l'avait vue essuyer ses paupières humides. Mais l'attendrissement, chez cette nature jadis toute de soumission et de douceur, aujourd'hui toute de révolte et de passion, avait vite fait place à une sorte de froideur vindicative, revanche posthume de ce qu'elle avait enduré depuis vingt ans. Elle ne parlait presque pas, sinon pour lancer de ses lèvres tendues, agressives, violentes, un mot impérieux, farouche, à ceux qui l'entouraient : à sa fille, coupable de lui rappeler trop son mari ; à son oncle, qui l'avait si piètrement mariée ; à Jérôme, le dernier survivant des Servières, ses bourreaux ; à la Cambotte et à Taillevent, espions odieux qu'elle exécrait. Sa voix rogue, où je ne sais quel orgueil de reine enfin maîtresse de son empire mêlait les vibrations dures du métal, ne s'adoucissait que pour Noguerra, dont elle ne prononçait plus le nom désormais sans le faire précéder du mot : *Monsieur*. Oh ! si elle eût osé, avec quel élan de tout son être, du fond de son humilité, ne lui eût-elle pas crié ses titres, ne l'eût-elle pas appelé devant tous : *marquis de Campo-Viejo ! comte d'Arujar !*...

Un soir qu'un brusque retour d'hiver, avec neige et glace, avait groupé nos gens autour du feu, y compris Alype, inséparable de Riquette trop malheureuse, notre rusé compère d'Espagnol parla de son prochain départ.

— Les claies des parcs fixées dans le domaine, il ne me restera plus rien à faire ici, et je demanderai la permission de me retirer.

— Eh quoi ! vous nous quitteriez quand, plus que jamais, nous avons besoin de vous ! s'écria Madeleine, intrépide.

— Madame, avant de partir, j'implorerai seulement l'autorisation de tirer quelques coups de fusil à Tirebosc, dit-il d'un air détaché. Pipette m'a rapporté que les loups, par ce revirement du temps qui nous ramène à la mauvaise saison, avaient reparu là-haut, et j'aurais plaisir à en abattre quelques-uns. C'est puéril cela, mais je me suis arrêté au chiffre dix. Dix bêtes par terre, et je m'en vais.

— Avouez, mon ami, que ce n'est pas sérieux, cela, badina l'abbé, qui aurait ri s'il eût osé.

— Tout ce qu'il y a de plus sérieux, répliqua-t-il, fâché de voir intervenir Alype quand il croyait le dialogue uniquement engagé entre Madeleine et lui.

— Je suppose que vous nous donnerez le temps de nous retourner avant de nous tirer votre révérence, balbutia Jérôme avec bonhomie.

— Dix bêtes par terre, et je m'en vais, répéta-t-il.

— Vous ne ferez pas cela, monsieur, articula Madeleine très lentement, comme si elle avait de la peine à s'exprimer; non, vous ne ferez pas cela... Comment, vous m'abandonneriez!...

— Madame...

— Vous *nous* abandonneriez! poursuivit-elle, se reprenant. Ce n'est pas possible... Chassez à Tirebosc, où vous voudrez... Ce domaine que vous avez mis en prospérité, ce domaine, dont un grand malheur vient de me faire maîtresse, gouvernez-le à votre guise, je vous le donne...

Ces paroles tenaient de la folie, et chacun la regarda frappé d'un étonnement indicible. L'abbé pourtant voyait clair à travers tant d'extravagances : le mal d'amour de sa nièce, ce mal qu'il avait cru guéri, reparaissait avec une violence nouvelle. Il éprouva le besoin d'atténuer cette sortie qui la découvrait avec tout le méchant levain d'une passion cent fois condamnable, cent fois impie.

— Mon bon Noguerra, hasarda-t-il, pleurant presque, la perte de son mari éprouve ma nièce au delà de ce que je pourrais dire, et ses paroles ont dépassé sa pensée...

— Surtout à propos du domaine, interrompit Jérôme.

— Alors, jamais je ne serai maîtresse? clama-t-elle, debout, l'œil menaçant.

— Vous le serez après moi.

— Après vous?...

— Et encore si Frédérique le permet, car c'est elle qui héritera.

— Oui, maman, je le permettrai, oui, maman!... sanglota la fillette éperdue, allant à son grand-père, les embrassant tour à tour.

— Partons, Luc! commanda le vieillard.

En reconduisant son maître vers sa chambre, Taillevent effleura du coude Noguerra placé contre la porte. L'Espagnol, touché, enveloppa le couple qui se retirait d'un regard de soufre et de flamme. Non seulement Luc ne voulut rien voir; mais, se penchant à l'oreille de son ennemi, il lui souffla d'une voix de miel :

— O monsieur Noguerra, je vous en prie, écoutez Madame : restez ! restez !

Taillevent était traversé de doutes qui le déchiraient comme autant de griffes :

Au fait, si, un de ces quatre matins, Noguerra, constatant la disparition de sa peau de renard ou des grelots de sa veste, venait à décamper? Tous les chemins des Cévennes, grands et petits, lui étaient familiers, et il aurait bientôt fait de sauter dans son Espagne et de ne plus se montrer par ici... Puisqu'il tenait les preuves du crime, au lieu de courir la mauvaise chance de voir le coupable lui glisser dans la main, ne devrait-il pas sans retard prévenir la gendarmerie de Saint-Gervais, qui tout de suite le livrerait à la justice ?... Oui, mais si la justice ne se laissait convaincre ni par la peau de renard, ni par les grelots de la veste ? Le brigand, aussi habile et hardi de la langue que lui-même l'était peu, se défendrait, et savait-on qui aurait le dessus devant les juges, de l'Espagnol, le mot toujours prêt à la riposte, au mensonge, ou de lui, empêtré dans ses paroles, balbutiant pour proclamer la vérité ?... Et puis, quand bien même le tribunal, à Montpellier, condamnerait Noguerra, le condamnerait-il à mort, la seule peine qu'il méritât ?... Pipette, un jour de foire, à Olargues, lui avait désigné du doigt un homme du Mas-de-l'Église qui avait tué le propriétaire de la borde des Buissons pour lui voler son argent. Après dix ans de travaux forcés, l'assassin, un nommé Soularol, était rentré au pays, où il se promenait, la canne à la main...

Bouleversé par des questions dont aucune ne lui apportait la réponse souhaitée : la mort nécessaire de Noguerra, Luc eut peur de la société, capable d'amnistier le criminel pour toute espèce de raisons où il ne pouvait entrer, et en revint à la nature, qui ne tolère nul atermoiement, qui donne à chacun selon ses œuvres. Primitif, quelque peu barbare, entier dans ses résolutions, poussé à un dessein tragique par sa passion obscure pour Riquette, ce fils de brûleur de vin, né on ne savait en quel endroit, sur quelle route, dans quel fossé, après des incertitudes où il se perdait, rattacha les œillères qui jusqu'ici avaient protégé son jugement et se décida à marcher seul à la rencontre de son ennemi. Dieu le voyait, et Dieu lui ferait la grâce de lui ménager la force d'accomplir sa justice, de débarrasser l'Espinouze du monstre qui la déshonorait.

Le regard sans cesse guettant à la ronde, l'oreille sans cesse aux écoutes, Taillevent ne tarda pas à reconnaître sa grande erreur, quand il avait cru Noguerra au moment de déserter Figuerolles. À chaque heure, au contraire, il en prenait plus ample possession, et M. Frédéric n'était pas au cimetière depuis un mois, que déjà, par la complicité de Madeleine et celle d'Alype, par la faiblesse de Jérôme, plus préoccupé de voir abonnir ses terres que de flairer les ambitions de l'Espagnol, ses usurpations quotidiennes, le misérable régnait en maître.

— Vraiment vous avez bien fait de retenir Noguerra, dit Luc à M. le curé, un soir qu'il le reconduisait au presbytère.

— Tu crois, mon petit?...

— Quel homme! quel homme!

— C'est vrai qu'il est extraordinaire...

— Il ne s'en ira pas, au moins?

— Non seulement il ne s'en ira pas, mais il ne serait pas impossible que, plus tard... bien entendu après le deuil de notre Frédéric, il se fixât à Figuerolles... Je te confie cela, à toi que je sais discret...

— Quoi donc?

— S'il se mariait ici?

— Avec qui?...

L'abbé se taisait. Luc lui saisit un bras.

— Avec qui?

— Ma nièce Madeleine est encore jeune, elle est veuve et, je le devine... elle ne déteste pas...

Comme on était à la porte du presbytère, Taillevent, édifié, joyeux d'une joie qui ne lui permettait pas de retenir ses jambes, planta là M. le curé.

De son côté, Noguerra s'abandonnait à des réflexions non moins sombres, non moins impitoyables. Tous les pouvoirs, à la métairie, étaient tombés en ses mains; mais quand tiendrait-il la métairie elle-même? Si la culture reçue au séminaire d'Urgel l'avait affiné, avait communiqué à son allure une aisance de bon goût, à sa parole une souplesse ingénieuse, capables de donner le change sur son origine, il était, lui aussi, de souche paysanne comme les Servières, et en réalité la terre seule lui importait. — Ah! posséder Figuerolles!... Ah! passer de la besace vide à des goussets regorgeant d'écus!... — Pour cela, il fallait devenir le mari de Riquette, future héritière de tous les biens, et la chose lui paraissait difficile, sinon impossible. Quand chacun dans la maison, même Taillevent et la Cambotte, jadis hargneux, hérissés, hostiles, lui, souriait, s'empressait à son moindre mot, Frédérique Servières évitait de répondre aux politesses, aux égards dont il tentait de l'envelopper, n'avait pas l'air de les remarquer, fuyait sa présence avec une sorte d'effroi. Cette idée bizarre traversait parfois son cerveau pétri au pays natal par des mains de prêtres et où, malgré qu'il en eût, des bribes de superstition étaient demeurées incrustées : Riquette était le portrait vivant de son père, elle avait l'âme tout ensemble tendre et violente de son père; savait-on si, la nuit, son père ne lui était pas apparu, ne lui avait pas raconté le drame sur le pont de La Fresnaye?

L'Espagnol, brûlé par des pensées qu'il n'osait s'avouer nettement à lui-même, par crainte de succomber à quelque tentation fatale, coupait court aux fermentations malsaines de sa tête et, le fusil à l'épaule, allait s'épuiser en courses furibondes à travers le Roudil, le Louvart, Tirebosc. Mais les lièvres, les lapins avaient beau lui brouter les semelles, il ne tirait pas un coup. Le noir démon du meurtre qui le possédait ne lui permettait pas de discerner le gibier devant lui, le gibier qui lui crevait les yeux. Comme Macbeth marchant dans le sang, il ne voyait plus que du sang, partout du sang.

« Il est certain, se dit-il un jour, immobilisé en plein Tirebosc par un vertige qui faisait trembler le sentier sous ses pas, il est certain que, si je parvenais à... dépêcher Riquette, sa mère hériterait, et alors... Mais la Cambotte couche dans la chambre de Riquette... Puis elle ne va pas à la Rouvrerie, Riquette... »

Il sauta parmi les buissons, criant : « Non ! non ! » aux aberrations qui le pourchassaient dans la campagne pareilles à des Furies, et, volant, tomba à la porte de Figuerolles.

Luc, Pipette, Justine poursuivaient, à travers la cour, un agneau que Riquette avait adopté pour sa gentillesse et qu'elle appelait *Jacquet*. Jacquet, leste, charmant, bondissait avec grâce, cabriolait à droite, cabriolait à gauche, et n'enfilait nullement la porte de l'étable. La bête, toute à ses caprices, frôla l'Espagnol qui rentrait. Mal lui en prit, hélas ! Noguerra n'avait pas été frisé au genou que, levant son fusil sur Jacquet, d'un coup de la culasse durement asséné, il lui brisa la tête en morceaux.

— Mauvais !... cria Justine.

— O monsieur Noguerra !... bredouilla Pipette, apitoyé.

— La belle affaire pour un agneau !... dit Luc, haussant les épaules.

— Pipette, tu vas tout de suite porter cette bête morte au Parc-aux-Loups, ordonna l'Espagnol. Tu l'enterreras à demi contre le piquet. Elle me servira d'appât, car je suis en humeur de chasse, et je ferai parler la poudre à Tirebosc, cette nuit... A propos, savonne les rainures de la trappe de descente pour qu'elle glisse rapidement et sans bruit.

Il disparut en l'intérieur de la métairie.

Pipette parti avec l'agneau, Justine rentrée dans la laiterie, Taillevent grommela ces paroles :

— Je me suis contenu... Me voilà forcé, pour en arriver à le perdre, d'amadouer le scélérat; mais tout de même la mort de Jacquet est comme un nouvel assassinat pour moi.

XIV

CONSEIL DE LOUPS

La magnifique, la radieuse nuit! Toute la clarté du ciel, criblé d'étoiles, tombait sur la terre, l'enveloppant d'une caresse de lumière. L'âpre bise des derniers jours, bramant dans l'étendue, s'était calmée, et maintenant les arbres dressaient des rameaux droits, immobiles. Le silence était tel, du Louvart à Tirebosc et de Tirebosc au Roudil, qu'une oreille collée au sol aurait entendu sourdre la sève nouvelle aux lèvres de la nature, lasse d'un trop long repos, disposée à rendre les êtres et les choses à la vie.

Noguerra cheminait au pas dans la splendeur des astres, animés d'un feu plus vif comme pour faire les sentiers plus éclatants devant lui. Jamais, soit qu'il allât à la chasse aux bêtes fauves, soit qu'il en revînt, il n'avait vu la campagne à ce point illuminée. La rocaille monstrueuse de l'Espinouze, fort reculée, il la touchait de la main, lui semblait-il, et les bois de Tirebosc, lourdes masses noires dans le lointain, il croyait en fouler déjà les abords broussailleux, retraites très enfouies des loups.

L'Espagnol, enveloppé dès sa sortie de Figuerolles par l'universelle paix descendue d'en haut, avait senti fondre ses ardeurs farouches, et il n'était pas à La Fresnaye, que son âme, reflétant pour ainsi parler le spectacle extérieur des champs et des cieux apaisés, se rassérénait complètement. Après tant de projets épouvantables, une à une des idées heureuses s'infiltraient dans son cerveau, brusquement désenténébré. C'étaient des traits de lumière décochés par une main propice, de la hauteur de ce firmament embrasé.

Il allait, léger, leste, enlevé, dans la direction du Parc-aux-Loups. Si l'abbé Alype l'eût aperçu, il n'aurait pas manqué d'écrire dans son Registre, ainsi qu'il l'avait écrit de lui-même remontant jadis de Montpellier vers la montagne : « Cette nuit-là, Don Venancio Noguerra, marquis de Campo-Viejo, comte d'Arujar, *était porté par les anges.* »

L'Espagnol soudain demeure fixe, retire son fusil de l'épaule, l'arme. Un cri singulier l'a frappé, mélange de l'aboiement du chien et du chacal, aboiement court, saccadé, violent, criard; puis il démêle un point très brillant aux marges forestières de Tirebosc. — Un loup sans doute qui revient de la rapine dans une bergerie des environs ou qui peut-être s'en retourne sous bois, un quartier de Jacquet aux dents. — Un regret le traverse à propos de l'agneau de Riquette, puis d'autres regrets se joignent à la file, car il pense, malgré qu'il en ait, à Frédéric Servières étranglé férocement, lancé férocement dans le Bidourlat...

« Ces réflexions ne sont pas dignes d'un homme, se dit-il. Ce qui est fait est fait. »

Et, poursuivant sa marche, il se précipite aux pensées

consolantes d'un avenir qui lui appartient déjà, qu'il fera aussi beau que sa volonté sera capable de le vouloir.

« Pour Madeleine, elle est absolument conquise, rêve-t-il. Elle me disait tout à l'heure : « O mon « Venancio, ne tardez pas à rentrer : je tremble quand « vous allez aux loups, la nuit. Songez que je suis « seule, désormais. » Ça, c'est charmant, charmant... Tout de même si, après le deuil de son mari, j'étais assez sot pour l'épouser, je ne palperais même pas les soixante mille francs de sa dot engloutis dans la catastrophe de Saint-Pons. Riquette aura de magnifiques biens au soleil, et c'est Riquette qui sera ma femme... »

Il s'embarrasse les pieds dans une traînée de ronces, et un cordon se dénoue à l'une de ses bottes.

« Ces peaux de fouine résistent mal. Pour peu qu'on les tende, elles se déchirent... Quel ennui d'avoir perdu une de mes peaux de renard ! Cela me tenait chaud et cela était solide... »

Moyennant une longue ficelle, il répare l'avarie.

« Quand elle m'a appelé : « Mon Venancio ! » j'ai eu envie de la soulever jusqu'à mes lèvres, embellie par son deuil comme elle l'est, et de lui souffler un mot décisif à l'oreille... J'ai pu me dompter, me contenir... Si, au lieu de m'amuser à Justine ou à Mariette, peu farouches, je faisais ma maîtresse de Madeleine, il faudrait finir par l'épouser, ce que je ne veux pas. Cette femme, sous des apparences soumises, résignées, est un caractère de fer, capable des dernières violences quand elle se verrait abandonnée. A la notion que j'ai de sa nature très ardente avec ses airs paisibles, je dois tout redouter. La dévotion a fait brèche chez elle, et, le jour où je lui demanderais sa fille, croyant son salut intéressé dans l'affaire, elle proclamerait plutôt sa honte que de donner les mains à mes projets. Elle considérerait ses aveux à son oncle, à son beau-père, à tous comme l'expiation nécessaire de son péché... »

Un, deux, trois bêlements de brebis coupent le soliloque. Ces bêlements partent de quelque bergerie perdue.

Les pensées de Noguerra reprennent leur cours.

« Le plus habile et le plus sage est de bercer Madeleine à toutes les espérances. Laissons-lui croire qu'elle sera marquise de Campo-Viejo et qu'il pourrait bien lui arriver plus tard d'avoir son tabouret chez le Roi... »

Il ne sait réprimer un énorme éclat de rire, qui met en fuite, à une portée de fusil, un conseil de loups, car, les chasseurs de fauves savent cela, il n'est pas rare que les loups s'assemblent, tiennent conseil.

Noguerra avait cramponné ses deux mains aux traverses engagées dans un frêne formant échelle et montait rapidement vers la cabane établie en haut, — le clocher. La baraque, assez exiguë, soutenue par des poutrelles chevillées aux fourches des grands arbres, était une construction chétive, presque branlante. Passionné pour la chasse nocturne à Tirebosc, il avait fait renouveler quelques planches pourries, planter des clous nombreux aux cloisons disjointes, consolider, au moyen de deux boulons de fer, la barre d'appui tout le long de l'ouverture béante sur le Parc. Songez donc! le clocher s'élevait à une trentaine de mètres au-dessus du sol, et une chute de là-haut sur les roches d'en bas, c'était la mort.

Une fois rendu sur la plate-forme, notre homme déposa son fusil en un coin et s'assura si la corde retenant suspendue la porte transversale, qui glissait dans les rainures et devait à un moment donné retomber en guillotine et clore le Parc, si la corde était nouée à son crochet habituel. Pipette n'avait rien oublié. Il éprouva un transport indicible à la pensée de plusieurs animaux abattus, par cette nuit aussi limpide que le jour. Pas un coin en l'intérieur du Parc qui ne fût éclairé. Il démêla, non loin du poteau central, où souvent, par son ordre, Pipette attachait soit une brebis, soit un mouton malade pour le faire dévorer, il démêla Jacquet, à moitié déterré, le ventre ouvert, les entrailles répandues. Les loups étaient donc venus déjà? Peut-être avait-il troublé leur festin?...

Ses yeux perçants braqués dans la direction des bois, sillonnés de sentes étroites que la lune découvrait pareilles aux mailles entrelacées d'un filet, Noguerra, blotti tout au fond du clocher, attendait. Les chasseurs ont des patiences héroïques pour en arriver à coucher par terre la bête qui va passer et qui ne passe pas... Par exemple, voici un loup! Il débuche d'un buisson, non loin du hameau de Tirebosc, dont les toits reluisent parmi les branchages encore secs et nus... Un autre loup... un autre... un quatrième... Ils se rangent à la file, le premier retournant la tête de temps à autre pour regarder ses compagnons, les inspecter pour ainsi dire. Ce sont peut-être des compères qui, ayant déjà mordu à la chair fraîche de Jacquet, veulent continuer la ripaille...

Noguerra vibre de tressaillements qui le soulèvent. Toute sa cruauté de nature lui monte à la tête, le grise. Il happe son arme. Mais les loups, dont les poils longs, jaunâtres, touffus, apparaissent dans les rayons clairs, dont les queues rameuses s'étalent, dont les museaux pointus, les oreilles droites apparaissent nettement, ne bougent pas. — Que font-ils là, dressés sur pattes, au milieu du sentier? S'ils allaient éviter le Parc, rentrer sous bois? — En dépit de la gelée qui, partout autour de lui, étale des traînées brillantes de pierreries plus petites que des têtes d'épingles, Noguerra sent l'angoisse lui inonder les tempes et le front de gouttes de sueur lourdes comme des pois. A cet instant, le troupeau de la bergerie, au loin, qui a éventé le loup, bêle, bêle à pleins poumons, à pleine peur, à plein désespoir. La colonne de Tirebosc s'ébranle, approche en bon ordre... Elle approche... Le chasseur la suit, la mange, la tue déjà de ses deux yeux plus ronds que des balles.

Les loups, encore qu'ils marquent visiblement leurs trois crochets dans le sol diamanté de givre, ne se hâtent pas. Les voici, à la longue. L'Espagnol, dont le cœur bat haut, qui n'ose respirer, voit les têtes levées du gibier de Tirebosc, et, dans ces têtes, des braises capables d'enflammer les palissades du Parc... La bande, défiante, circonspecte, va, vient, tourne sur elle-même, flaire l'air, flaire la porte ouverte, aspire Jacquet d'un coup de narine, puis repart, longeant les planches, et par-ci par-là lançant un jappement qui se prolonge tel qu'un cri d'affreuse détresse à travers les garrigues endormies. Le troupeau, glacé de terreur, ne répond pas.

O silence effroyable !...

Les loups s'arrêtent ; soudain, ils remontent par bonds obliques jusqu'à l'entrée du Parc... Ils épient... Ils écoutent... Ils s'élancent... Les rainures grincent au passage de la trappe que Noguerra laisse retomber vivement.

Quatre loups ! quatre ! La plus belle chasse qu'il ait faite jamais. Il ne se contient pas de joie. Il contemple, admire son gibier, qui se démène, mange Jacquet, se promène gravement le long des palissades, d'aventure se jette contre les planches, veut les trouer du museau, les fendre de la tête pour s'échapper. Mais les clôtures résistent à ces coups assénés comme avec des quartiers de roc, et les bêtes, poils hérissés sur le dos, reprennent leur marche enragée. Elles hurlent, cabriolent dans la sérénité de cette incomparable nuit, se bousculent furieusement. Elles ne se connaissent plus entre elles, et se griffent, et se mordent, et s'arrachent le morceau... Quels bonds entre temps ! quels élans ! quels glapissements ! quelles galopades !...

« Qu'il en vienne un à ma portée, et je le descends comme un moineau », murmure Noguerra.

Il épaule, quand un menu bruit, du côté du frêne accédant au clocher, frise son oreille. Il tressaille, fait un pas... Taillevent se dresse devant lui de toute sa taille qui, à cette hauteur et dans cette lumière égale, paraît démesurée.

— Toi, Luc, ici !... Il y a donc quelque chose ?
— Oui.
— Quoi ?

D'un geste prompt, où notre Hercule a mis sa force, il lui arrache le fusil des doigts.

— Tu veux tirer sur les loups ? bredouille l'Espagnol.
— Non.

Ce monosyllabe articulé avec effort, sans quitter sa place à l'entrée de la cabane, il lance dans le Parc l'arme chargée, qui éclate là-bas en tombant.

— Mais tu deviens fou, mon pauvre Luc !
— Non.

Il appuie ses mains, ses ongles sur les épaules de Noguerra, surpris de l'attaque brusque, le plie en deux, le terrasse sur le plancher.

— Au secours !... au secours !... tente de crier l'Espagnol, les côtes broyées sous les genoux de Taillevent, la gorge prise dans l'étau des dix doigts de Taillevent.

— Ah! ah! râle-t-il... Tu m'é...trangles...

— Comme tu as étranglé mon maître.

Plus un mot. Le justicier a fait son œuvre et se tait délicieusement.

Taillevent, dont le pouls bat ses pulsations ordinaires, regarde avec indifférence son ennemi gisant à ses pieds. Il est calme; sur ses mains vengeresses n'apparaît nulle trace de sang.

— Tiens! Noguerra, assassin du père de Riquette, mâchonne-t-il tout à coup, tiens!...

Il ramasse le cadavre, plus léger qu'un fétu, et, du haut du clocher, le précipite dans le Parc-aux-Loups. Les bêtes de Tirebosc accourent, fondent à toute gueule, à tous crocs sur cette proie nouvelle, plus copieuse que celle de l'agneau. La curée est effroyable. Taillevent assiste au carnage, impassible, sans sourciller, un ricanement de joie aux lèvres.

« Je n'ai plus besoin de ça, à présent », dit-il.

Il secoue la peau de renard de l'Espagnol, le chiffon de sa veste à grelots, les laisse aller.

En redescendant vers la métairie, Luc discerne, sous les amarines du Bidourlat, l'endroit où il découvrit le corps de son maître.

« Tout le monde croit que M. Frédéric s'est noyé dans le ruisseau débordé, pense-t-il. Eh bien! tout le monde croira que, par ce temps de givre, Noguerra a glissé du haut de la cabane et que les loups l'on mangé. »

Il rentre à Figuerolles où, allégé du poids écrasant qui pesait sur sa conscience, il s'endort paisible, dans la paix souveraine du devoir accompli.

XV

LA QUÊTE AU MARIAGE

Il y eut encore quelques retours offensifs de l'hiver, acharné à ne pas battre en retraite; mais, dès avril, la voûte céleste, obstruée de blocs immenses, se balaya, et l'azur, l'azur vierge de l'année nouvelle, se déploya dans l'infini. Le printemps triomphait enfin. Une après-midi, vers la chute du jour, comme le jeune soleil, las de sa longue course d'un horizon à l'autre, se couchait derrière le Roudil, envoyant aux crêtes rocheuses du Louvart un dernier reflet d'or, se dressa, là-haut, nette et profonde, toute une forêt de cornes.

— Les tarrines! les tarrines! crièrent Jérôme et la Cambotte, qui avaient entendu de loin les sonnailles des capitaines-béliers, les aboiements des chiens.

Madeleine ne se trouvait pas là. Depuis la tragédie sauvage du Parc-aux-Loups, cette femme, écrasée par un double veuvage, avait suivi son oncle au presbytère et ne sortait plus guère de la chambre, étroite comme une cellule de carmélite, qu'elle avait occupée jeune fille. Alype, à qui Madeleine avait conté tout son cœur meurtri, écoutait, consolait, aimait. Rendu muet par une tendresse qui empruntait à son caractère de prêtre une charité supérieure, il ne trouvait pas un mot pour blâmer sa nièce adorée. Un matin, il la surprit à sa fenêtre, regardant de l'autre côté de l'Aiguetorte, deux tertres fraîchement remués.

— Viens! lui dit-il.
— Quand je songe qu'*il*... est là! gémit-elle.

— Pourquoi sans cesse porter tes yeux du côté du cimetière ?

— Si encore *il* était là tout entier ! sanglota-t-elle, le mouchoir collé aux lèvres. Vous n'êtes pas entré, vous, dans le Parc, sur les traces de Pipette, qui venait de tuer les quatre loups du haut du clocher. J'y suis entrée, moi, et j'ai vu mon Venancio : sa face adorable, ses mains si fines avaient été à moitié dévorées, tout son corps si beau était déchiré, saignant... Moi qui l'aimais, pourquoi ne l'ai-je pas retenu !...

Il arrivait que, par la lassitude même de la machine surmenée, un peu de calme succédait à ces agitations fiévreuses. L'abbé profitait de ces instants pour la pousser jusqu'à Figuerolles, où chacun l'accueillait avec des transports de joie, surtout Riquette qui, en l'apercevant, courait à elle, l'embrassait, puis, battant des mains, s'écriait :

— Voici maman ! voici maman !...

Cependant, Alype éprouvait des remords cuisants, et, plus d'une fois, une forte envie le prit de presser sa nièce de déserter la cure pour réintégrer sa propre maison. Il la blâmait, dans son Registre, d'abandonner Riquette à Jérôme et à la Cambotte, incapables d'en faire la jeune fille qu'il souhaitait... Figuerolles prospérait grandement, et Frédérique Servières compterait bientôt parmi les plus riches partis de l'Espinouze... Du reste, en l'intimité de son âme, le brave homme caressait un projet : à Villemagne, Riquette avait des cousins très à leur aise, — des Lautier ! — et...

Un jour qu'il crut avoir fait suffisante provision de courage, sur le banc du cagnard où il était assis avec Madeleine, après s'être retourné pour faire un signe de croix en cachette et appeler Dieu à son aide, il se résolut à ouvrir le feu.

— Ma chère enfant, dit-il, nous sommes au milieu d'octobre, voici près de sept mois que tu as quitté Figuerolles et je serais heureux de t'y voir rentrer. Il n'est pas bon qu'une femme, serait-elle veuve, s'éloigne trop longtemps de son foyer. L'abbé Turel me disait hier : « Madame Servières s'attarde bien à la cure. On commence à jaser dans le pays : on répète que c'est son peu d'affection pour sa fille qui la retient chez vous... » Tu devines si j'ai trouvé des arguments...

— Arguments tant que vous voudrez, interrompit-elle ; il n'en est pas moins vrai que M. Turel a raison. Je ne me suis jamais plu, en effet, à la métairie : Dieu m'a fait naître avec une antipathie profonde pour les paysans.

— Mais ta fille... me semble-t-il.

— Ma fille est tout son père...

— Une paysanne ?

— Une paysanne de la tête aux pieds.

— Riquette si adorable, si spirituelle, — et d'une bonté pour les pauvres !...

Elle murmura :

— Il ne saurait me convenir, à cause de vous, mon oncle, que les méchantes langues s'occupent de moi, dans la paroisse ou ailleurs. Ce soir, je quitterai Roquefixade.

— Pas ce soir, puisque aujourd'hui c'est le départ des tarrines et qu'on doit être très affairé à la métairie... Demain, si tu veux...

— Demain, soit.

— Ne penses-tu pas, Madeleine, qu'il serait habile, dès maintenant, de toucher un mot à Riquette de nos intentions ?

— Si vous trouvez cela habile...

— Une lettre de mon cousin Alexandre Lautier m'annonce qu'il nous visitera avec son fils dans une quinzaine, à la Toussaint. Il me paraît indispensable de préparer Riquette à une entrevue...

Elle s'était déjà échappée.

Le lendemain, sur le midi, quand Alype et Madeleine entrèrent dans la Salle de Figuerolles, on se mettait à table.

— Vous arrivez à propos, par exemple! cria Jérôme, la face rayonnante... Regardez-moi ça!...

Il montrait des sacs d'écus empilés à côté d'une daube fumante que la Cambotte venait de servir.

— J'espère!... fit l'abbé.

— Annette, reprit le vieillard, actif et léger comme un jeune homme, deux couverts! Mais ne dérangez pas les sacs : on mange si bien en vue de l'argent!

Sauf Madeleine, triste jusqu'à la mort, tous les convives firent écho à la saillie du vieux Servières par un ample éclat de rire. On prit place autour de la table, et, le Bénédicité dépêché, on porta à la daube un premier coup.

— Et savez-vous à qui nous devons cette montagne d'écus, qu'il nous a fallu trois heures, ce matin, pour compter jusqu'au dernier? dit Jérôme, allongeant un regard ravi au monceau de sacs dûment ficelés.

— A qui? demanda l'abbé.

— A Luc, à notre Luc. De l'arrivée au départ des tarrines, ce brave garçon, — le meilleur sujet de l'Espinouze, — n'a cessé de tenir la main à tout, l'œil à tout, les jambes à tout.

— Cette somme arrondira la dot de Riquette.

— Par malheur, mon ami, Riquette ne veut pas se marier. Ce n'est pas un reproche que je lui fais; mais notre fille n'est pas comme les autres filles...

— Laissez-moi faire. Si je m'en mêle, je suis sûr que...

— Vous n'êtes sûr de rien, mon oncle, interrompit Riquette hardiment.

— Je suis sûr que, bientôt, je t'aurai découvert un mari...

— Ne cherchez pas! Mon mari, je l'ai découvert moi-même, et, si vous désirez le connaître, — le voilà!

Elle s'était plantée debout et désignait Taillevent de son bras tendu. Celui-ci quitta sa place pour se sauver. Mais la jeune fille le rejoignit à la porte et, l'arrêtant :

— Ose dire, Luc, que tu ne m'aimes pas, comme je t'aime depuis mon enfance.

Elle lui avait saisi une main de toute sa menotte et le ramenait vers la table. Alors, son joli visage arrondi de mûre des haies inondé de belles larmes brillantes, elle articula d'un ton franc, net, délibéré :

— Je supplie ma mère, je supplie mon grand-père, je supplie mon oncle... je supplie également Annette Rascol de m'accorder Luc pour mari.

— Certes, avec plaisir! marmotta Servières.

— Ma foi!..., bredouilla Alype, déconfit.

Madeleine ne répondit pas.

— Et vous, ma mère? et vous? insista-t-elle, anxieuse.

— Oui...

— Et vous, Annette?

La Cambotte ne put qu'embrasser trois fois sa jeune maîtresse.

Taillevent, toujours guidé d'une chaise à l'autre pour cette quête au mariage, Taillevent, un peu pâle, regardait Riquette, ses lèvres paralysées, ses yeux bleus débordant d'une douceur étonnée, vraiment céleste.

— Et toi, enfin, Luc, me veux-tu? me veux-tu?...
Il tomba à ses pieds et les baisa à plusieurs reprises l'un et l'autre candidement, passionnément.
Ce fut tout.

TABLE

PREMIÈRE PARTIE

		Pages.
I.	— Le pays de l'Espinouze.	1
II.	— « Monsieur » Frédéric	11
III.	— L'abbé Alype	18
IV.	— Madeleine Lautier	25
V.	— « La Cambotte »	34
VI.	— Les « Tarrines »	41
VII.	— « Frédériquette » ou « Riquette »	48
VIII.	— Paulin Aubrespy	55
IX.	— « Laric », de Quarante	61
X.	— Un brûleur de vin	67
XI.	— Luc de Lucas	75
XII.	— Claude Rascol	82
XIII.	— M. le doyen Tandinel et le protestant Maillart.	90
XIV.	— Prosper Batifol, dit « Pipette »	95
XV.	— Venancio Noguerra	103

DEUXIÈME PARTIE

I.	— « Prunelle ! Prunelle ! »	113
II.	— La Levantine de Beaucaire	122
III.	— Raymond Sorbier, d'Olargues	130
IV.	— « Baptême sous condition »	139
V.	— Le gué du Bidourlat	148
VI.	— Une fête à La Fresnaye	155

TABLE

	Pages.
VII. — Le Parc-aux-Loups	163
VIII. — Les chiens des Espagnols	171
IX. — La fabrique sur le Jaur	180
X. — La foire de Saint-Pons	188
XI. — « Toto » et « Fitou »	193
XII. — Les Albagnac, de la Bouleaunière	201
XIII. — M. Théodore Simard, notaire	208
XIV. — Au voleur! au voleur!	212
XV. — Un revenant	218

TROISIÈME PARTIE

I. — « Mea culpa! mea maxima culpa! »	229
II. — La calotte de cuir bouilli	236
III. — Peaux de fouine et peaux de renard	246
IV. — La clé de Figuerolles	254
V. — Un bon chien de garde	259
VI. — La massue d'Hercule	263
VII. — Les Couderc, de la Rouvrerie	269
VIII. — « Marquis de Campo-Viejo, comte d'Arujar »	275
IX. — Le jardin de la cure	283
X. — Du sang, partout du sang	294
XI. — Le tilbury vide	302
XII. — Le pont tragique	308
XIII. — L'agneau « Jacquet »	318
XIV. — Conseil de loups	327
XV. — La quête au mariage	335

Paris. — L. MARETHEUX, imprimeur, 1, rue Cassette. — 9665.

Original en couleur

NF Z 43-120-8

www.ingramcontent.com/pod-product-compliance
Lightning Source LLC
Chambersburg PA
CBHW060336170426
43202CB00014B/2794